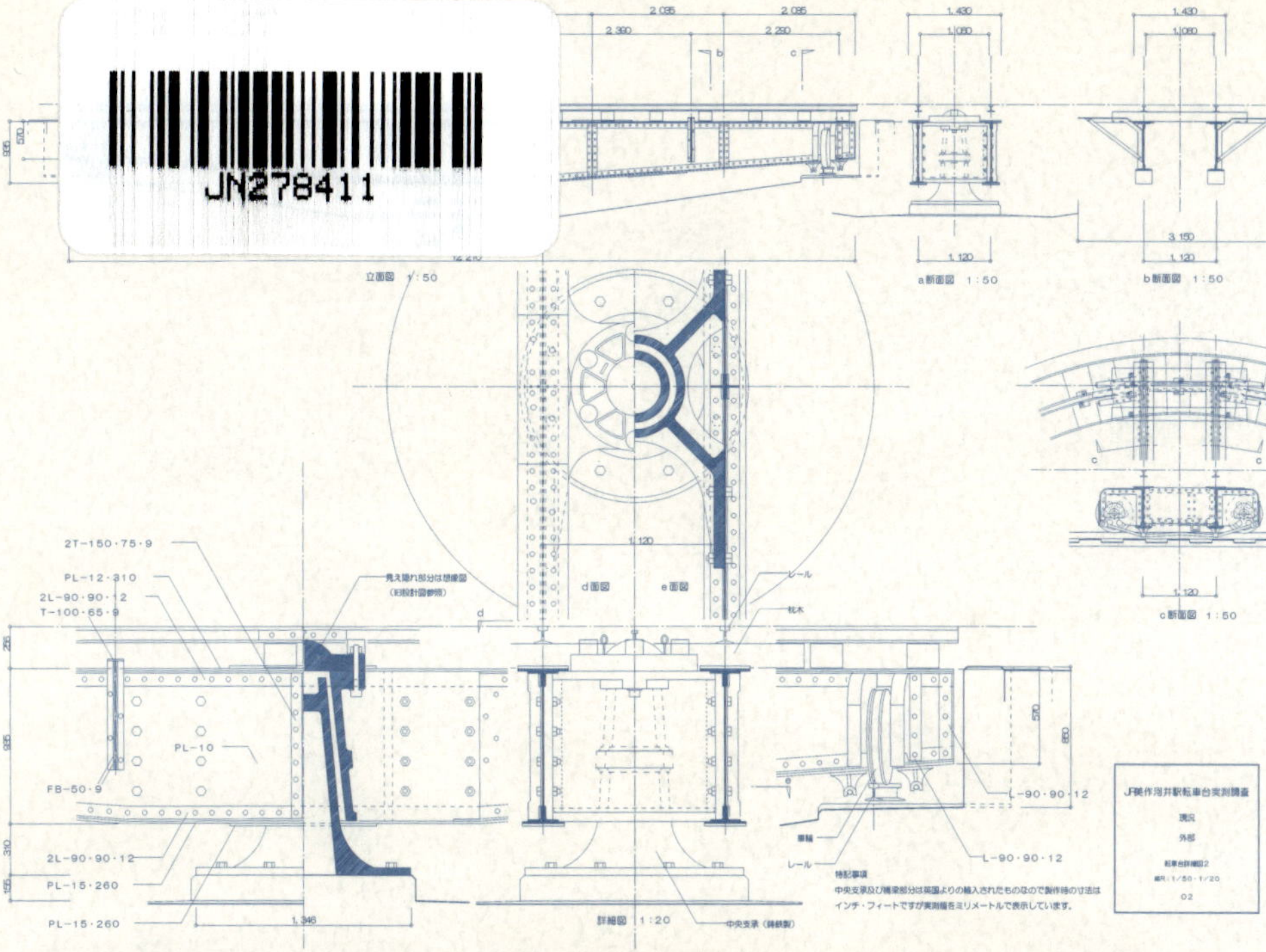

美作河井駅転車台実測図（津山町並保存研究会提供）

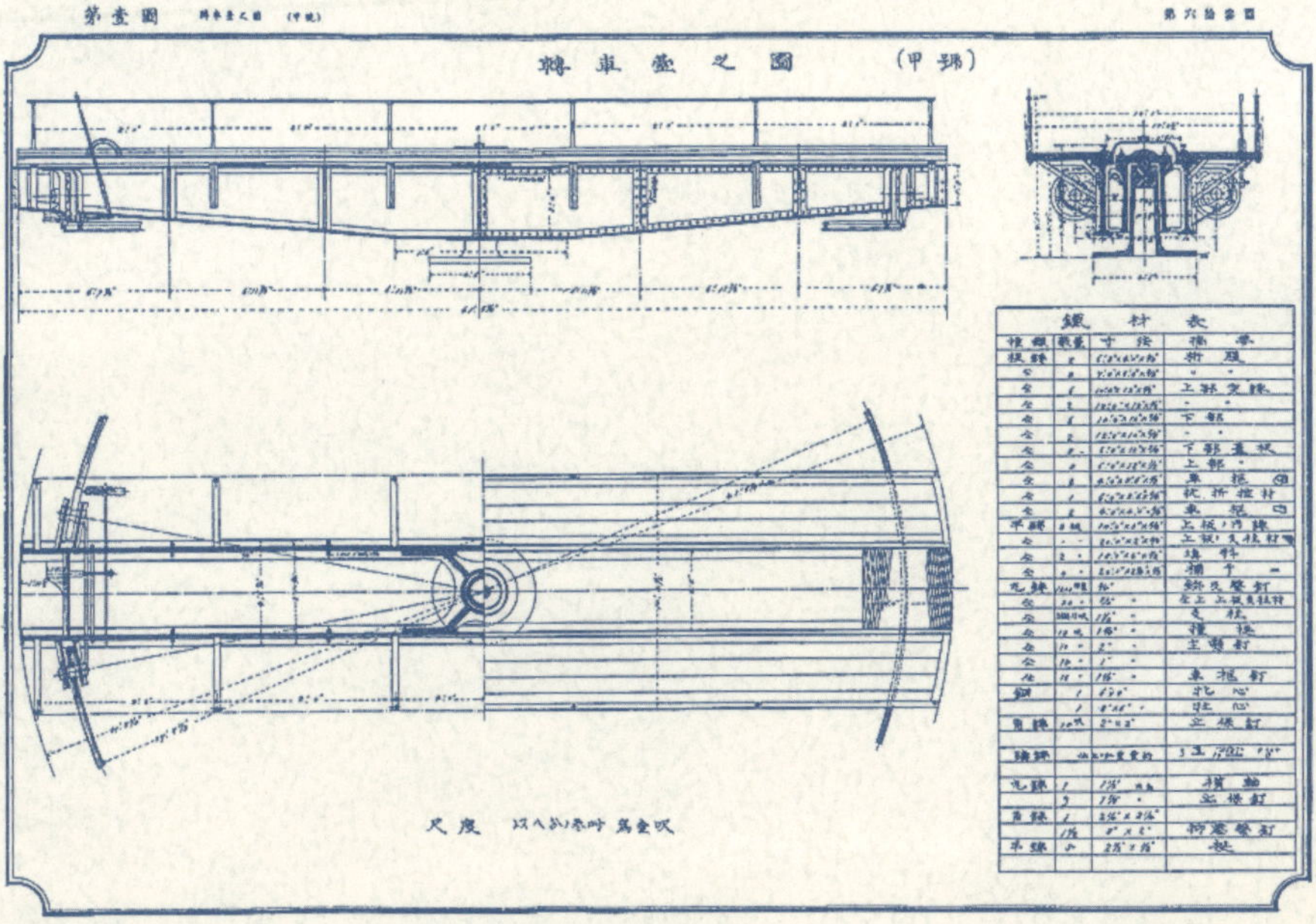

轉車臺之図（甲號） 東京大学工学・情報理工学図書館蔵

鉄道遺産を歩く

岡山の国有鉄道

小西伸彦

吉備人出版

鉄道遺産を歩く

岡山の国有鉄道

小西伸彦

終着駅のない旅へ

　子どもの頃、祖母の押す乳母車の中で、いつまでも汽車を眺めていたそうだ。どこにでもある話だが、祖母との記憶が、鉄道好きの原風景である。蒸気機関車を追って筑豊を歩き、炭坑節に登場する煙突やボタ山に興味を持った。近代化遺産を勉強するきっかけは田川の景色だったかもしれない。小椋佳さんに「この胸の高鳴りを」という歌がある。鉄道百年のテレビドラマ「大いなる旅路」のレコードと共にリリースされた曲だ。そこに詠われた情景が、私には鉄道のロマンに思えてならない。

　わが国に鉄道網が伸びていった頃、線路は夢を運び、人々は未来に夢を描いていた。今から思えば、あらゆる事物がきらきらと輝いていた時代のように思える。ところが、夢追い人だった、わずか数代前の祖先たちの仕事や技は、時代とともに失われてきた。近代は近くて遠い過去になりつつある。私の鉄道趣味は、線路の下の構造物だったり、トンネルや橋梁である。駅舎を支える古いレールをさすりながら、その上を走った明治の輸入機関車に思いを馳せる。鉄道遺産を歩き始めた頃、遺産たちは次々と私のもとに集まってきた。まる

因美線美作河合駅

で、調べてくれと言わんばかりに。美作河井駅では明治の鉄道黎明期に輸入された転車台が発見の時を、万ノ屾にトンネルを掘った男は出会いの日を、中國鐵道の構造物たちはその認識のチャンスを待っていた。そして何よりも、鉄道遺産はたくさんの人々との貴重な出会いを与えてくれた。岡山は鉄道遺産の宝庫である。

鉄道遺産を歩く旅は、人間ドラマ探訪の旅でもある。私の父は大正15年生まれ。鉄道遺産の年代と父の年齢が重なる。われわれ一人ひとりに先祖があるように、鉄道にもたくさんの物語がある。ひっそりと光り輝くレールの上には無数の人々や物資が行き交った。わが国の近代化を牽引してきた鉄道の歴史が通り過ぎたと思えば、一本のレールがとても愛しい存在となる。駅では計り知れない出会いと別れが繰り広げられた。何も語らない駅は、人のドラマを見続けてきた生き証人である。トンネルの煉瓦にも、人間が築いてきた技術と苦闘の歴史がある。鉄道を支える脇役には、黒子にしかわからない確固たる歴史とロマンが存在するのである。

ここに掲載する鉄道遺産は、岡山の国有鉄道に関するもので、しかも、全てが調査できたわけでは勿論ない。齢50を越える線区に限ったために赤穂線が含まれていない。どこまでも線路が続くように、鉄道遺産の旅にも終着駅はない。これからも麦藁帽子をかぶって鉄道遺産を歩きつづける。

芸備線

吉備線足守ー服部間

鉄道遺産を歩く――岡山の国有鉄道　目次

デザイン　稲岡健吾

凡　例

引用文は原則そのまま転載した。

隧道はトンネルと同義語なので、引用以外はトンネルと表記した。

引用文献名は『』、項目や固有名詞は「」表記とした。

山陽鐵道、中國鐵道、鐵道院、八幡製鐵所など、設立当時の漢字が明らかなものは旧字体を使った。

年号は西暦（和暦）表示とした。

地名の変更がある場合は、津山駅（現在の津山口駅）のように、旧地名（現在の地名）順に表記した。

開設から50年を越えた鉄道路線を対象とした。

掲載した写真の撮影期間は2004年10月から2008年11月だが、一部に、塗装や形状など、現状とは異なるものが存在する。

山陽線

明治時代の構造物が、現役で支える。

明治の岡山県を最初に縦断したのが山陽線の前身となる山陽鐵道である。1890（明治23）年12月1日に三石駅が開業。しかし、この駅は船坂トンネル東側の兵庫県内で仮営業したもので、岡山県内をはじめて汽車が走ったのは91年3月18日の岡山駅開業の時である。その後、4月25日倉敷駅、7月14日には笠岡駅が開業。91年中に、山陽鐵道は尾道まで鉄路を伸ばしている。なお、仮設の三石駅は、岡山駅開業と共に廃止され、現在の三石駅が誕生した。

山陽鐵道の遺産は、沿線各所で多数見ることができる。兵庫県境の船坂トンネル。三石駅付近の煉瓦造拱《こう》渠《きょ》群。吉井川橋梁跡。旭川橋梁。広島県境に近い金崎トンネルなどがその代表である。もっとも、煉瓦の構造物は各所に見られ、古レールを再利用した駅の支柱

写真右／山陽線熊山駅。
写真左／山陽線三石金剛川拱渠。

や梁、木造跨線橋、煉瓦や石でできたプラットホーム、鋳鉄《ちゅうてつ》製の跨線橋支柱も価値の高い鉄道遺産である。われわれが普段利用している鉄道車輌の下を、明治の構造物が現役で支えているのである。

当初山陽鐵道は神戸―姫路間に計画された。しかし、明治政府の提示した敷設免許の条件は、馬関（現在の下関）までの延長だった。馬関駅の開業は1901（明治34）年5月27日。瀬戸内海航路と競合する山陽鐵道は、この時既に、わが国初となる食堂車や寝台車も連結している。赤帽サービスも始めていた。短時間・安全・大量輸送時代、サービス満点の鉄道時代の幕開けを告げる蒸気機関車の汽笛が山陽路を駆けたのである。瀬戸内海航路との競争手段にサービスを掲げた山陽鐵道は、敷設計画段階から、最大勾配を1000分の10（10‰）以内に設定。また、複線化を前提とした用地買収を行うなど、開業後の高速運転や輸送力強化を目論んでいたのである。

こうした、先見性の高い営業努力によって好成績をあげてきた山陽鐵道だったが、1906（明治39）年3月31日に法律第十七号として公布された「鉄道国有法」により、12月1日に国有化された。

上郡―三石

岡山県最古の鉄道トンネル

初代船坂トンネル

岡山県内には明治の鉄道トンネルが７カ所に現存する。山陽線３カ所、津山線３カ所、宇野線１カ所である。このうち、山陽鐵道が掘削した初代船坂トンネルは、岡山県最古の鉄道トンネルである。

山陽鐵道の兵庫県から岡山県に至る路線は、三つのルートが比較・検討された。山陽鐵道の初代社長・中《なか》上川彦次郎《みがわひこじろう》は、鉄道の勾配を10‰（10パーミル：１０００ｍ進んで10ｍの勾配を登ること）以下と決定した。これは、開業後の高速運転を視野に入れたもので、中上川の先見性の高さを物語るものである。その緩やかな勾配を登った所に船坂峠越えのトンネルは計画された。工事は１８８９（明治22）年６月１日に着手。両方の坑門以外に、山の上からもトンネル通過地点まで、34ｍ、57ｍ、28ｍと三本の立坑を掘り、合計８カ所から工事を急いだ。掘削工事は18カ月後の90年11月に完了。切り取り部分は９０１９㎥に及び、使用された煉瓦は１００万枚を数えた。１ｍの工

写真右／三石宇宙線観測所として使用された三石方坑門。
写真左／上郡方の坑門。

事に要した費用は213円。1km138mの工事に24万2394円が投じられた。笠岡―大門間の金崎トンネルは、90年5月に工事が始まり15カ月で完成しているが、1mあたりの工費は140円。初代船坂トンネルがいかに難工事だったかがわかる。

　1890年7月19日土曜日付の『山陽新報』は、難工事だった船坂トンネルが7月初旬に貫通、東西両端から側壁とアーチの煉瓦積みが始まったこと、船坂トンネル以東の敷設は大方が終了、三石―吉永間の敷設工事もほぼ完了したと伝えている。

　初代船坂トンネルは1959（昭和34）年に廃止されたが、現役の二代目トンネルの北側に現存する。両側の坑門《こうもん》は、壁柱《へきちゅう》、笠石《かさいし》、要石《かなめいし》、迫《せり》石《いし》、扁額《へんがく》、面壁《めんへき》全て自然石という明治時代の鉄道トンネル特有の姿。扁額には右から左に向かって「船坂隧《ずい》道《どう》」と揮毫《きごう》され、要石を頂点としたアーチの巻厚を形づくる迫石は盾《たて》

写真上／上郡方 初代トンネル坑門の扁額。
写真下／二代目トンネルの上郡方坑門。

状。重厚という言葉そのままのトンネルである。

三石方の坑内は、かつて、大阪市立大学が三石宇宙線観測所として使用していた。そのため、坑門は塞がれ、観測所の設備が放置された状態である。一方、上郡方の坑門は、木々に覆われながらも全容を見ることができる。坑内はイギリス積み煉瓦の側壁《そくへき》と、長手《ながて》積み煉瓦のアーチとでなり、『山陽新報』が伝えた煉瓦積み工事の姿を思い描くことができる。線路と枕木がはずされ、草の伸びる坑内から外を見ると、トンネル北側の石組みに気づく。改めて、明治の鉄道が煉瓦と石で造られていたことを教えてくれる鉄道遺構である。

二代目船坂トンネル

山陽線の下り列車は、延長1㎞172mの船坂トンネルの中で県境を越える。二代目船坂トンネルは、1

写真右／三石方坑門の面壁は焼過煉瓦。写真左／上郡方の坑門面壁は自然石の長手積風布積。写真下／船坂跨線水路橋。使用された煉瓦は坑門と同じ。（全て二代目トンネル）

９０４（明治37）年12月から06（明治39）年10月まで工事が続けられた。１ｍあたりの工費は３２２円。掘削工事では、初代船坂トンネル同様、県境からやや岡山側に深さ約54ｍの立坑が掘られている。

坑門の姿は三石方と上郡方とで異なり、煉瓦造の三石方に対して上郡方は石造。三石方の坑門面壁はイギリス積み煉瓦。アーチは小口煉瓦５層の粗迫持。坑内はコンクリート造だが、これは１９６０（昭和35）年の電化工事の際に変更されたもので、竣工当時は煉瓦造だった。一方、上郡方は、初代のトンネル同様に石造。壁柱、笠石、要石、迫石を持つが、扁額はない。

三石方の坑門付近には、線路を跨ぐ、径間13・72ｍの煉瓦造欠円アーチの構造物がある。二代目船坂トンネルと共に建設された「船坂跨線水路橋」だが、その威容には圧倒される。「船坂跨線水路橋」と三石方坑門の煉瓦は共に黒い。これは、通常の赤煉瓦よりも高温で焼かれた焼過煉瓦で、強度と耐水性共赤煉瓦を凌駕する。焼過煉瓦は、三石―吉永間が開通した時に設けられた拱渠群や橋台、橋脚にも多数が使用されている。ところが、１９１１（明治44）年の複線工事で造られた下り線の煉瓦構造物にはあまり見られない。補強のための竪《たて》積《づ》み材料として使用されているのみである。山陽鐵道會社は、１９０６年から11年の間に煉瓦工事方法を変更したのだろうか。

column

トンネルとアーチ橋

アーチ橋

わが国のアーチ橋では、九州の「通潤橋《つうじゅんきょう》」など「種山石工《たねやまいしく》」が残した石橋が有名だが、古代ローマ帝国が建設した「ローマ水道」は２０００年以上の歴史を経て健在である。アーチ構造はメソポタミア文明に原形があるとされるが、わが国初のアーチ橋は長崎の「眼鏡橋《めがねばし》」である。

鉄道におけるアーチ橋では、重要文化財「碓氷峠《うすいとうげ》鉄道施設」のある信越線横川—軽井沢間の旧線煉瓦造アーチ橋梁群が代表。しかし、コンクリートの普及によりアーチ橋の建設は明治末期に終焉《しゅうえん》を迎えた。

鉄道施設の中でアーチ構造が使用されるのは橋梁、トンネル（隧道《ずいどう》）と拱渠《こうきょ》である。拱渠とはアーチ構造の暗渠《あんきょ》を指す。アーチには、「半円アーチ」と「欠円アーチ」の二つの種類がある。半円アーチは、暗渠を中心に一般的によく見られる。欠円アーチ構造物は、三石—吉永間の「三石架道橋」が好例である。

トンネル

トンネルは山などの地盤を掘削して造る地中構造物である。わが国の鉄道トンネルの嚆矢《こうし》は、１８７４（明治7）年に開業した大阪—神戸間に設けられた「石屋川隧道」、「住吉川隧道」、「芦屋川隧道」。天井川の下をくぐるトンネルは、トンネル自体を設置して埋め直す「開削工法」がとられた。一方、山岳トンネルとして掘削された最初のものは京都—大津間の「逢坂山《おうさかやま》隧道」で、１８８０（明治13）年に完成。初めて日本人だけの力で造られた手掘りトンネルである。鉄道トンネルのほとんどは「馬蹄形《ばていけい》」。阪神間の三河川に設置されたものは、残された写真資料から「半円形の暗渠タイプ」と呼ばれている。

暗渠タイプのアーチ橋

山などを掘削するのがトンネルである。一方、暗渠は、「コルベルト」とか「カルバート」と呼ばれる暗渠そのものを設置して、その上に土を盛る工法がとられる。鉄材が高価だった明治時代、鉄道建設資材の多くは石や煉瓦であった。したがって、コルベルトもまた石と煉瓦により造られた。しかし、明治40年代からのコンクリートの普及に伴って石や煉瓦の使用は激減。煉瓦造や石造の暗渠があれば、それはまず明治から大正初期にかけて造られたものである。

部位の名称

アーチ橋やトンネルの入口を「坑門《こうもん》」、坑門の面部分は「面壁《めんへき》（⑤）」と呼ばれる。坑内の壁は地面や流れの中から「スプリングライン（⑨）」と呼ばれる境界線まで垂直に立ち上がり、アーチを描いた天井をかたち造る。地面から垂直に立ち上がった壁面を「側壁《そくへき》」。明治・大正時代の側壁は煉瓦と石が多く、アーチは長手積み煉瓦が主体。アーチ部分が坑門に現れる部分もやはりアーチと呼ばれる。拱渠や側壁上部のアーチが長手積み煉瓦で造られた場合、「面壁」のアーチ部分は小口面の並びとなる。この小口が並んだ状態を「粗迫持《あらせりもち》」と呼ぶ。

「面壁」の最上部を「笠石《かさいし》」。「初代船坂隧道」や「野道架道拱渠」などの「笠石」部分は煉瓦だが、「三石架道橋」などは花崗岩である。

トンネルには、名称や社紋などを刻印した「扁額《へんがく》」をはめ込む場合がある。「初代船坂隧道」や、「金崎隧道」に見られる。「扁額」がはめ込まれる部分全体を「パラペット」と呼ぶ。「笠石」と「帯石《おびいし》」に挟まれた部分である。「帯石」は、「笠石」よりも下部分に左右に渡されたラインを指す。

「三石金剛川拱渠」などは道路を通すため、「側壁」と「面壁」の角部分に「隅石《すみいし》」が積まれている。これは、煉瓦の躯体を保護すると共に、「拱渠」自体に重厚感を与える視覚的効果も併せ持つ。また、「三石架道橋」は「欠円アーチ」で、スプリングラインに「迫持石《せりもちいし》」が置かれている。「迫持石」は、アーチ構造をより強固なものにする目的以外に、視覚的効果をあげる要素である。

三石架道橋坑門の部位名称（上）
①翼壁　②面壁　③アーチ（小口積み煉瓦でのみ形成される場合粗迫持）
④迫受石　⑤隅石（幅の長い辺を横面、短い辺を小面。ふたつが交互に現れる）
⑥笠石　⑦側壁（煉瓦の場合イギリス積みの場合が多い）　⑧アーチ（煉瓦の場合長手積み）
⑨スプリングライン（側壁とアーチの境界線）

金崎トンネル坑門の部位名称（下）
⑩笠石　⑪パラペット　⑫扁額　⑬要石　⑭壁柱
⑮盾状の迫石

三石―吉永

小津映画「早春」のラストシーン飾る

『明治二十三年度下半季　山陽鐵道會社第七回報告』の「營業開始」欄には、有年―船坂トンネル東口までの開業免許が下り、１８８８（明治21）年12月１日から営業を開始すること。89年３月18日には、さらに岡山までの約36哩（57・９４㎞）が開業することが報告されている。

三石駅

三石駅は、一旦、船坂トンネル東口で暫定開業。船坂トンネルの開通によって岡山駅までの運転が開始された１８９１年、現在の場所での営業を開始した。駅は大規模な築堤の上に建設され、桜を見上げながら石

三石の町中を横切る築堤の上に建てられた三石駅。

の階段を登ったところに駅本屋がある。改札を過ぎると木造の旅客上屋2号がある。旅客上屋2号の建物資産票の日付は1921（大正10）年2月。ここから線路をくぐり、ふたたび石の階段をプラットホームへと登る。旅客上屋1号の資産票は44（昭和19）年3月。広々とした駅構内からは、耐火煉瓦工場の煙突がそそり立つ三石の町が一望できる。小津安二郎監督の映画「早春」のラストシーンは三石駅。林立する煙突を背景に走る蒸気機関車の姿だった。

駅本屋から耐火煉瓦積み出しホームにつづく石段。

　プラットホームから駅本屋を見ると、右手に石組みのプラットホーム跡がある。これは、1983（昭和58）年で幕をとじた耐火煉瓦鉄道輸送の名残である。三石の耐火煉瓦製造の歴史は1886（明治19）年に遡る。山陽線は、三石で製造される耐火煉瓦輸送を担ってきた。プラットホームは駅本屋寄りが低く、上郡方がモルタルでかさ上げされ高くなっている。駅本屋から旧プラットホームは石の階段でつながっており、石の階段が歴史を感じさせる。三石駅が複線工事を終えるのは1910（明治43）年10月25日。開業から19年後だった。

　駅構内の吉永方、三石耐火煉瓦の工場側にも石と煉瓦の構造物がある。使用された煉瓦には「三石耐火煉瓦株式會社」の刻印が見える。

三石―吉永

　山陽鐵道三石―岡山間が開業した1891（明治24）年当時、列車は全て蒸気機関車が牽引した。峠を越える路線は、登れるだけ登り、最短

吉永方に残る構造物。背景は三石耐火煉瓦の工場。

距離でトンネルを通過するように計画された。これは、機関車の煤煙対策だけではなく、膨大な工事費を要したトンネル掘削費を節約するためでもあった。

山陽鐵道會社の初代社長・中上川彦次郎は、開業後の列車運行を考慮し、最大勾配を10‰に設定したと述べた。したがって、船坂峠を越える上郡―吉永間は、上郡方からも吉永方からも緩やかな勾配を経てサミットに到達するよう長い距離をかけて少しずつ登っていく。三石の町に大規模な鉄道用土塁が築かれたのはそのためである。築堤で分断された三石の町を南北に行き来するため、また河川を通すために、いくつかの拱《こう》渠《きょ》が設けられた。拱渠とは、アーチ（拱形）の暗渠《あんきょ》である。

山陽線は、早くから、複線化や電化などの進化を遂げながら姿を変えてきた。ところが、三石駅付近の8つの拱渠などは築かれた状態で残っている。主要幹線の構造物が、時代を経て原型をとどめる例は珍しい。三石駅付近のアーチ橋の研究では、小野田滋工学博士のものが著名で、ご自身の著書や、２００５（平成17）年に岡山県文化財保護委員会が発刊した『岡山県の近代化遺産』の中でも紹介されている。

三石駅付近のアーチ橋群の概要は概ね次の通りである。

①煉瓦造アーチ構造。「三石架道橋」は欠円アーチだが、それ以外は半円アーチ構造。

②アーチ橋内部に複線工事による旧線と新線の継目がある。

③②の継目を境に、煉瓦の寸法、目地の様子、自然石使用の有無、翼壁の石組みなどが異なる。三石駅付近の複線工事は１９１０（明治43）年10月25日から11年6月20日にかけて行われた。山陽鐵道開業時と複線工事では、複線工事幅のほうが大掛かりである。

④アーチ橋が線路に対して直角に交わる場合と斜めに貫通する場合とでは、アーチ橋の顔にあたる坑門の姿が異なる。「三石避溢拱渠」は、区間唯一の斜めアーチ橋である。

⑤アーチ構造をより強固に保つため、焼過煉瓦の使用と、竪積《たてづ》みと呼ばれる煉瓦の組み方が見られる。

⑥三石駅構内の「小屋谷川拱渠」から吉永寄りの「池の内農作道拱渠」までは8つの煉瓦造アーチ橋が連続する。さらに吉永にかけては、アーチ構造ではない煉瓦造暗渠群を見ることができる。これらは全て山陽鐵道時代の竣工である。

小屋谷川拱渠

上郡方の三石駅構内にある。上り線側のアーチは、小口積み煉瓦が5列並ぶ粗迫持。坑門面壁は小口積み花崗岩。一方、明治後期に完成した下り線方の面壁はアーチ部分が粗迫持で、その他はイギリス積み煉瓦である。

アーチ橋内部には人道と溝が通り、上り線方から下り線方に向かって上り勾配になっている。そのため、勾配につれて天井が6段階高くなっている。

上り線方の坑門からアーチ橋の中を歩く。天井高にしたがって花崗岩の側壁も0・5段ずつ上がる。4段目の天井高部分の中程で花崗岩の側壁が終わる。そこに複線工事による新旧アーチの継目がある。ここから下り線坑門までが明治後期の工事区間。側壁は、花崗岩からイギリス積み煉瓦に変わる。イギリス積みでは、長手列と小口列が交互に現れるが、小屋谷川拱渠の小口は赤煉瓦列と鼻黒列が交互に現れる。アーチの煉瓦は長手積みだが、この中にも鼻黒列が現れる。小口面を焼過にしたものを鼻黒、長手面を横黒、小口と長手の両面を焼過にしたものを矩黒《かねぐろ》という。焼過煉瓦はアーチ構造補強手段として使われ、この補強方法を竪積みと呼ぶ。

写真左／上り線方の内部。側壁は布積みの花崗岩でアーチが煉瓦。天井高が変化している。
写真右／下り線方の坑門の面壁は全て煉瓦。上り線方の坑門とは趣が異なる。

三石金剛川拱渠

三石駅付近のアーチ橋では最大規模。6・1mの径間が4つ連続する。第1連と4連には車道が通る。橋脚は小判形で、両側の水切りに隅石が使われている。それがアーチ橋に一層の風格を与える。三石方の上り線翼壁前には、信号台跡と思われるコンクリート構造物がある。

三石金剛川拱渠の上り線方は開業当時の姿。アーチ橋内部には複線工事による継目がある。アーチの長手積み煉瓦を数えると、上り線方の19個に対して下り線方は95個。下り線の工事規模の方が大きい。この工事規模の違いは、三石駅付近の全アーチ橋に共通する。明治政府は線路幅を1067㎜の狭軌幅に決めたが、鉄道の高速化や軍事利用の観点から、1435㎜の標準軌への改軌が検討された。しかし、改軌は見送られ、国有在来鉄道は狭軌鉄道のまま発達した。山陽鐵道會社が複線工事に際して改軌を視野に入れていたものかどうかはわからないが、この工事規模の違いは興味深い。1435㎜は新幹線のレール幅である。

三石金剛川拱渠に使用された煉瓦の特徴はどうだろう。上り線方は、面壁全体が焼過煉瓦で組まれており、モザイク模様のようで美しい。煉瓦の寸法は210~215×100×50㎜。翼壁は谷積み花崗岩。一方、下り線方は、典型的な赤煉瓦構造。使用されている煉瓦は220×105×65~70㎜。上り線側に比べて少し大きい。翼壁は小口布積み花崗岩である。

鉄道が国有化されるまでは、私設鉄道は官設鉄道以上に敷設距離を伸ばした。したがって、使用される煉瓦の規格も会社によって異なっていた。当時の煉瓦の種類の中には、山陽形と山陽新形と呼ばれるものがあった。それぞれの寸法は、七寸二分×三寸四分五厘×一寸七分(218・2×104・5×51・5㎜)と七寸五分×三寸五分五厘×二寸三分(227・3×107・6×69・7㎜)。どちらも山陽鐵道會社が使用した寸法だが、三石金剛川拱渠の上り線方は山陽形、下り線方は山陽新形に近い。その後、煉瓦の規格は鉄道の国

上り線方坑門は一見煉瓦には見えない。

有に伴い統一され、さらに1925（大正14）年のJES（日本標準規格）で210×100×60㎜とされた。

下り線方は堂々たる赤煉瓦構造物。

写真左／複線工事でできた継目。左が明治中期に完成した上り線。右が明治後期の下り線。煉瓦の違いが明らかだ。写真右上／下り線方坑門の煉瓦。写真右下／上り線方は焼過煉瓦のモザイク模様。

野道架道拱渠

野道架道拱渠は、三石金剛川拱渠から少し西寄り。住宅地と三石運動公園の間にある。上り線方の坑門は、三石金剛川拱渠と同じモザイク模様。笠石は二列の小口煉瓦で、面壁はイギリス積み煉瓦。上り線方坑門の特徴は、コーナーに弧状煉瓦が使われていることである。オナマと呼ばれる煉瓦を積み上げると、コーナーは直角に仕上がる。円く仕上げるには、円弧状の面を持つ煉瓦を使用しなければならない。弧状煉瓦は異型煉瓦とも呼ばれ、現場に合わせて形状や寸法を決める別注品である。こうした手の込んだつくりは、明治末期に完成した下り線には見えない。開業当時の粋さを見る思いだ。

坑内の長手煉瓦を数えると、上り線方22、下り線方121個。複線化によって増築された下り線の規模が大きい。下り線方の側壁は13段のイギリス積み煉瓦で、スプリングラインから9段目が鼻黒による竪積みが見られる。竪積みは面壁アーチ部分にも見られ、左右のスプリングラインからそれぞれ8段目と18~19段目に長手面3段が現れる。一方、開業時に造られた上り線方に竪積みは見られず、面壁アーチも粗迫持である。開業時の粋が、仕上げの美なら、明治末期のそれは、煉瓦構造物の強度を確保した技ではないだろうか。上り線方に比べ、下り線方の面壁は煉瓦と目地の劣化が大きい。翼壁は、上り線方が小口積みで、下り線方が谷積みの花崗岩。時代による組積みの違いを知ることのできる拱渠である。

上り線方の坑門。笠石部分は2列の小口煉瓦。

三石避溢拱渠

平素はほとんど流水がないが、洪水の時などに水を通す水路の上に設ける橋を避溢橋《ひいつきょう》という。三石避溢橋の煉瓦の種類や積み方は、野道架道拱渠や三石金剛川拱渠と同じだが、最大の特徴は斜めアーチ橋であることである。斜めアーチ橋とは、拱渠が線路や築堤に対して斜めに横切るために、坑門の上辺が斜めになり、他のアーチ橋とは雰囲気が異なる。

三石避溢拱渠の坑内で長手列の煉

写真上／下り線方の坑門は赤煉瓦。坑内では焼過煉瓦による竪積みラインが見える。翼壁は布積みの花崗岩。
写真下／下り線方坑門のアーチに見られる竪積み。二本の長手面が小口列の中にある。（上下共 野道架道拱渠）

瓦を数えると、上り線の19個に対して下り線は108個。下り線工事の方が大規模である。野道架道拱渠同様に、上り線方には弧状煉瓦が使用されている。ところが、アーチの竪積みは上り線方の坑門でも見られる。アーチの小口煉瓦は、野道架道溝渠では4列だが、三石避溢拱渠は5個。

径間が広い程アーチも厚くなる。
また、複線化による継目から下り線方にかけては、アーチ橋内部に竪積みによる焼過煉瓦のラインが走る。機能から生まれた意匠は、上り線側の異型煉瓦と共に、コンクリートにはない美しさを醸し出している。

三石避溢橋の上り線方坑門の煉瓦は焼過のモザイク模様。翼壁の花崗岩は谷積み。

三石避溢拱渠の下り線方坑門は赤煉瓦。翼壁は布積みの花崗岩。明治の中期と後期で景色が大きく異なる。

三石架道橋

県道岡山赤穂線を通すアーチ橋。架道橋とは、道路の上を線路が通過する橋梁。三石架道橋の面壁の煉瓦は上り・下り線共イギリス積みだが、上り線方は焼過煉瓦によるモザイク模様。下り線方は堂々たる煉瓦構造物である。交通量の多い県道を跨ぐため、角には花崗岩の隅石がはめ込まれている。隅石は、三石金剛川拱渠でも見られるが、三石架道橋の方が大規模で力強い。隅石の幅は、横面（長い辺）と小面（短い辺）が交互に現れる組み方。隅石の厚さは約1尺（303㎜）。上り線方では煉瓦5段分、下り線方では4段に相当する。下り線方では拱渠の内部にも、520×290㎜と380×290㎜の二種類の花崗岩が並んでいる。また、側壁のイギリス積み煉瓦は、隅石の最上部が全て鼻黒列である。下り線方面壁のアーチには竪積みも見られる。

三石架道橋の径間は、三石金剛川拱渠や三石避溢拱渠と同じ6・1mだが、坑門のプロポーションが全く異なる。これは、垂直に立ち上がった高い側壁の上にアーチが乗りかかるように収まっているからで、アーチの曲線は大きくゆるやかだ。これを欠円アーチという。また、上り・下り線共、スプリングラインに楔形《くさびがた》をした迫受石がある。迫受石は欠円アーチ橋の特徴で、強度補強のみならず装飾的効果を高める効果もある。

野谷金剛川橋梁

野谷金剛川橋梁では上り線と下り線が併走する。同じ明治の煉瓦造橋梁でも、中期と後期での違いが比較できる場所である。煉瓦の積み方は共にイギリス積み。

上り線の橋台には弧状煉瓦が使われ、焼過煉瓦がモザイク模様を見せて

写真右／上り線方の坑門は他のアーチ橋同様焼過煉瓦造。
写真左／上り線方の隅石。隅石の厚み（縦）は1尺。煉瓦５段分にあたる。隅石最上部の楔形が迫受石。（上下共 三石架道橋）

写真左／左が上り線。焼過煉瓦が使われ、コーナーは弧状煉瓦でアールに処理されている。一方、下り線の橋台には鼻黒の竪積みがボーダー柄を見せる赤煉瓦構造物。同じ明治時代の建造でも、中期と後期の工法の違いがわかる。
写真右／上り線の橋脚は煉瓦造。下り線はコンクリート造。
（上下共 野谷金剛川橋梁）

いる。特に横黒が多用されている。一方、下り線の橋台は赤煉瓦だが、小口列には赤煉瓦と鼻黒が交互に現れる。

上り線、下り線共橋脚は一本。上り線の橋脚は煉瓦造で、水切りがあり、隅石は花崗岩。ひとつの隅石の厚みに対して煉瓦5列が組まれ、隅石側の長手煉瓦は焼過である。下り線のコンクリート橋脚に対して、意匠を凝らした上り線の橋脚は趣深い。

上り線の橋台の角には弧状煉瓦が使われ、仕上げが美しい。ところが、下り線の橋台に弧状煉瓦はない。反面、下り線橋台には鼻黒が規則正しく並ぶ竪積みの技法が見られる。この違いは、開業当時は意匠にこだわったが、明治後期は工費・工期を節約することに重きを置いたことからくるものではないだろうか。

中奥里道架道拱渠

旧三石町本村《ほむら》には、煉瓦のアーチ橋・中奥里道架道拱渠がある。架道橋のように見えるが、もともとは用水路と道路の併用橋であった。近所に住む方の話では、用水路に蓋がされる以前、坑内は格別の避暑地だったという。流れに足を入れて、自転車で売りに来るアイスキャンディーを食べた夏の日が懐かしいと話しておられた。本村から旧吉永町金谷にかけては、かつて3つのアーチ橋があったが、現在はふたつが残っている。

中奥里道架道拱渠は、上り線、下り線共煉瓦造。しかし、側壁は、上り線が煉瓦造で、下り線は花崗岩の布積み。面壁も、上り線がイギリス積み焼過煉瓦であるのに対して、下り線は布積みされた花崗岩である。上り線の坑門には、側壁に弧状煉瓦が使われ、笠石部分は小口煉瓦が2列並ぶ。アーチは3連の粗迫持。下り線の坑門アーチ部分は4連の粗迫持。下り線は全て赤煉瓦である。煉瓦の寸法は、上り線が２１５～２２０×１００×50㎜。下り線は２１０～２１５×１００～１０５×65～70㎜と大振り。三石駅付近のアーチ橋と同じように、複線化された工事幅の方が大きく、上り線幅が長手煉瓦24列に対して下り線は54・5列である。

翼壁は上り線、下り線共谷積みの花崗岩。上り線には目地がないが、下り線には見られる。近所の方の話では、目地は後年加えられたそうだ。アーチ橋の南を南北に走る県道赤穂岡山線金剛川方の築堤には谷積み花崗岩が並んでいる。丁寧に造られたアーチ橋は、今日に至るまで修復されたことがないというが、築堤を飾る谷積み花崗岩も複線工事から変わらず、山陽線を支え続けているのである。

中奥里道架道拱渠上り線坑門。総焼過煉瓦造。谷積みの翼壁花崗岩との対比が妙。

写真上／中奥里道架道拱渠下り線の三石方に連なる谷積み花崗岩。写真右／上り線坑門。面壁は花崗岩。道路の向かって右側が用水路部分。

池の内農作道拱渠

旧三石町から旧吉永町に入ると、総煉瓦の面壁を持ったアーチ橋が現れる。下り線の面壁には高さがあり、翼壁が迫っているせいか、狭く感じる。ところが、面壁高が小さい上り線の坑門はおおらかに見える。上り線には、側壁に弧状煉瓦が使われており、坑門に美しさを与えている。また、アーチには3列の小口煉瓦が並んでいるが、2カ所に長手面の現れる竪積みも見られる。このふたつの特徴は、旧中奥里道架道拱渠の景色と大きく異なる。ふたつのアーチ橋の違いは興味深い。

一方、下り線の坑門は、赤煉瓦で、アーチは4連の小口煉瓦が並ぶ粗迫持。この点は旧三石町本村のアーチ橋と同じである。このアーチ橋でも、複線工事の幅が大きく、長手煉瓦を数えると、上り：下りは23列：62列。

池の内農作道拱渠上り線の坑門。中央に水路が走る。

煉瓦の寸法は、上り線の210~215×100×50㎜に対して、下り線は215×105×65㎜とやや大きい。翼壁はどちらの側も谷積みの花崗岩。上り線には目地がないが、下り線には目地が入っている。

写真右／アーチ2カ所に竪積みが見られる。面壁はイギリス積み焼過煉瓦。
写真左／上り線の側壁は角に弧状煉瓦が使われている。

写真右／坑内のアーチは上り線・下り線とも長手積み煉瓦だが、上り線の側壁はイギリス積み花崗岩。
写真左／上り線の坑門。ところどころに焼過煉瓦が見られる。

金谷西バス停付近の架道橋

三石―吉永間の金谷西バス停付近以西はアーチではなく、矩形の架道橋や暗渠が点在する。山陽鐵道姫路―岡山間の敷設工事では、三石と吉田（現在の和気郡和気町吉田、吉永駅の西方）の間が三つの工区に分けられている。工区はこの辺りで変わったのであろうか。

金谷西バス停付近の架道橋では上り線は焼過煉瓦、コーナーには弧状煉瓦が使われている。煉瓦の寸法は220×105×50㎜。この点は、他のアーチ橋と共通する。ところが、形がアーチでなく矩形《くけい》であることと、複線工事によって完成された下り線が花崗岩で造られていることが大きく異なっている。金谷西バス停付近の架道橋から吉永駅までの築堤区間に点在する橋梁は、全て矩形になる。三石―吉永間の営業距離は7・1㎞。

山陽鐵道開業と複線工事によって造られた橋梁構造物に、さまざまな特徴や相違点の見られる、実に楽しい区間である。

右の煉瓦部分が山陽鐵道開業時の工事。左が複線工事によるものだが、花崗岩が布積みにされている。

下り線方は焼過煉瓦。角には弧状煉瓦が使われている。

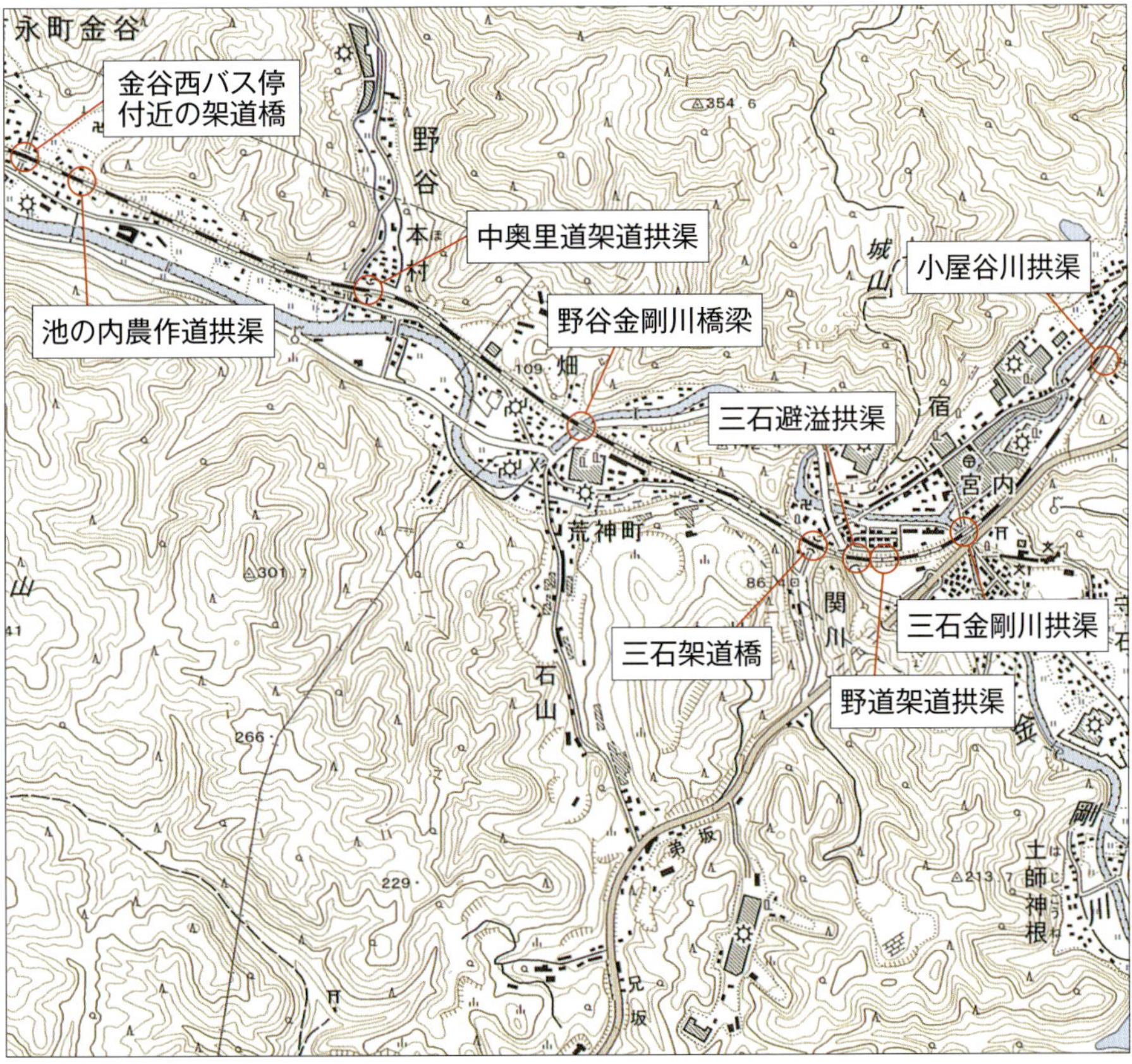

column

イギリス積み煉瓦

わが国で煉瓦が最初に焼成されたのは、1857(安政4)年に着工した長崎鎔鉄所の煉瓦製造場所だとされている。それ以降、日本古来の木造建築に、燃えない素材、煉瓦が用いられ始めたのである。新橋─横浜間の鉄道建設には石が使用されたが、それ以降の鉄道建造物素材の中心は煉瓦であった。駅本屋、プラットホーム、ランプ小屋、機関車庫、転車台坑、給水塔、トンネル、橋台、橋脚、拱渠などが煉瓦で造られた。その代表は、1914(大正3)年に完成した東京駅である。

岡山県内の鉄道遺産を見て歩くと、1891(明治24)年に開通した山陽鐵道、98(明治31)年の中國鐵道津山線、1910(明治43)年に全通した宇野線に煉瓦の構造物を見ることができる。ところが、同じ中國鐵道でも、04(明治37)年に開業した吉備線には煉瓦構造物はない。21(大正10)年に着工された作備線(現在の津山線津山口─津山間と姫新線津山─新見間)と伯備南線(現在の伯備線倉敷─新見間)以降の鉄道工事に煉瓦は全く使われていない。鉄道に煉瓦が使用されたのは、概《おおむ》ね、明治末期までである。それ以降、鉄道建設に使用される材料はコンクリートが中心となった。

岡山の鉄道遺産に使用された煉瓦は、どれもイギリス積みである。下図のように、長手列と小口列が交互に層をなす積み方がイギリス積みである。わが国に最初導入された組積法はフランス積みだったようだが、積み上げ効率のいいイギリス積みが主流となった。

トンネルや拱渠の側壁や面壁はイギリ

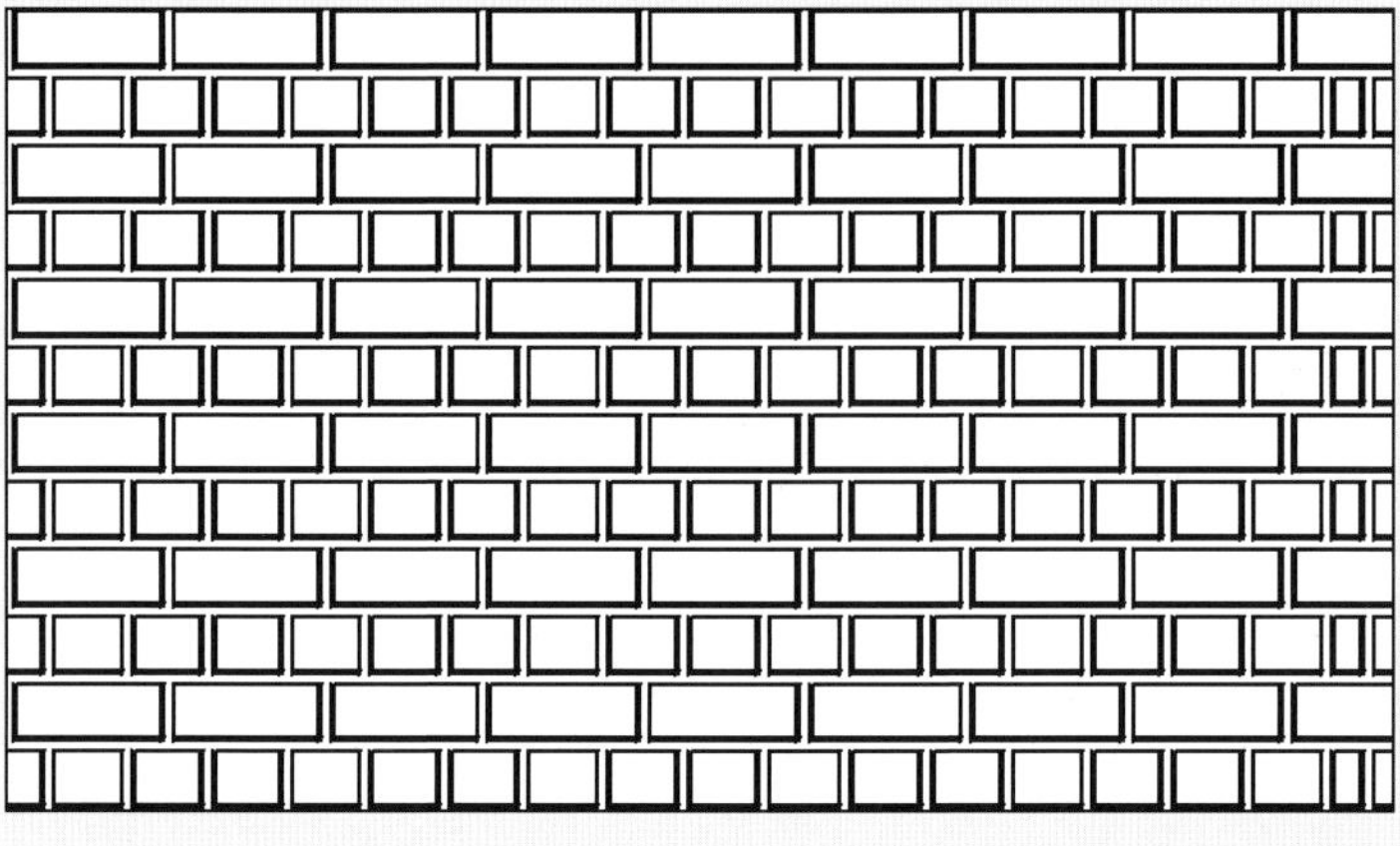

イギリス積み
(オランダ積み)

ス積みが多いが、アーチは長手積みで仕上げられる。岡山県の鉄道構造物にその応用例が見られないが、小口積みと呼ばれる方法もある。岡山市の相生橋南側にある国土交通省相生橋水位観測所に見ることができるのが小口積みである。

煉瓦と煉瓦を固定する材料は目地と呼ばれ、通常、セメントあるいは石灰と砂とを混ぜ、水で練ったモルタルが使われる。砂利を入れたコンクリートとは区別されるが、姫路駅に山陽鐵道會社が設置した初代転車台坑の煉瓦は、コンクリート目地で強固に固められていた。

図からもわかるように、縦方向の目地は一直線にしない。縦方向が一直線になる目地を「いも目地」と呼ぶ。「いも目地」ができると、縦横方向に目地が通り、構造物の強度は著しく損なわれる。したがって、縦方向の目地は一直線にならないように組まれる。

フランス積み

長手積み

小口積み

吉永―和気

山陽鐵道時代の遺産が点在

吉永駅

吉永駅は1891(明治24)年3月18日の三石―岡山間開業と同時に営業を開始した。駅本屋の建物資産票の日付は1926(大正15)年4月。木造の躯体《くたい》にモルタル塗装がなされている。1番線の支柱、2番・3番線の待合支柱も木でできており、駅本屋と同時の竣工。跨線橋は白いペンキの塗られた一部木造。支柱には古レールが使用されており、その中の一本はブランディングが読み取れる。

60-AS.BSCO.STEELTON

|||||||||| 1923 O.H.I.G.R

これは、アメリカ合衆国ペンシルバニア州のベスレヘム製鉄会社スチールトンが1923(大正12)年に製造した60ポンドレール。B.S.CO.は、ベスレヘムスチール(Bethlehem Steel Co.)。10本の縦線は10月に製造されたこと。O.H.はOpen Hearth、つまり、平炉で製鋼したこと。I.G.R.はImperial Government Railway(日本帝国鐵道)が発注したことを示す。なお、ベスレヘム製鉄会社スチールトンは、1865(慶応元)年に創業し、2002(平成14)年に廃業したという。

2番・3番線の外側には使用されていないプラットホームが残されている。

写真右／2番・3番線は旅客上屋2号。旅客上屋1号は1番線。駅舎は本屋1号。建物資産票の日付は、全て1926年4月。
写真左／跨線橋側壁は木製。支柱や天井の梁には古レールが使われている。

木造跨線橋のあるプラットホームは花崗岩が布積みされている。

岡山県内の駅や橋梁には、たくさんの古レールが再利用されている。プラットホームや跨線橋の支柱や梁を見ると、表面をペンキで塗られたレールの多いことに気が付く。わが国の鉄道は、本州がイギリス、北海道がアメリカ、九州がドイツの技術で発展したと言われている。レールの国産化は1901（明治34）年の官営八幡製鐵所が軌条工場の操業を開始して以降。それまでのレールは全て輸入品である。

吉永―和気間

吉永―和気間は営業距離5・3㎞。八塔寺川に架かる八十寺川橋梁や日笠川橋梁、金剛川橋梁などの橋梁、日笠架道橋をはじめとする架道橋や拱渠など18カ所を渡る。両駅間は大半が盛り土の上に敷設された区間。田んぼを横切る築堤を行く長大貨物列車には本線の風格が感じられる。

この区間にも山陽鐵道時代の遺産が点在する。そのほとんどが橋台や橋脚で、素材は煉瓦や布積み花崗岩である。区間最長の金剛川橋梁の橋桁は1979（昭和54）年に川崎重工業加古川工場が製造した上路プレートガーダー。橋台、橋脚共コンクリー

日笠川橋梁の上り線橋台。

日笠川橋梁の上り線。橋台が花崗岩と煉瓦でできている。

ト造。吉永駅に近い八十寺川橋梁の橋台、橋脚もコンクリート造。橋台の銘板には1987（昭和62）年2月3日に竣工したことが記録されている。橋桁は中路プレートガーダーで87年の日本橋梁製である。

ところが、日笠川橋梁上り線の橋脚は山陽鐵道時代のもの。イギリス積み煉瓦は花崗岩の隅石で守られ、花崗岩の水切り上部の船先に似た形の部分はコンクリートで造られている。ゆるやかな曲線を描く下り線のコンクリート造橋脚と比べて、ごつごつとした男性的な姿をしている。和気方の橋台はコンクリート造に変更されているが、吉永方は煉瓦造。

日笠川橋梁の和気方にあるのが日笠架道橋。日笠架道橋の上り線は煉瓦造。下り線はコンクリート造。吉永―和気間では、そのほか、煉瓦造架道橋1カ所と布積み花崗岩で橋台の造られた架道橋や暗渠が見られる。

吉永駅から約1㎞和気方の榜示一踏切近くの田んぼの中には、信号台の跡と思われるコンクリート基礎部分が立っている。上り列車用の吉永駅進入信号だったのではないだろうか。

写真左／日笠架道橋上り線の橋台。
写真右／榜示一踏切横に残るコンクリート塊。

『日本国有鉄道百年史　第9巻』によると、わが国の鉄道でコンクリートが使用されたのは、新橋―横浜間が開通した1872（明治5）年。その当時の使用箇所は、煉瓦や石などの目地としての使用にとどまっていた。橋梁の基礎部分にコンクリートが使用されたのは明治中期。明治末期になって、やっとコンクリートや鉄筋コンクリート橋梁が出現する。しかも、その使用箇所はアーチ構造のものがほとんどで、中には、橋脚の井筒に使用された例もあるという。当時のコンクリートは、煉瓦や石に比べて高価で、型枠の製造も困難視されていたばかりでなく、コンクリートに対する信頼度も高くはなかったのである。コンクリート構造物が本格的に造られるようになったのは、1914（大正3）年に制定された「鉄筋コンクリート橋梁設計心得」からで、23（大正12）年の関東大震災以降、耐震構造の優秀性が認められたコンクリートは一躍工事の主役の座に躍り出ることとなった。

『日本鉄道請負業史　明治篇』に山陽鐵道の記述は欠落している。目次に「戦災により原稿焼失せり」と記された3つの鉄道に含まれると見てよい。一方、社団法人日本鉄道建設業協会の資料によると、吉永駅以西の複線工事が完成していくのは1921（大正10）年以降である。したがって、山陽線複線工事の資材に煉瓦が使われたのは、三石―吉永間のみで、吉永駅以西の複線工事の資材はコンクリートであると考えてよさそうだ。

和気駅

和気駅も山陽鐵道三石―岡山間の開業にあわせて、1891（明治24）年3月18日に営業を開始した。かつては、同和鉱業片上鉄道との合流駅だったが、1991（平成3）年6月30日で同鉄道が廃止されてからはJR単独の駅となった。

建物資産票の日付を見ると、駅本屋1号は1962（昭和37）年8月だが、2番・3番線の旅客上屋5号が1924（大正13）年3月。旅客上屋2号は1891（明治24）年2月。山陽鐵道開通の時にできた待合が健在である。ふたつの柱や梁は木造。1番線と2番・3番線には古レールを支柱にした上屋が2カ所あるが、レール表面は白いペンキで覆われておりブランディングの判読できるものは少ない。判読できたものには、山陽鐵道がイギリスのBarrow Hematite Steel Co.（バーロウ赤鉄鋼製鋼株式会社）から購入したレールがある。バーロウ社は、カンブリア州 バーロウ=イン=ファーネスの会社で、1864（元治元）年に創業。1963（昭和38）年に閉鎖している。岡山県内では、山陽鐵道が発注した同社製と、同じイギリスのCharles Cammell & Co.（チャーリーズ・カムメル社）のレールを多数見ることができる。

和気駅にも木造の跨線橋が架かる。大部分の駅の跨線橋は、上り口と下り口が同じ方向についているが、和気駅の跨線橋は、1番線で吉永方に階段を上がり、2・3番線でも吉永方に下りる構造である。跨線橋は白ペンキ塗りで、1番線のコンクリート部分には「1966-3」と掘り込まれている。

2番・3番線から1番線側を見る。跨線橋の吉永方にかつてのプラットホームを見ることができる。花崗岩の小口積みである。同じ花崗岩でできた1番線とも明らかに異なる構造であるが、山陽鐵道時代の遺構であることに間違いない。

1891年に建てられた2番・3番線の上屋。

1番線の向こうにある石組みは山陽鐵道時代のプラットホームか。

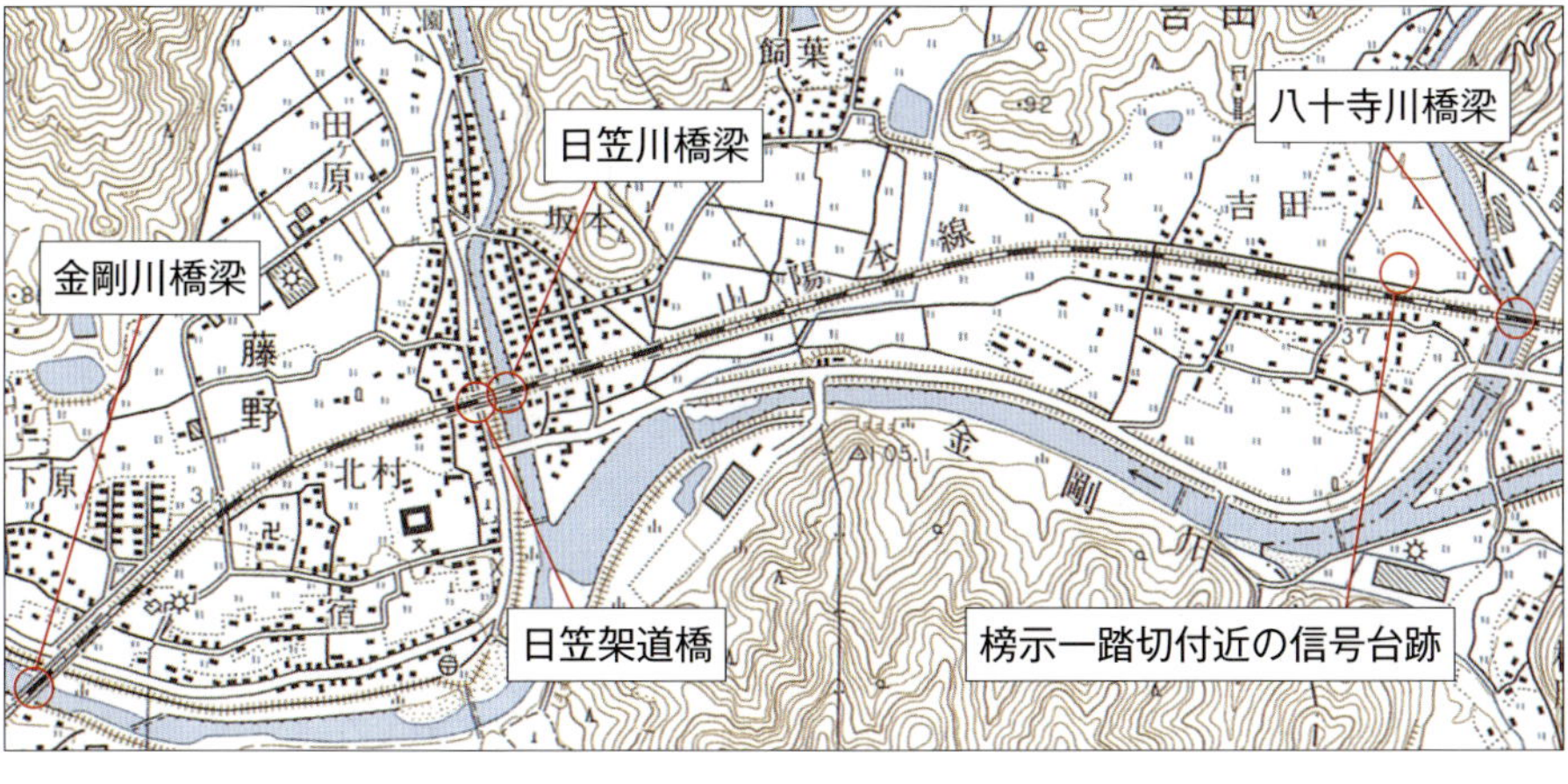

熊山—万富

明治45年製の跨線橋を瀬戸駅から移設

熊山駅

熊山駅は、1917（大正6）年7月10日、熊山信号所として開設され、30（昭和5）年8月11日に駅に昇格した。熊山駅で特筆することは1912（明治45）年製の跨線橋である。この跨線橋は瀬戸駅に12年に設置されたものを、60（昭和35）年に移設したものである。

熊山駅の跨線橋支柱と、階段昇降口両側の門柱は鋳鉄製。門柱には「明治四十五年　横河橋梁製作所　鐵道院」の陽刻がある。鉄道研究家の堤一郎氏によれば、鋳鉄製の跨線橋支柱では1891（明治24）年製の和歌山線・桜井線高田駅のものが最も古く、1921（大正10）年製の南海電気鉄道高野線橋本駅のものが一番新しい。また、1900（明治33）年頃から20（大正9）年頃までに製造されたものが多く、それ以降は、鋳鉄から再利用レールに代わっていったという。

岡山県には、もうひとつの鋳鉄製跨線橋が金光駅に残る。どちらも山陽鐵道時代のものだが、金光駅の跨線橋は1915（大正4）年製である。

鋳鉄製の跨線橋支柱。

ホームからの階段両側には「明治四十五年　横河橋梁製作所」「鐵道院」が浮き彫りされている。

熊山―万富

1994（平成6）年3月21日に熊山町が発行した『熊山町史　通史編　下巻』の第6章近代には、吉崎一弘氏の興味深い研究成果が掲載されている。

鉄道敷設には忌避伝説がつきものだ。山陽鐵道が赤穂や西大寺、玉島を経由しなかったのも地元の根強い忌避運動が原因であると言い伝えられてきたようだ。しかし、鉄道の歴史ほど、伝承が検証されないまま生き続けた例は珍しい。吉崎氏の研究も、和気以西のルート決定に関する、4つの忌避伝説を解明していくことから始まった。

和気以西の山陽鐵道敷設を巡っては、現在のルート以外に、ふたつの候補があったと吉崎氏は考察する。まずひとつは、和気で吉井川を渡り、吉井川の北側を西進。万富駅付近に至るコース。もうひとつは、和気で吉井川を渡った線路が、現在の赤磐市吉原付近から岡山市牟佐に向かい、旭川を渡って岡山市街に入るコースである。忌避運動は確かにあっただろう。しかし、このコース設定には、山陽鐵道會社の別の思惑がはたらいていたと吉崎氏は指摘する。鉄道予定地の地代は高騰する。その高騰を抑えるために、本命路線以外の予定線を提示して、地価の引き下げを図ったのではないかというのである。無論、切り札としての地元選出議員や首相へのネゴを活用しての作戦であった。

もうひとつ、吉崎氏の研究で明らかになったことがある。それは、赤磐市松木に煉瓦製造所が造られ、その煉瓦が山陽鐵道に使用されたということである。『山陽新報』は、三石、和気、梶岡（現在の上道《じょうとう》駅付近）の3カ所に鉄道専用の煉瓦製造所が開設されたと報じ、梶岡煉瓦製造所の記事は頻繁に紙面を賑わわせる。岡山県初の煉瓦製造会社は、稲垣兵衛《ひょうえい》が三石に開設した稲垣煉瓦製造所だとされている。稲垣は、業務拡大を図って、磐梨郡松木村（現在の赤磐市松木）に白羽の矢を立てた。この内容は『山陽新報』に掲載されている（前掲『熊山町史』）としているが、窯業技術者だった吉崎氏は、松木にあったとされる煉瓦製造所跡から出土した煉瓦と、熊山―万富間の中島開渠の煉瓦を調査。両者が同一のものであることを突き止めたのである。稲垣煉瓦製造所の松木支社は松木３５４番地にあり、山陽鐵道會社に優れた品質の煉瓦を多数納品したという。

埋木溝開渠

埋木溝開渠は、熊山駅のすぐ万富方。姿の異なる橋台が5台並んでいる。上り線方から見ると、谷積み花崗岩、開業時の煉瓦、複線工事の煉瓦、谷積み花崗岩、コンクリートの順である。このうち、開業当時の煉瓦造橋台の万富方は、大幅に切り取られ、コンクリートが塗られている。橋桁にプレートガーダーが使用されているのは、煉瓦造とコンクリート造の橋台3台で、花崗岩の橋台2台の上はコンクリート造橋桁である。プレートガーダー桁には古レールが補鋼材として添えられている。煉瓦の寸法は、開業時のものが２２０～２３０×１０５×65～70㎜。複線工事のものが２２０～２２５×１０５×55～60㎜。どちらもイギリス積みである。ところが、三石駅付近に見られた焼過煉瓦は見られない。同じ１８９１（明治24）年に開通した山陽鐵道でありながら、わずか17㎞程度の距離しか離れていない煉瓦に違いがあるのはなぜだろう。

山陽鐵道の敷設工事では、三石付近と熊山―万富間では工区が異なる。工区が異なれば、工事請負業者も異なる。『明治二十三年度上半季山陽鐵道會社第六回報告』の「敷設工

埋木溝開渠の煉瓦造橋台は山陽鐵道開通と複線工事の時のもの。

写真右／手前の谷積み橋台にはコンクリート造の桁が載り線路が走っている。
写真左／埋木溝開渠の複線工事跡。右が下り線。

事」の項には、「備前國和氣郡藤野村大字吉田ヨリ全國磐梨郡物理村大字森末マテ六拾八哩七拾鎖ヨリ八拾哩廿八鎖マテヲ五區ニ分チ本年六月十日ヨリ夫々起工シ…」という記述がある。和氣郡藤野村大字吉田は、現在の和気郡和気町吉田、磐梨郡物理村大字森末は赤磐郡瀬戸町森末。この区間が5工区に分けられて工事に入ったのである。埋木溝開渠はこの5工区のどこかに含まれることになる。

山陽鐵道の煉瓦は、松木を含めて4カ所の煉瓦製造所が焼成したものと、大阪の堺から運ばれたものがあったようだ。煉瓦の品質も製造所によって異なったと考えられる。埋木溝開渠が建設された頃、稲垣煉瓦製造所松木支社は稼動していたはずだ。拱渠の煉瓦も稲垣のものかどうか。また、複線化によって建設された下り線の煉瓦がどこで焼かれたものかについても興味は尽きない。吉崎一弘氏は、稲垣煉瓦製造所が、松木が生んだ詩人・永瀬清子の生家近くにあったこと、生家近くの「史蹟・和気清麻呂公墳墓之地」付近に製造された煉瓦が残っていることを指摘している。事実、墓所隣の壁柱は煉瓦造で、煉瓦の寸法は、210×100×55㎜であった。また、吉崎氏が、稲垣煉瓦製造所の煉瓦と、熊山近傍の橋台の煉瓦とが同成分であることを実証したことは既述の通りである。

埋木溝開渠万富方の架道橋

埋木溝開渠から、岡山白陵中学校・高等学校前の中島川踏切までの間には、熊山遺跡ハイキングコースを跨ぐ架道橋がある。この架道橋はコンクリート造だが、下り線方にコンクリートと煉瓦の構造物が残る。電化前までの山陽線の架道橋跡である。しかも、上り線がコンクリート橋台で下り線が煉瓦橋台。複線工事で上り線を完成させたのは、熊山―万富間のこの箇所が唯一である。

電化工事によって旧線となった線路跡は、中島川踏切までが人家として使用されている。中島川踏切から学校に繋がる道路も、かつて線路だった場所。暗渠の中にコンクリートと煉瓦によってできた壁を見ることができる。

この架道橋と、中島川踏切横の暗渠から西は、複線工事による橋台がコンクリート造に変わる。架道橋の熊山方の埋木溝架道橋の複線工事では、まだ煉瓦が使われていただけに、わずか数十mの距離で工法が変化することにたいへん興味を覚える。

もっとも、熊山駅の和気方にある辺谷川橋梁の橋台では、熊山方の下り線にのみ煉瓦が残る。ところが、それ以外のコンクリート部分がいつの工事であるのかは断定できない。第一、下り線の和気方もコンクリート造に変更されているのである。

日本鉄道建設業協会の資料によると、岡山県内の山陽線複線工事は、上郡―三石間が1910（明治43）年10月25日、間組《はざまぐみ》によって竣工。三石―吉永間は大林組が請け負い、11年6月20日に完了している。ところが、吉永駅以西の完成は21（大正10）年

煉瓦壁の右に生い茂る木々の場所が旧線。埋木溝橋梁付近まで続く。一方、向かって左側の万富方は、岡山白陵中学校・高等学校まで続く。

以降である。吉永駅以東の複線工事では煉瓦が使われている。明治末期の鉄道工事資材はまだ煉瓦だったのである。ところが、大正以降、工事の主役はコンクリートに変わっていく。埋木溝開渠の複線工事箇所が煉瓦造であることは驚きである。

吉井川橋梁

現在の吉井川橋梁は、1959(昭和34)年の三石―岡山間の電化工事に際して新設されたものである。橋台には「昭和31年11月19日着手、昭和32年12月30日竣功」のプレート、橋桁には「1958年日本橋梁株式会社」の銘板が見える。

山陽鐵道和気駅以西のルートには、土地取得を巡って3つのルートが検討されたとされている。吉井川橋梁がどこに架けられるかは、当時の大きな話題だったと思われる。吉井川橋梁には、1891(明治24)年に開通した単線時代のものと、複線工事で増設された1923(大正12)年のものがあったが、どちらも電化と共に廃止・撤去された。その基礎部分が川の中に残り、岸や電車から見ることができる。

川の中には、現在の橋梁側に小判形、その隣に円形の橋台跡が並び煉瓦の使用も確認できる。吉井川の熊

写真左/背後に見えるのが現在の山陽線。
写真右/万富方の橋台跡。向かって右のコンクリート造が上り線。左の煉瓦造が下り線。したがって、複線化によって上り線が建設されたことになる。
(左右共 埋木溝開渠万富方の架道橋)

山方には、旧吉井川橋梁に続いていたと思われる線路跡がある。

山陽鐵道姫路―岡山間の一番の難所は、船坂トンネルだった。その次の難工事が、吉井川と旭川に架ける橋梁だった。『明治二十三年度上半季山陽鐵道會社第六回報告』の「橋梁」の項は、「吉井川（千五百拾呎餘備前國和氣磐梨兩郡々界ニアリ）ハ本年六月一日起工シ東岸ノ橋臺ハ基礎築造中ニシテ橋脚モ皆沈降中ニ係ハリ大凡七分形ヲ竣成セリ」と工事の順調な進捗を報告している。『写真集　岡山の鉄道』には、小判形の橋脚にポーナル型プレートガーダーが並んだ吉井川橋梁の写真が載っている。つまり、円形の橋台が複線工事によって建設されたもので、複線工事は、一部を除き、開業時の線路の南側に建設されたようである。

橋梁用煉瓦は、相当な数が必要だったはずである。煉瓦や花崗岩などの重量物は船で運ばれた例が多い。『山陽新報』には、西大寺に陸揚げされた堺の煉瓦についての記事がある。堺の煉瓦は瀬戸内海経由で西大寺に運ばれたはずである。ところが、吉井川の高瀬舟が西大寺から吉井川橋梁工事現場まで煉瓦を運んだとは考えにくい。吉井川橋梁で使われた煉瓦は、和気の鉄道煉瓦製造所から運ばれただろうか、稲垣煉瓦製造所松木支社からであったろうか。詳しい資料の残っていない山陽鐵道である。謎は深まる。

複線工事で建設された川下の橋台跡は円形で、煉瓦が巻かれていたことがわかる。

万富方から見た吉井川橋梁。川の中に山陽鐵道時代の橋梁跡が並ぶ。

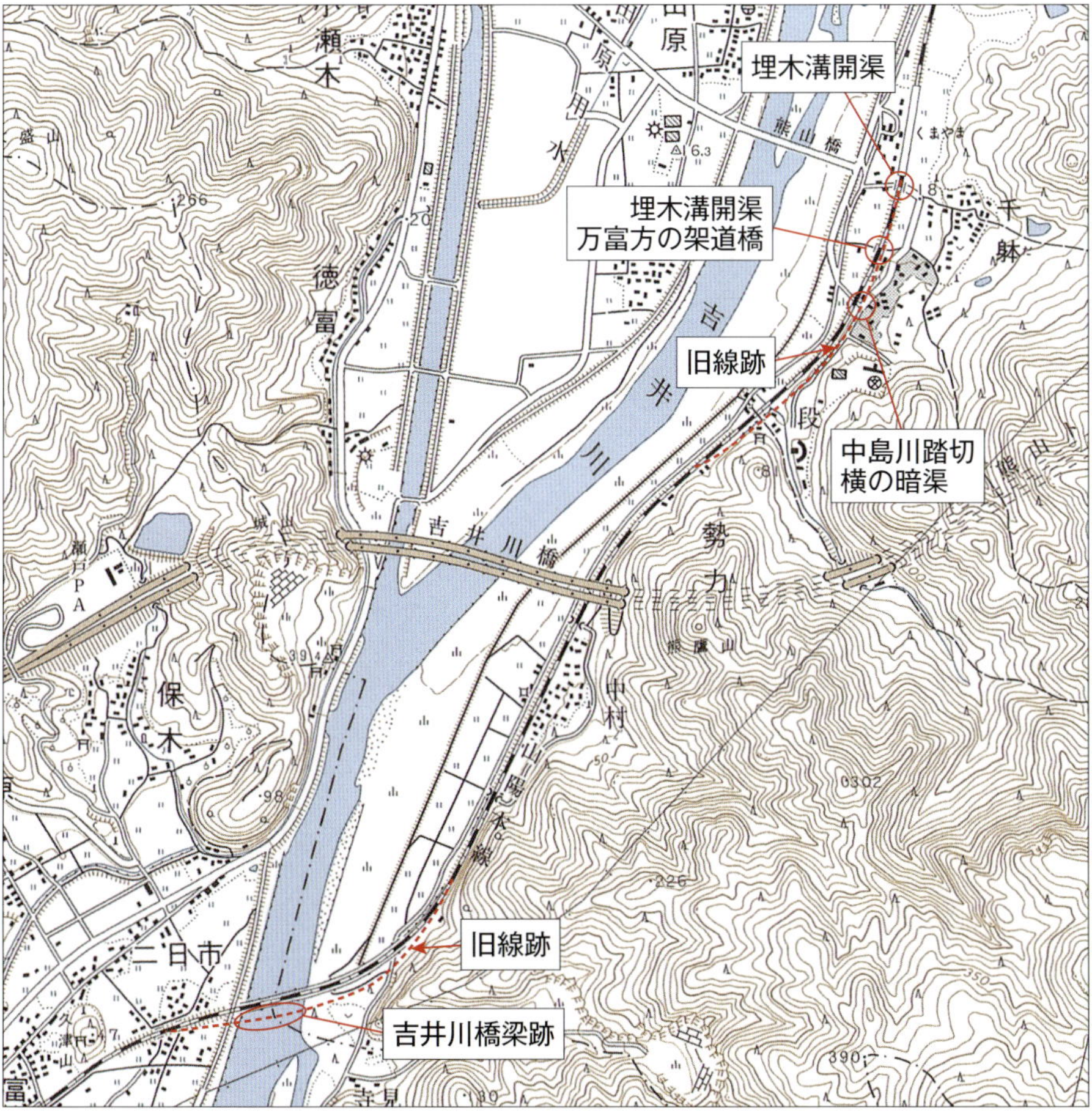

万富駅

万人が富むようにという願望地名が駅名の由来となった万富駅。その開業は、１８９７（明治30）年12月26日である。駅本屋の外壁はモルタル塗装されている。１番線の柱の一部が木であることから、躯体は木だと思われる。

１番線から２番・３番線には木造跨線橋が渡され、跨線橋の支柱と橋上の梁部分は古レールである。ブランディングから、１９３８（昭和13）年から39年にかけて八幡製鐵所が製造したものだとわかる。また、１９６１（昭和36）年２月付の建物資産票がある１番線の上屋２号の支柱も古レール。古レールの再利用が始まったのは大正になってから。レールを曲げる技術が確立されてからである。再利用は昭和30年代まで続き、駅や跨線橋などの支柱や梁。柵やトンネル内部などに使われた。

２番・３番線の待合室には、１９３５（昭和10）年２月の資産票がある。駅本屋同様に、表面にモルタルが吹き付けられている。万富駅は山陽鐵道三石—岡山間の開業から６年後に設置されている。プラットホームの石組みなどに、古参の駅とは違う様子が見て取れる。

写真上／２番・３番線の待合。昭和10年頃の建物。写真下／外壁がモルタルで仕上げられた万富駅。

万富駅跨線橋二題。支柱と梁に八幡製鐵所製の古レールが使われている。

瀬戸─上道

ホームの支柱にベルギー製などのレール

瀬戸駅

瀬戸駅は、山陽鐵道三石─岡山間が開業した1891（明治24）年3月18日に開業した。駅本屋の鉄道資産票は1938（昭和13）年3月。瀬戸駅の跨線橋は二代目で、手摺も木製。手摺と跨線橋の外壁は白いペンキで塗られている。瀬戸駅には1912（明治45）年に最初の跨線橋が設置されたが、60（昭和35）年に熊山駅に移設されている。跨線橋の1番線側には「1960-3」のプレートがある。

1番線の支柱に使用されているレールは、ベルギーのCockerill（ジョージ・コッケリル製鉄所）製、2番・3番線にはフランスのSoc. de Wendel & Co.（ウェンデル社）製の古レールが使用されている。

レール研究家である嵐路博氏の調査によると、コッケリル製鉄所はセラーン、リエージュ（Liege）郊外に拠点を置く会社。ウェンデル社は18世紀に設立された鉄鋼会社である。

わが国に鉄道がもたらされた頃、レールは橋梁に使用されるプレートガーダー桁や転車台同様、高価な輸入品だった。もっとも、蒸気機関車や客車、貨物

2番・3番線の跨線橋階段は両側に取り付けられている。

はもちろん、石炭、枕木に至るまで輸入に頼っていたこともある時代である。消耗品のレールの輸入が続いたのは大正初期まで。鋼材が貴重品だった当時、消耗したレールは破棄されることなく保管され、やがて、駅の梁や支柱、跨線橋、柵などに再利用された。古レールの使用された構造物はほぼ50年以上前のものだと考えてよい。

跨線橋の木の手摺。

瀬戸—上道間

『明治二十三年度　山陽鐵道會社第六回報告』の「敷設工事」には、瀬戸—上道間を含む、備前國上道郡浮田村大字谷尻から御野郡石井村大字島田までの、神戸起点80マイル32チェーン（約129・4km）から90マイル（約144・8km）間の工事の記述がある。約15・4kmを4工区に分け、1889（明治22）年6月10日より起工。同年上半期の間における工事進行状況が述べられている。上道郡浮田村大字谷尻は瀬戸駅西方を流れる砂川の西岸あたり、御野郡石井村大字島田とは、岡山駅西方の島田地下道のある付近である。

瀬戸駅から上道駅までの4・7kmは、水田地帯を築堤で横切る区間。大きくカーブした列車が快走するところである。この区間には、煉瓦造のアーチ橋3カ所をはじめ、煉瓦造の橋台、山陽鐵道敷設工事で設置された輸入橋桁を見ることができる。

砂川橋梁西方を行く上り電車。

馬瀬川橋梁

瀬戸駅のすぐ西方に馬瀬川橋梁が架かる。橋梁をくぐる時、橋台と橋脚にイギリス積みの煉瓦を見ることができる。瀬戸方の橋台は、上7段と下16段では異なった煉瓦が積まれている。上側の煉瓦は220×105×50㎜、下の煉瓦の寸法は220×110×70㎜。下の煉瓦のほうがやや大型である。上側の煉瓦の中には床石が置かれ、かつてはその上に橋桁が載せられていた。現在、橋桁は、床石と煉瓦の上にコンクリートが敷かれ、古レールが補強する形で収まっている。コンクリートの銘板には、1961（昭和36）年8月1日から62年3月30日にかけて工事されたことが記されていて、明治生まれの馬瀬川橋梁にコンクリート補強がされたのは、61年が最初だったと想像される。

定森川開渠

馬瀬川橋梁の西方にあるのが定森川開渠。支間4190㎜の橋梁だが、上り線橋桁のウェブプレートにCARGO FLEET－ENGLANDのロールマークが確認できる。さいたま市の鉄道研究家、嵐路博氏等によると、Cargo Fleet & Iron Co.（貨物海運鉄鋼株式会社）は、イギリス、Middlesbrough, East Riding of Yorkshire（イースト・ライディング・オブ・ヨークシャー州ミドルスブラ）に本拠を置き、元々は造船会

馬渡川橋梁の橋脚。古い床石が見える。緑の金属は古レール。

社だったという。1883（明治16）年1月29日に溶鉱炉等を設置して製鋼事業を開始。後年British Steel Company（ブリティン製鉄会社）に吸収されたが、1960年代までは単独経営だったという。ロールマークは桁両面にあるが、南面の文字は天地逆である。

左手にかすかにロールマークが見える。

定森川開渠の下り線はコンクリート造。山陽線では、主要幹線として輸送量が増大するに伴って、橋桁や橋脚が取り替えられていった。ところが、定森川開渠上り線では、明治の輸入プレートガーダーが、まだ現役で活躍しているのである。

3つの煉瓦アーチ橋

瀬戸―上道間には3つのアーチ橋がある。全てが異なる顔を持つが、そのうちのふたつは架道橋である。

瀬戸方から訪ねて行くと、県道西大寺山陽線の東に、最初の拱渠がある。上り線の坑門面壁と側壁は花崗岩の布積み。笠石も花崗岩。アーチは長手積み煉瓦。重厚な構えである。煉瓦の寸法は220×110×70㎜。下り線はコンクリート造。瀬戸―上道間の複線工事が完了したのは1921（大正10）年11月15日。上り線の拱渠が設置されたのは、山陽鐵道三石―岡山間が開業した1891（明治24）年3月18日だった。鉄道の土木資材は、大正末期にはコンクリートが主役の座を占めていた。

砂川橋梁の西方には、総煉瓦造だったと思われる拱渠がある。側壁はイギリス積み、アーチは長手積み煉瓦だが、面壁はスプリングラインから上7段目までがイギリス積み煉瓦で、それより上はモルタル塗りである。モルタルが塗られたのは拱渠完成以降のことで、山陽鐵道開通の頃は、面壁全体がイギリス積み煉瓦ではなかっただろうか。この拱渠に使用されている煉瓦の寸法は220×110×70㎜で、県道西大寺山陽線東隣の拱渠と同じである。この拱渠も上り線のみが煉瓦造で、下り線はコンクリート造。

岡山市谷尻の拱渠も、上り線側が煉瓦造で下り線側はコンクリート

写真右／県道西大寺山陽線の東にある拱渠。
写真左／花崗岩と煉瓦部分が上り線。手前のコンクリート造部分は下り線。

造。笠石の下に広がる面壁と側壁はイギリス積み。アーチが長手積み煉瓦である。花崗岩と煉瓦とでできた県道西大寺山陽線東の拱渠とは大きく趣が異なる。使用されている煉瓦の寸法は220×110×70㎜。他の2例と同じである。

瀬戸―上道間と三石駅付近の拱渠を比べると、瀬戸―上道間の煉瓦には次の相違点が見られる。

①複線化された下り線の構造物はコンクリート造。三石駅付近の複線化工事は1911（明治44）年に竣工している。一方、瀬戸―上道間の完成は1922（大正11）年。11年の間に鉄道土木工事の材料は煉瓦からコンクリートに移行したことになる。

②三石駅付近の上り線に使用された煉瓦は210~215×100×50㎜。「山陽形」に近い。ところが、瀬戸―上道間では220×1

10×70㎜の煉瓦が使用されている。山陽鐵道三石—岡山間の敷設工事では、三石、和気、梶岡（現在の上道駅付近）に専用の煉瓦製造所が設けられたほか、松木の稲垣煉瓦製造所の煉瓦、堺煉瓦製造會社の煉瓦が西大寺経由で海路と新川経由で運ばれた記録がある。

1890（明治23）年8月13日付の『山陽新報』には、梶岡煉瓦製造所の製品は上道郡中部以東に使用し、西大寺経由の煉瓦は磐梨郡南部の工事に使用するという記事がある。煉瓦寸法の違いは、煉瓦製造所の違いからくるものだろうか。

砂川橋梁西方のアーチ橋は、面壁の上部半分がモルタル塗り。

③三石駅付近の上り線では弧状煉瓦が使われているが、瀬戸—上道間では見られない。

④三石駅付近の上下線で使用された焼過煉瓦と堅積み技法も、瀬戸—上道間では確認できない。煉瓦の違いは、請負業者の違いにも関係があるだろうか。

⑤三石駅付近では、複線化された下り線の工事幅が上り線よりも大きい。しかし、瀬戸—上道間では上り線のほうが大きい。谷尻の拱渠では、上り線の幅が、長手煉瓦40個分の約9200㎜。コンクリート造の上り線は5900㎜である。

百田川架道橋

瀬戸—上道間にありながら、百田川架道橋はアーチ構造ではなく、橋台に桁を渡した橋梁である。前掲の3拱渠よりも広い道路を通すためにアーチが採用されなかったのではないだろうか。上り線の橋台は、220×110×70㎜のイギリス積み煉瓦。下り線はコンクリート造の橋台にプレートダーガー桁が載っている。上り線の桁はコンクリート造で1994－3の刻印がある。1994（平成6）年まではプレートガーダー桁だったのだろうか。

一ツ木川橋梁

一ツ木川橋梁上り線の橋台は、開業当時の煉瓦造。しかし、橋脚はコンクリート造に変更され、下り線は橋台、橋脚ともコンクリート造である。一ツ木川橋梁周辺は住宅地から広がる水田地帯。田んぼを渡る風の中で、明治生まれの橋梁を行くカラフルな電車や貨物列車を眺めるのも一興。

写真左／百田川架道橋は矩形。
写真右／谷尻のアーチ橋上り線方の坑門面壁は赤煉瓦。

一ツ木川橋梁の橋台は煉瓦造。橋脚は後年コンクリート造に変更されたようだ。

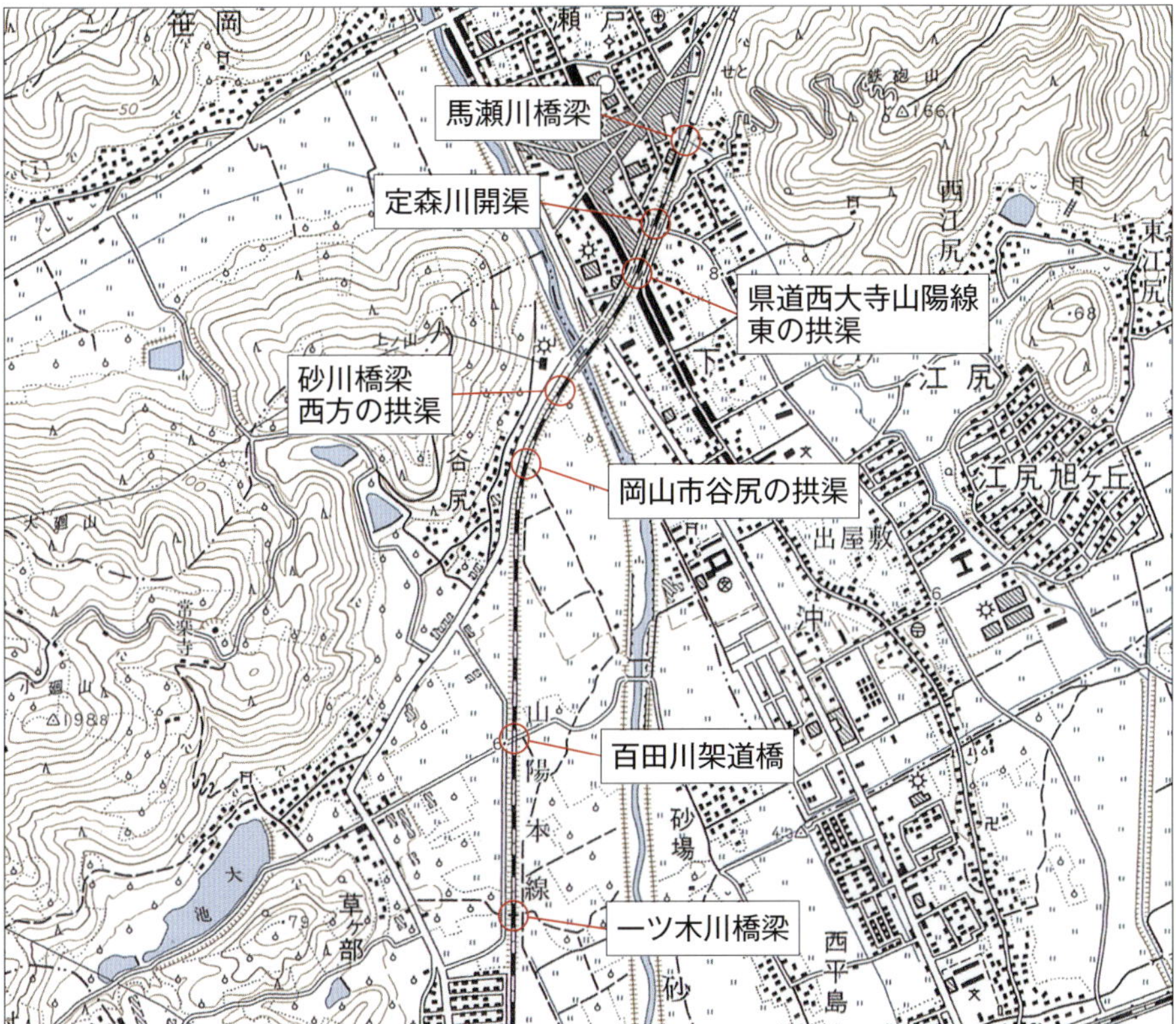

東岡山―岡山

ホームには布積みした花崗岩

東岡山駅

東岡山という駅名は三代目である。1891(明治24)年3月18日に山陽鐵道三石―岡山間が開通。この時、長岡駅として開業した。その後、1906(明治39)年1月1日に西大寺駅に。1906年は、山陽鐵道が国有化された年である。西大寺軌道長岡―西大寺間は、11(明治44)年12月29日に開通。西大寺軌道長岡駅は、西大寺駅前に開設され、山陽線との乗り換えを可能にした。その後、61(昭和36)年3月20日に東岡山駅に改称、現在に至っている。62年9月1日には赤穂線相生―東岡山間が全通。東岡山駅は山陽線と赤穂線の乗換駅となった。ところが、西大寺軌道との接続駅に西大寺軌道は廃止。現在の鉄道体系となった。

東岡山駅本屋の鉄道資産票には1935(昭和10)年3月の日付がある。1番と2番・3番線は、開業当時に設けられたものだと思われ、花崗岩を布積みにした部分が見える。4番線はコンクリート造で、跨線橋の付近の側面に「1961-1」の刻印がある。1番、2番・3番線の端は高さが少し低い。かさ上げされる以前の高さである。

東岡山駅の跨線橋は、三つの階段

「1961-1」の刻印のある4番線。

１番・２番・３番線には小口積み花崗岩が見える。

を持ち、側面が木造。支柱と梁に古レールが使われている。レールには白のペンキが塗られているため、ブランディングの判読はむずかしい。八幡製鉄所が１９１０（明治43）年に製造したものなどのほかに、アメリカのCarnegie Steel Co.（カーネギー鉄鋼会社）製、フランスのウェンデル社が10年に日本帝国鐵道向けに製造したレールを見ることができる。

旭川橋梁

目下工事中なる山陽鉄道の鉄橋は上道郡の方より杭穴を穿《うが》ち始め既に数個をば穿ち終れり此の工事は潜水器により水底に沈みて働くを以て目に慣れざる人には頗る珍ひしく日々の見物人千内外なり此が爲所々《しょしょ》に露店を張りて菓子を鬻《ひさ》ぐものゐり日曜日の如きは特《こと》に見物人多くして其近傍は頗る雑沓せり見物人の種

類は近村の人々も少なからずといへども学生或いは婦人最とも多しといふ

山陽鐵道旭川橋梁工事の模様を、1890（明治23）年6月19日木曜日付の『山陽新報』は、「鉄橋工事の見物人」と題してこう伝えている。明治時代に大がかりな橋梁工事は珍しかったと思われ、資材を運ぶ蒸気機関車を見に行った見物人も多かったことだろう。

『山陽新報』の伝えた橋梁は現在の旭川橋梁上り線で、橋脚の西川原就実方4本と岡山方5本、岡山方の橋台は煉瓦造である。築後118年を迎えた煉瓦構造物は威風堂々として美しい。

上り線の西川原就実方4本の橋脚は片尖頭形。上流側に花崗岩の水切りが付けられている。この内、西川原就実方から4本目は基礎部分がコンクリート造で1～3本目に比べて煉瓦部分が少ない。5・6本目は全てコンクリート造。更に、7～11本目にあたる岡山方の5本は小判形で、上流下流どちらも花崗岩の水切りが取り付けられている。同じ河川に架けられた橋梁でも、橋脚の姿がずいぶん異なっている。煉瓦の組み方はイギリス式。寸法は220×105×50㎜。一方、1923（大正12）年の複線化で架けられた下り線の橋脚はコンクリート造。西川原就実方から5～8本目と10～11本目にあたる6脚の基礎部分には、225×100×55～60㎜煉瓦がイギリス積みされている。下り線の煉瓦は上り線のものよりも若干小さい。

上り線橋梁の起工は1890（明治23）年5月15日。『明治二十三年度上半季　山陽鐵道會社第六回報告』には「朝日川」と記述され、姫路－岡山間の敷設では、船坂トンネル、吉井川橋梁と並ぶ難工事箇所だったと書かれている。現在、旭川の東岸は遊歩道やグラウンドが整備され、散歩やジョギングをする人々の姿が見られる。また通勤・通学に使う人も多い。明治の橋脚は、われわれの生活のすぐ隣にある鉄道遺産である。

上り線岡山方の橋台。イギリス積み煉瓦が美しい。

旭川の岡山方から見た橋梁。煉瓦造の橋脚が開業当時のもの。

旭川橋梁から岡山駅にかけての煉瓦構造物

旭川橋梁を渡った下り列車は、南方架道橋、東西川橋梁を越え、北方第三踏切横の暗渠を過ぎ、大きくカーブを描いて岡山駅に進入する。この3つの構造物はいずれも煉瓦造。岡山市街地で見られる明治の鉄道遺産である。

南方架道橋の上り線橋台はイギリス積み煉瓦。煉瓦の寸法は220×

大正時代の橋台はコンクリート。しかし、基礎部分には煉瓦が使われている。明治の煉瓦造橋台の連なりは迫力満点。（旭川橋梁）

105～110×70㎜。下り線はコンクリート造。

東西川橋梁と北方踏切横の暗渠の上り線方の橋脚もイギリス積み煉瓦。朝夕の満員電車の行きかう岡山の街中に残る明治の煉瓦に深い愛情を感じるのは筆者だけだろうか。

写真右／南方架道橋上り線の岡山方橋台。
写真左／東西川橋梁上り線の西川原就実方橋台。

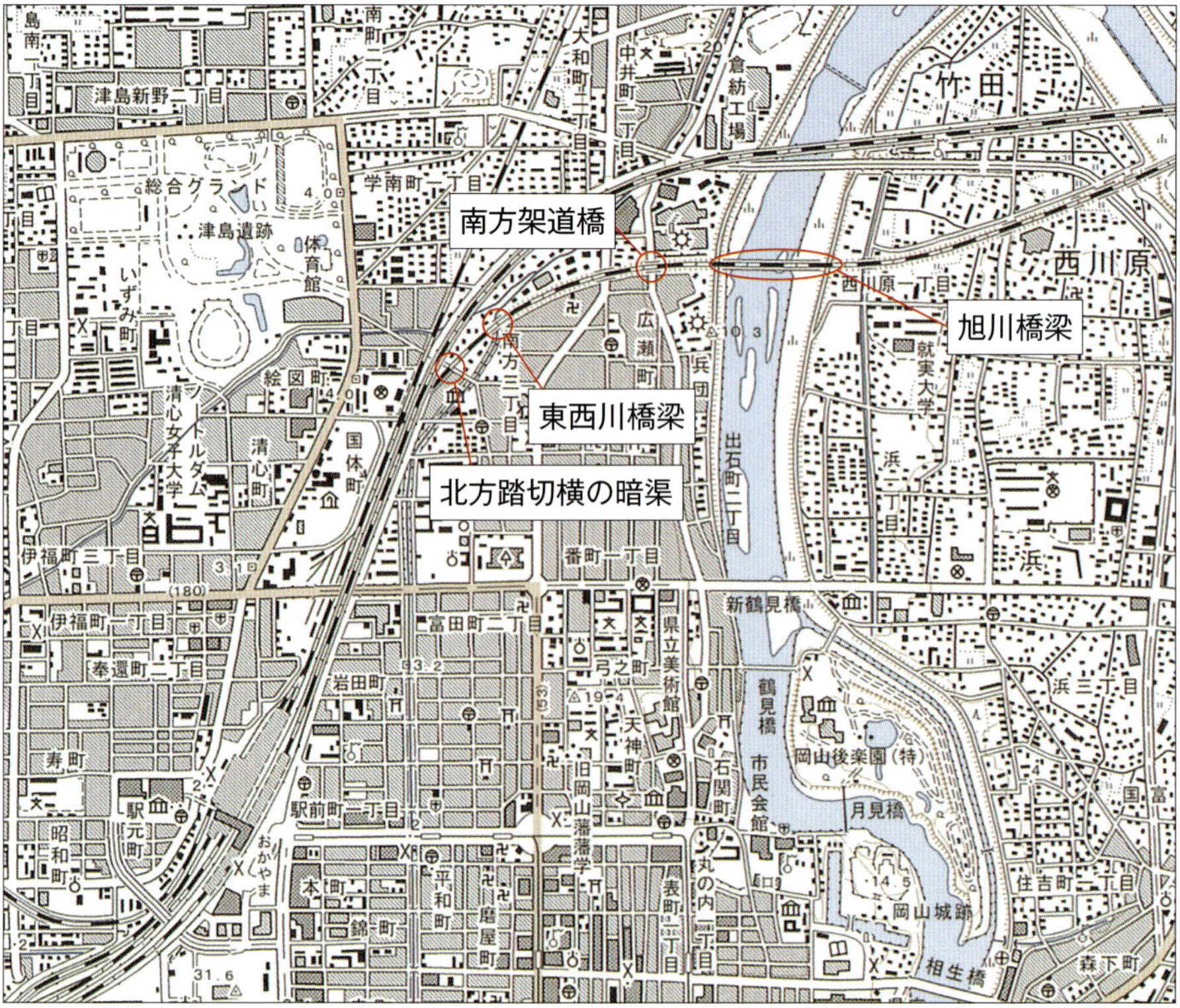

岡山駅

岡山大空襲では壊滅的な被害

都会的雰囲気のショッピングモールを併設した岡山駅。岡山駅は、１８９１（明治24）年3月18日に山陽鐵道岡山駅として営業を開始。１９26（大正15）年に二代目駅舎となり、山陽新幹線新大阪―岡山間が開業した72（昭和47）年3月15日に三代目となった。

西口が開設されたのは１９３９（昭和14）年。２００７（平成19）年11月17日に閉鎖されるまでの69年間、奉還町側の玄関口を務めた。駅の東西を結ぶ地下道が開通したのは１９５８（昭和33）年。齢50を迎える。

１９４５（昭和20）年6月29日の岡山大空襲では、本館は焼け残ったものの、壊滅的な被害を受けた。焼け残ったホームの写真を見ると、支柱だった古レールがあばら骨のように見える。古レールは、2番・3番・4番線で今もホームの上屋を支えている。また、木造跨線橋の支柱や梁にもレールの使用が確認できる。

このほか、四国連絡線の発着する6番・7番線には、戦災復興で建設されたプラットホームの上屋の姿をみることができる。さらに、9番・10番線の跨線橋は、岡山駅唯一の拱橋ラーメン構造である。

2番線の古レール

2番線は山陽線や伯備線の下り列車が発着する。2番線には、鉄の帯板梁が連なり、コンクリートで覆われたプラットホームに清涼感を与えている。津山町並保存研究会の松岡久夫氏は、「帯板を等間隔に並べないで3枚吹き寄せにして、さらにその中央の帯板を山形にしているところなどは意匠にかなりの想いがあったのではないか。」と製作者の思いを指摘する。帯板梁につづく2カ所の支柱には古レールが使用され、バーロウ赤鉄鋼製鋼株式会社とチャーリーズ・カムメル社のブランディングが確認できる。また、日本帝国鐵道と山陽鐵道會社が発注元であることもわかる。製造年代は１８８６（明治19）年から89（明治22）年。バーロウ社とカムメル社は、Bolckow, Vaughan & Co.（ボルコウ・ボーン株式会社）と並ぶ「イギリス御三家」。１８８０年代から１９００年代初めにかけてわが国に大量のレールを輸出した製鉄会社である。

さいたま市在住の古レール研究家・嵐路博氏の解説によると、カムメル社はイギリス・南ヨークシャー州シェフィールドのメーカー。1837（天保8）年の創業と伝えられているが詳細は不明。

では、実際に2番線にある古レールブランディングを見てみよう。

BARROW STEEL
XIM° 1881 166 IRJ

BARROW STEELは、イギリスカンバーランド州のBarrow Hematite Steel Co.Hematiteは赤鉄鉱のこと。XIM° 1881は1881（明治14）年11月の製造であること。166はレール断面の規格を示すセクションナンバー。製造会社によってその内容が異なっていたようである。バーロウ社のセクションナンバー166は、バーロウ社独自の断面規格を示すもので、その重量はレール1ヤードあたりの重量が60ポンド、つまり914・4㎜あたり約27kg。IRJはImperial Railway of Japanの略で、日本帝国鐵道を示す。

BARROW STEEL
10M° 1889 166 STK

1889（明治22）年10月に山陽鐵道会社（Sanyo Tetsudo Kaisha）用に製造されたものだと考えられる。STKに相当する鉄道会社は、山陽鐵道以外に総武鐵道、参宮鐵道が存在するが、岡山駅での再利用レールであることから山陽鐵道のものではないかと推測する。

2番線は山陽線と伯備線の下り列車が発着する。独特な形をした帯板梁とレールの支柱。

3番・4番線の古レール

3番・4線線の梁はアーチを描いている。梁や支柱となったレールからは、1888（明治21）年に山陽鐵道會社用に製造されたバーロウ社、アメリカのカーネギー鉄鋼会社が97（明治30）年2月に製造したものをはじめ4社の名前が読み取れる。ここでは「イギリス御三家」のボルコウ・ボーン社とカムメル社のレールの記述を見てみよう。

BV&CO LD 1893 N.T.K.

ボルコウ・ボーン社は、イースト・ライディング・オブ・ヨークシャー州ミドルスブラで1851（嘉永4）

年に創業。1930（昭和5）年にDorman Long Co.（ドーマンロング社）と合併した。1875（明治8）年の創業説もある。また、双頭レールをわが国に輸入したDarlington Iron Co.（ダーリントン鉄鋼株式会社）を併合した歴史を持つ。このレールは、93（明治26）年に、現在の東北線にあたる日本鐵道會社の発注によって製造されたもの。関東以東で鉄道輸送を支えてきたイギリス製のレールがこうして岡山駅に残っていることに、時間や場所を超えた鉄道の歴史ロマンを感じる。

跨線橋の階段から見た3番・4番線。撮影当時は7番・8番線だった。

CAMMELL·S.TOUGHENED STEEL W.1889 O.T.K. SEC350

古レールの描く曲線はおおらかで優美。

Charles Cammell & Co.（チャーリーズ・カムメル社）。イギリス・シェフィールドの製鉄会社。シェフィールドは1890年代に躍進した南ヨークシャー州の首都で、刃物で有名。CAMMELL・SのSはシェフィールド（Sheffield）の頭文字。TOUGHENEDは強化鉄。O.T.K.は大阪鐵道會社。SEC350は、大阪鐵道會社が発注した平底レールの規格で、60ポンドレールに相当する。

6番・8番線の木造構造物

瀬戸大橋を経由して四国に連絡する列車が発着するのは6番から8番線。この待合上屋は木造で、帯板梁は木の梯子状。戦災から復興したプラットホームの上屋では、最後まで残っている貴重な鉄道遺産である。梯子梁は、跨線橋を東岡山方に下りた5番線から始まり、跨線橋あたりで一度途切れるが、地下道上の放送室あたりまで続いている。地下道への階段部分では、両梁の間隔が階段幅に狭くなる。梯子梁の東岡山方には、板を縦方向に張り合わせた妻壁がアーチを描いている。この妻壁は、大元方にもあったと思われるが、現在は失われている。津山町並保存研究会の松岡久夫氏は、「トラス梁と方杖（梁を下から支える斜め材）を両側から先端を丸く加工した板で挟んでいる。強度というより意匠・機能をねらったもので、雨の吹き込みを防止する目的をもっていたのでは。」と話す。

アーチを描く妻壁。かつての上屋はここまでだったと思われる。

9番・10番線のラーメン跨線橋

「旅客こ線橋 型式：拱橋ラーメン」。9番・10番線の跨線橋階段にはこう書かれた銘板が付けられている。ラーメン構造の旅客跨線橋は1959（昭和34）年12月から60年3月にかけて工事が行われ、大阪工事局が管理し、広鉄工業が施工したコンクリート構造物である。木造跨線橋につながる階段はゆるやかなカーブを描いた構造である。

ラーメン（rahmen）とは、ドイツ語で枠とか額の意味。梁と柱が剛結合された構造を指す。鉄筋コンクリートの進歩と共に土木構造物で広く使用されるようになった。特に、橋梁や暗渠などへの応用が見られ、新幹線の高架橋が典型的な応用例である。耐震性と経済性に優れることから、わが国の鉄道構造物では多用されている技術である。英語ではrigid frame。

ゆるやかなカーブを描いた構造がわかる。

梯子梁は、地下道に下りる階段付近で折れ曲がる。（6番・8番線）

旅客跨線橋のサイドビュー。（9番・10番線）

北長瀬―中庄

明治時代に建設された煉瓦の橋台がいまも健在

山陽線の岡山―倉敷間は、岡山県下でも通勤通学利用度の高い区間。山陽線以外に伯備線の列車も乗り入れるため、特急列車の走行も見られる区間でもある。われわれが普段通勤の足として利用する列車。その列車を支える軌道の下には、明治時代に建設された煉瓦の橋台が今も健在である。

北長瀬―庭瀬の乙一久川橋梁と白石川橋梁

北長瀬駅は、岡山操車場跡に、2005（平成17）年10月1日に開業した橋上駅。プラットホームからは、入れ換え作業をする機関車の姿が見え、鉄道マニアならずとも楽しい所である。

北長瀬駅から庭瀬方に約800m付近は、乙一久川橋梁と白石川橋梁が連続する。乙一久川橋梁の下り線橋台と翼壁はコンクリート造だが、上り線の橋台は煉瓦造。翼壁は布積みの花崗岩である。煉瓦の寸法は、220×100〜105×65㎜。

3連プレートガーダー形式の白石川橋梁上り線橋台と橋脚は煉瓦造。流れの中に立つ橋脚は煉瓦造で、隅石を持った尖頭形。橋台も煉瓦造。一方の下り線は橋台・橋脚共にコンクリート造。

1890（明治23）年7月1日火

写真右／乙一久川橋梁上り線の橋台は煉瓦造。下り線はコンクリート造。
写真左／煉瓦造橋脚が今も橋桁を支える白石川橋梁。

曜日付『山陽新報』では、鉄道工事報道の中に白石川が登場する。山陽鐵道會社は、岡山駅の建設を急ぐため、木材や石材などを白石川から運搬。現在の橋梁付近で汽車に積み替えて岡山駅の工事現場に送ったようだ。山陽鐵道の岡山近傍で使用された石材は、児島半島南部で産出される花崗岩が買い入れられたようである。重量の大きい花崗岩は、舟で運ばれ、鉄道に積み替えられて工事現場に運ばれたのであろう。

庭瀬―中庄間の煉瓦

庭瀬―中庄間の最大橋梁は、足守川橋梁。天井川の足守川を渡るために、庭瀬を出た下り列車はゆるやかな勾配を上り、大きくカーブを描いて堤に向かう。この間には、三ツ田川開渠、境川橋梁、長野川橋梁、撫川橋梁、撫川架道橋など6つの橋梁があり、上り線の橋台は全て煉瓦造。ただし、北長瀬―庭瀬間同様、複線工事で完成した下り線はコンクリート造。また、足守川橋梁は上下線共橋台、橋脚全てがコンクリート造である。

足守川を渡ると勾配はゆるやかな下りとなり、中庄までの田園地帯を走る。そのため、軌道は築堤の上に敷かれ、築堤の下には用水を通す橋梁が多数存在する。足守川橋梁から印刷会社のコーセイカン付近にある宝利一踏切までの築堤は、コンクリート造に変更されたために、煉瓦の橋台は見られない。宝利一踏切の中庄方にある宝利川橋梁から、久松川橋梁、中庄駅構内の長田川橋梁の3カ所ではイギリス積み煉瓦の橋台を見ることができる。おだやかな田んぼの中を行く山陽線の響きを聞きながら、煉瓦の橋台を見ていると、山陽鐵道開通の頃の情景を想像したくなる。中庄は、帯江信号所として開設され、1930（昭和5）年3月11日に駅として営業を開始している。山陽鐵道開通当時、この付近には広々と田んぼが連なり、帯江銅山の煙突からは操業の煙が上がっていたのだろうか。梅雨明け前のよく晴れた夕方、田植えの終わった田んぼを渡る風はあくまでさわやかだった。

撫川橋梁（用水）の橋台。

写真右／撫川橋梁はふたつ並んで存在する。中庄方の撫川橋梁は架道橋。
写真左上／宝利川橋梁をわたる伯備線の特急やくも。
写真左下／長田川橋梁は、中庄駅構内の八反ケ坪踏切の庭瀬方にある。

庭瀬駅

庭瀬駅は、1891（明治24）年4月25日開業したが、伯備線の起点となっていたかもしれない駅だ。伯備線計画に際し、犬飼毅は庭瀬から山手を経由して総社市の湛井を通るルートを提唱した。当時、湛井は中國鐵道吉備線の終点だった。一方、倉敷紡績社長、大原孫三郎は倉敷起点を主張した。結局、伯備線は倉敷から北に向かうルートとなり、庭瀬駅が分岐点となることはなかった。

1番線では山陽鐵道時代の煉瓦造プラットホームを見ることができる。プラットホームを北長瀬方に歩くと、駅本屋のはずれに煉瓦の構造物が現れる。そのあたりから北長瀬方までの1番線北側面は全てイギリス積み煉瓦である。岡山県内にある山陽線の駅で、煉瓦の構造物が残っているのは庭瀬駅が唯一である。

木造の跨線橋を登って2番線に渡る。ベンチのある待合所の支柱には八幡製鉄所製のレール、屋根の梁部分にはアメリカのベスレヘム製鉄会社スチールトンが製造したレールが再利用されている。レールには白いペンキが塗られているため、発注者などは読み取れないが、1919（大正8）年5月の製造かもしれない。

写真上／1番線の北側面はイギリス積み煉瓦造。
写真下／1番線北側に残るイギリス積み煉瓦。

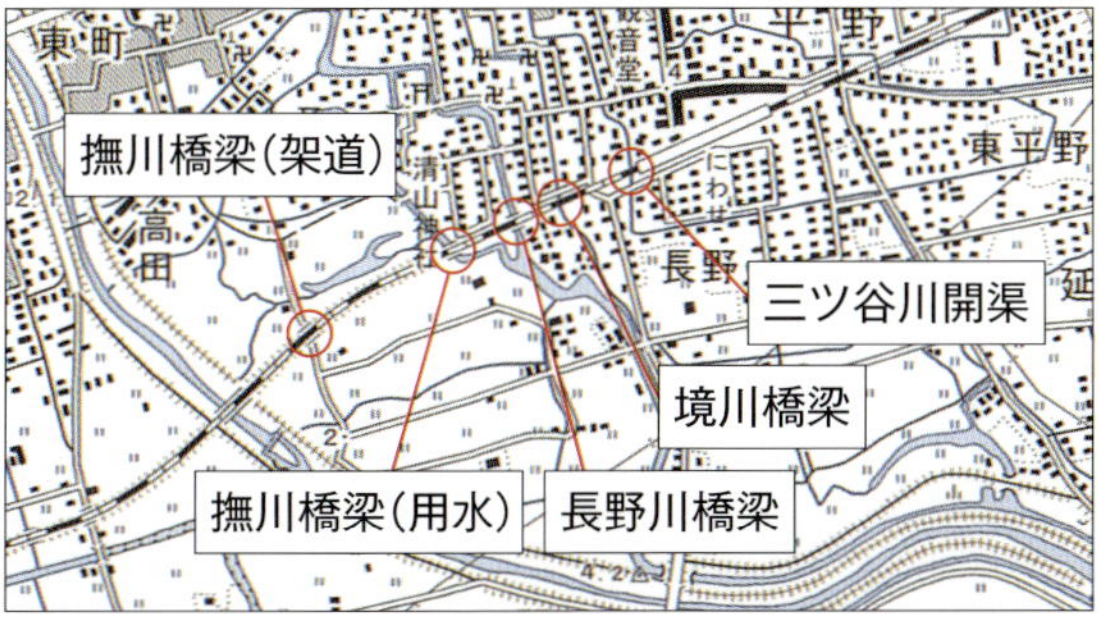

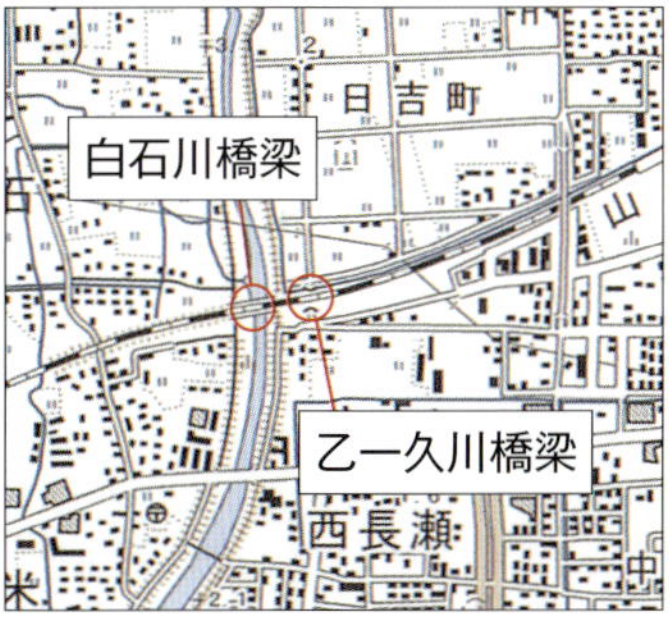

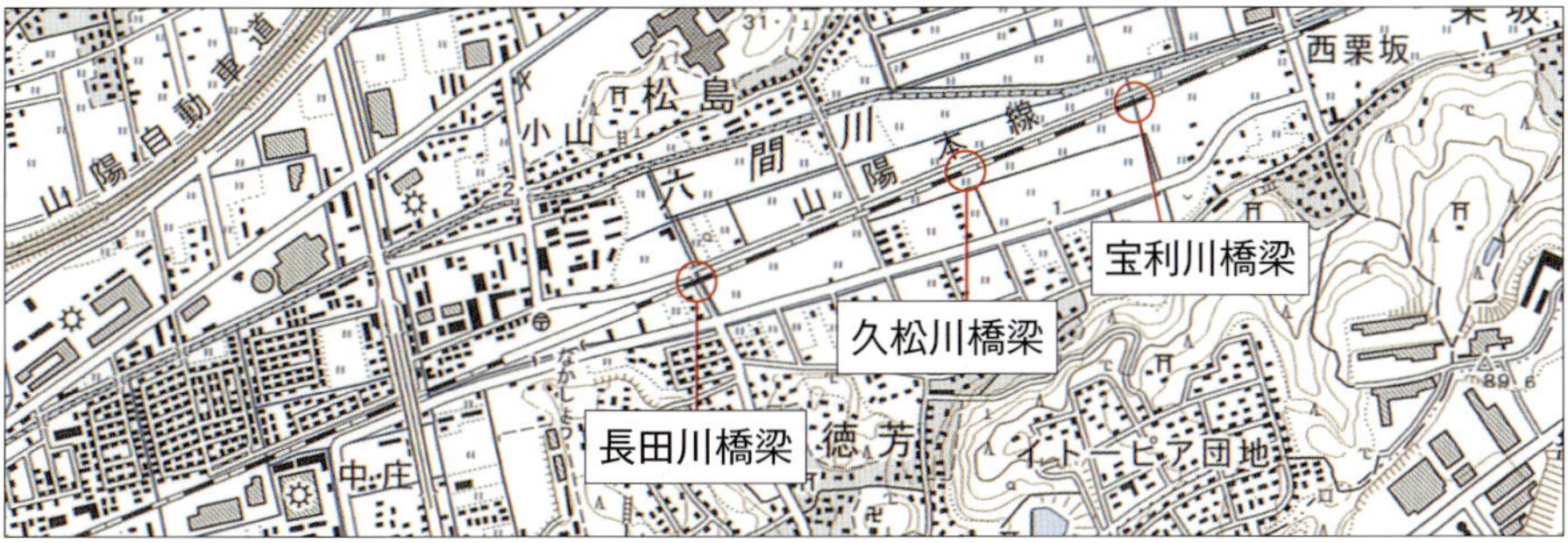

倉敷―西阿知

1番線の両端には山陽鐵道時代のホームの高さを残す

倉敷駅

山陽鐵道倉敷駅の開業は1891（明治24）年4月25日。岡山駅開業のひと月後だった。伯備線倉敷―宍粟（現在の豪渓）が開通した1925（大正14）年2月17日からは分岐駅となり、41（昭和16）年に二代目駅舎が完成。橋上駅化は81（昭和56）年の三代目駅舎の時。現在の駅舎が完成したのは83（昭和58）年である。

全てが新調されたように思える倉敷駅だが、1番線の両端には、山陽鐵道時代のプラットホームの高さを残す所がある。また、1962（昭和37）年10月の日付を持った旅客上屋が存在する。2番・3番線の上屋2号の支柱と梁には古レールが使われている。白いペンキがブランディングの判読を妨げているが、その一本はアメリカのColorado Fuel & Iron Co.（コロラド石油・鉄鋼会社）の製品である。コロラド石油・鉄鋼会社は、コロラド州プエブロで1872（明治5）年に創設されたとされ、82（明治15）年4月からレールの圧延を始めた会社。大文字でCOLORADOと大きく記されたブランディングが特徴。アメリカのレール製造会社では、USスチール社とベスレヘム製鋼会社が双璧と言われ、数々の買収劇を演じてきた。ところが、コロラド石

倉敷駅２番･３番線の西阿知方にある旅客上屋２号の日付は昭和37年10月。上屋の支柱と梁には古レールが使われている。

油・鉄鋼会社はどちらの企業にも買収されることなく操業を続けたが、Oregon Steel Mills（オレゴン製鉄所）の傘下に入った。

西阿知駅

山陽鐵道倉敷—笠岡間が開業したのは1891（明治24）年7月14日。当時、倉敷駅の次の駅は玉島駅。現在の新倉敷駅だった。

倉敷—玉島間に立ちはだかる高梁川は、改修されるまではたいへんな暴れ川だった。明治の改修工事で現在の姿となったが、それ以前は「東高梁川」「西高梁川」に分かれて岡山平野を下っていたのである。「東高梁川」の川幅は倉敷市の四十瀬から中島交差点あたりまでと広かったようだ。水島臨海鉄道が球場前駅を過ぎ、大きく左カーブして南に向かって走るあたりが「東高梁川」跡である。

山陽鐵道會社は、現在の線路の少し北寄りに東高梁川橋梁を架けたが、改修工事の後、現在の位置に線路の中心線を変更している。西阿知駅が開設されたのは1920（大正9）年5月25日。旧線時代から、西阿知地区からは駅設置の要望が出され、設置確定測量も終了していた。それでも駅ができなかったのは、高梁川の堤防決壊が危惧されていたからであった。

西阿知駅の駅本屋は、プラットホームよりも低い。これは、高梁川

写真上／地下道から見たプラットホーム。
写真下／1番線から見た駅本屋。

1番線には大阪方面、2番線には広島方面の看板がある。

の堤防に向かう勾配区間に駅が設けられたためである。改札からプラットホームへは、線路をくぐって階段を登る。プラットホームは島式ホーム1本。1番線には「大阪方面」、2番線には「広島方面」と書かれた昔ながらの看板が掛かっている。国鉄時代の名残である。その看板の背景となるのが旅客本屋の庇《ひさし》。木でできた庇には独特の意匠が見られる。

西阿知―新倉敷の旧線跡

高梁川の東約1・5㎞あたりから勾配に差し掛かる下り列車は、西阿知駅を過ぎて大きく右カーブを描く。カーブの起点から高梁川にかけて、右の車窓には旧線跡が広がる。旧線跡は、高梁川西岸からしばらくの間もやはり右の車窓を賑わわす。西阿知駅から高梁川に向かって約600mのあたりに旧線の架道橋跡を見上げる場所がある。橋台跡はまるでコンクリートの城郭のように見える。遺棄された複線線路跡を上から眺めると、巨大な大蛇のようかもしれない。

１９２２（大正11）年の『鐵道省鐵道統計資料』を見ると、「倉敷玉島間橋梁改築及同川附近線路變更」が完成し、「西阿知玉島間ノ複線工事」が継続中であると記されている。玉島駅は、山陽新幹線岡山─博多間が開業した75（昭和50）年3月10日に新倉敷駅となった。

西阿知─玉島間の複線工事が完了したのは１９２４（大正13）年11月15日。その後、輸送力増強のための大改修が行われた。59（昭和34）にロングレールを敷設。61（昭和36）年4月1日からは軌道強化工事を開始。枕木のコンクリート化、道床砕石化、60キロレールの採用と続いた。倉敷─三原間の電化工事は61年10月1日完成。電化工事では、山陽鐵道時代に建設された吉井川橋梁と高梁川橋梁が付け替えられた。

城郭のようなコンクリート構造物は、高梁川橋梁の付け替え工事で置き去りにされた旧線跡で、今もその威光を放っている。翼壁には花崗岩が谷積みにされ、コンクリートの橋台は威厳十分に鎮座して不動である。城郭は、同じコンクリート造の新線よりも存在感があり、かつての鉄道構造物の重厚さを物語っている。しかし、架け替えられた高梁川橋梁の橋台や橋脚跡はすっかり失われ、見る影もない。

煉瓦造アーチ構造の暗渠

高梁川東岸の堤防下には、煉瓦アーチの入った暗渠がある。「入った」としたのは、坑門はアーチでも煉瓦でもないが、坑内2カ所に煉瓦アーチがあるからである。坑内の溝には古レールが渡され、その上に枕木の足場が置かれている。暗渠は、電化工事によって両坑門側に延長されたと思われるが、煉瓦部分は山陽鐵道時代のものかもしれない。また、ふたつの煉瓦アーチの間にあるコンクリートアーチ部分も、元は煉瓦造りだったようにも思える。

威風堂々と鎮座する旧線跡のコンクリート橋台。

暗渠内の煉瓦アーチ。コンクリートアーチの奥にもうひとつある。

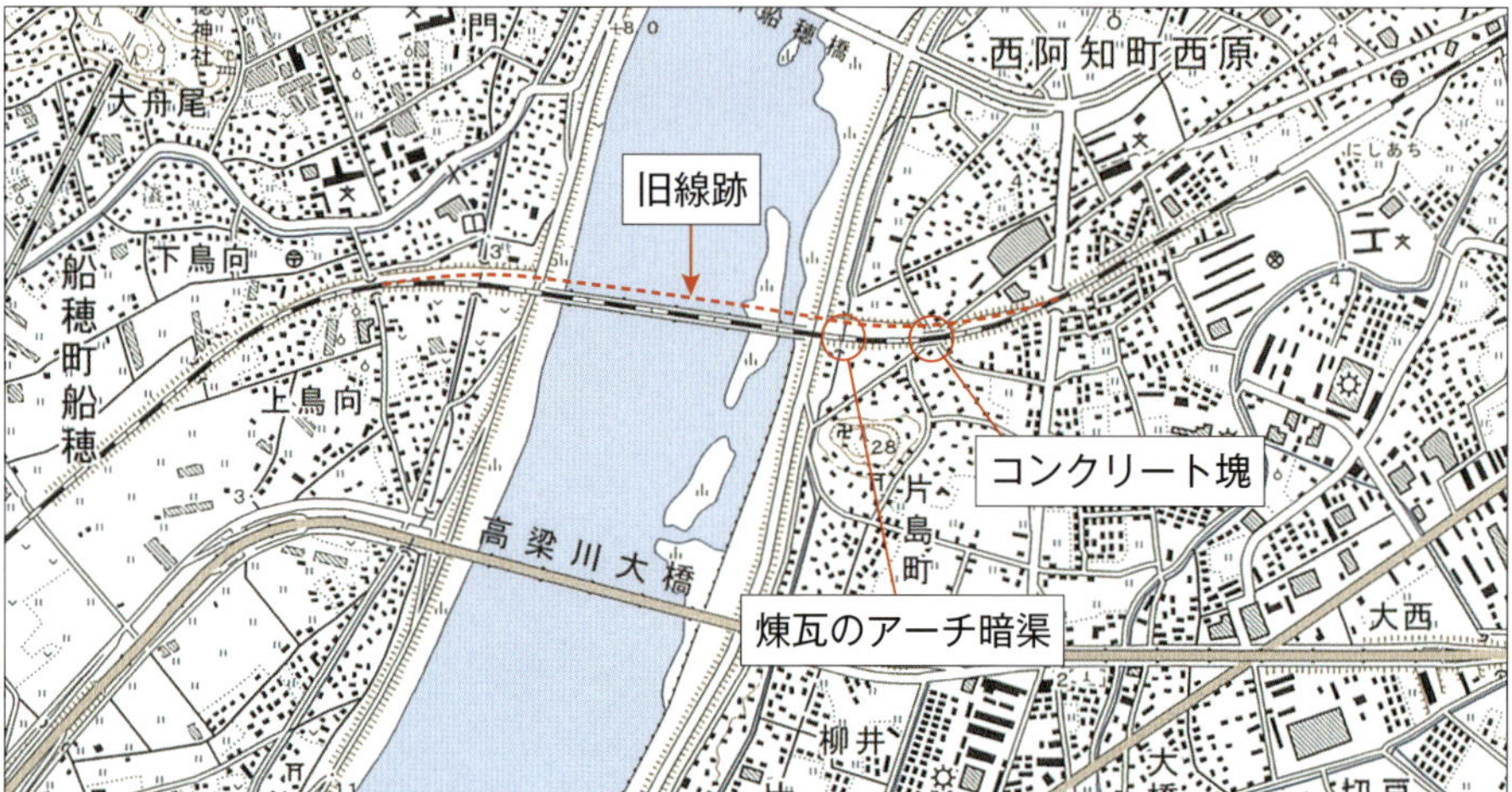

金光―鴨方

珍しい鋳鉄製の跨線橋支柱

金光駅

日本国有鉄道が発行した『停車場一覧　昭和41年3月1日現在』によると、金光駅の営業開始年月日は、1901（明治34）年8月4日。2003（平成15）年10月1日に金光町が発行した『金光町史　本編』には次の記述がある。

すでに前年の明治二十四年、倉敷―笠岡間の開業（七月四日）を一カ月後に控えた六月十三日付の『山陽新聞』の記事に、金光教会本部は日々盛大となり、他国よりの参詣者一日百名余りで、鴨方駅から二哩（三・二キロメートル）余りで不便ゆえ、山陽鉄道と「特約を結び占見村占見新田に之を設置し、若し百名より乗客少なきときは其の償ひは金光教に於てし、又之を踰《こ》すときは其利益は会社より金光教へ交付することと決し、近々同時に停車場を設置すと聞く。

『金光町史』は、「金神《こうじん》仮駅の誕生」で、金神駅は、金光教本部の春秋両季大祭でしか営業しなかったのではないかと推測している。したがって、大祭以外の大部分の日には、金神仮駅の使用はできず、仮駅前の人々でも、玉島駅か鴨方駅まで歩かなければならなかったことになる。金神駅

大正13年３月の駅本屋１号。

は当時の吉備村の人々の熱意で設置が現実となり、１９０１年8月4日に開業。前掲『停車場一覧』の日付は、常設金神駅開業の日を示すものである。19（大正８）年4月1日には、現在の駅名である金光に改名された。金神仮駅は01年以前に開設されていたことになるが、その詳細はわからない。

金光駅は鉄道遺産の宝庫である。宝物は、大きく4つに分類できる。第1は、明治生まれの木造駅舎。第2は鋳鉄製跨線橋。３つ目は多種類の古レールの使用された支柱。そして、４番目が双頭レールの使われた上屋支柱である。特に、鋳鉄製跨線橋と双頭レールの価値は高い。

金光駅本屋と鋳鉄製跨線橋

金光駅本屋の建物資産票の日付は１９０２（明治35）年3月。金神駅時代の木造躯体にモルタル塗。１番線の旅客上屋2号も木造だが資産票の日付は30（昭和５）年3月。鴨方方の跨線橋支柱は、15（大正４）年に横河橋梁製作所が製作した鋳鉄製。鐵道院の陽刻も見られる。跨線橋は1番線と2番・３番線、４番線を結んでいるが、鋳鉄製の支柱があるのは1番と2番・３番線だけ。『金光町史』の巻頭を飾る33（昭和８）年の写真では、４番線に跨線橋は伸びていない。後年延長されたと思われる。なお、４番線は金光教専用列車のた

大正４年、横河橋梁製作所、鐵道院の陽刻のある鋳鉄製跨線橋支柱。

めに設けられたもので、普段は閉鎖されており、臨時列車運行日でも一般乗降客には開放されていない。岡山県内で鋳鉄製の跨線橋支柱が残るのは熊山駅と金光駅だけである。

金光駅1番線

1番線の、鋳鉄製跨線橋横の上屋を支えるのは、Tennesse, US Steel（US製鉄会社テネシー）が1934（昭和9）年に製造したレール。さらに鴨方方にある旅客上屋8号の資産票は59（昭和34）年1月。支柱となったレールは、23（大正12）年のUS製鉄会社テネシー製と、28（昭和3）年のベスレヘム鉄鋼社スチールトン製。どちらもアメリカの会社である。そのほか、ボルコウ・ボーン社、23年製のベルギーProvidence（プロビデンス社）とドイツThyssen & Co.（ティッセン社）、22年、28（昭和3）年、34（昭和9）年の八幡製鐵所製のレールも確認できる。

旅客上屋2号と新倉敷方の跨線橋の間の上屋の支柱と梁となったレールは、イギリスのボルコウ・ボーン社製と、08（明治41）年の八幡製鐵所製。

跨線橋からさらに新倉敷方には、建物資産票59（昭和34）年1月の旅客上屋6号。その支柱は、23年と33年の八幡製鐵所製、22年製US製鉄会社テネシーのレールやティッセン

2番・3番線には双頭レールの支柱が15列並ぶ。

社のレールが見られる。

金光駅新倉敷方の跨線橋

金光駅には2本の跨線橋がある。新倉敷方の跨線橋は、1番線から2番・3番線、4番線を経て南口につながっている。4番線への出入りと南口利用は、金光教の大祭に合わせて運行される臨時列車発着の時のみである。

1番線の支柱は1924（大正13）年のUS製鉄会社テネシー製、26（大正15・昭和元）年と32（昭和7）年の八幡製鐵所製、年代不明のカーネギー鉄鋼会社製レールである。2番・3番線の支柱は、1896（明治29）年のボルコウ・ボーン社製で中國鐵道會社向け。1932年と48（昭和23）年の八幡製鐵所製。2番・3番線に下りたところには、2本の古レールが両脇に立てられている。

4番線から南口までの支柱や梁も古レール。南口の梁に使われているレールにはベスレヘム製鉄会社スチールトンのブランディングが読み取れる。

2番・3番線の鋳鉄製跨線橋支柱。

金光駅の双頭レール

鋳鉄製跨線橋と双壁をなす金光駅の鉄道遺産は、2番・3番線の支柱となった双頭レールである。双頭レールは、わが国鉄道導入期に輸入され、新橋—横浜間、大阪—神戸間、京都—大津間でのみ使用されたとされている。それ以降の、大阪—京都間や山陽鐵道では平底レールが使用された。したがって、金光駅の双頭レールは、明治のごく初期に輸入されたものである。鉄道史の研究者によって、わが国に輸入された双頭レールが、イギリスのダーリントン鉄鋼株式会社製であることがつきとめられている。金光駅の双頭レールに塗られたペンキは厚く、ブランディングを読むことはできないが、イギリスから船旅をし、神戸以東で輸入蒸気機関車を支えてきた歴史証人である。

双頭レール。レールの上下が同じ形状をしている。一方が磨耗したらもう一方を使用するものだったが、実際に天地を入れ替えて使用された例は少なかったという。博物館明治村。

写真右／双頭レールを上から見た絵。犬釘を使用する現在のレール固定よりもおおがかり。博物館明治村。
写真左／双頭レールを固定する木のくさび。博物館明治村。

平底レール。左からふたつ目は明治時代の輸入レール。姫新線中国勝山駅。

枕木と犬釘でとめられた平底レール。右のレールは輸入品。小ぶりなことが見て取れる。姫新線中国勝山駅。

鴨方駅

鴨方駅は、１８９１（明治24）年7月14日の倉敷―笠岡間開通と共に開業した。駅本屋の建物資産票の日付は、１９２４（大正13）年３月。木造躯体に、後年モルタル塗装されている。モルタル塗り防火対策が講じられるようになったのは、23（大正12）年の関東大震災以降。岡山県内の山陽線では、吉永、熊山、万富、金光などの駅もそうである。

改札口を出た旅客上屋１号にある資産票の日付は、１９３５（昭和10）年３月。支柱に使用されているレールは、山陽鐵道が輸入した１８８９（明治22）年のイギリス、バーロウ赤鉄鋼製鋼株式会社製。円弧を描く古レールは岡山県内では岡山駅の３番・４番線と鴨方駅だけに見られる。改札口は後になって拡張されたようで、拡幅部分の支柱レールが途中で切断されている。

木造跨線橋の支柱にもレールが使われているが、ブランディングの確認できるものは、１番線側のバーロウ赤鉄鋼製鋼株式会社製だけ。２番・３番線の上屋資産票の日付は１９６１（昭和36）年10月製。上屋を支えるのは八幡製鐵所が製造したレールである。

レールの曲線が大正13年から駅舎を飾ってきた。

笠岡—大門

48本の支柱と11本の梁に双頭レール

笠岡駅

山陽鐵道倉敷—笠岡間は1891（明治24）年7月14日に開業した。笠岡駅は、1913（大正2）年から71（昭和46）年まで井原笠岡軽便鉄道との接続駅でもあった。笠岡駅の鉄道遺産は、プラットホームの古レールと、木造跨線橋とそのレール支柱である。

まず、1番線の旅客上屋2号の梁部分に使われたレールは、ペンキが塗られていて判読できないものもある。ブランディングの確認できるものは、1897（明治30）年にイギリスのボルコウ・ボーン社から中國

1番線に並ぶ古レールの梁と支柱。

鐵道會社が、１９００（明治33）年にアメリカのIllinois Steel Co.（イリノイ製鋼会社）から山陽鐵道會社が、03（明治36）年にドイツのUnion Aktien-Gesellschaft fur Bergbau, Eisen-und Stahl Industrie zu Dortmund（ウニオン・ドルトムント鉱山製鉄連合）から日本帝国鐵道が購入したレール、八幡製鐵所が07（明治40）年に製造したレールである。旅客上屋２号の建物資産票は59（昭和34）年11月の日付。

イリノイ製鋼会社は、笠岡駅のレールを製造した翌年にあたる１９０１（明治34）年にUnited State Steel（ＵＳ製鋼会社）の子会社であるUnited Steel Illinois（ＵＳ製鋼会社イリノイ）となっている。創業は１８８２（明治15）年。シカゴ北方のウィスコンシン州ミルウォーキーにあったらしい。一方、ウニオン・ドルトムント鉱山製鉄連合株式会社は研究者泣かせで、その沿革は明らかではない。イリノイ製鋼会社のレールは、１番線の一番大門方、旅客上屋２号の支柱として使用されている。山陽鐵道會社を示す「S.T.K.」ではなく、山をイメージした会社マークが陽刻されたものである。

旅客上屋１号は、１９５９（昭和34）年11月に設置された側壁が木造の跨線橋。支柱のレールは、１８８９（明治22）年に山陽鐵道がバーロウ赤鉄鋼製鋼株式会社から購入したもの、発注鉄道会社は不明だが、チャーリーズ・カムメル社の１８８９年製、97年に中國鐵道向けにボルコウ・ボーン社が製造したものなどである。

２番・３番線の旅客上屋３号には１９２６（大正15）年３月と記された資産票がある。48本の支柱と11本の梁は双頭レールでできている。表面に塗られた白いペンキが厚く、ブ

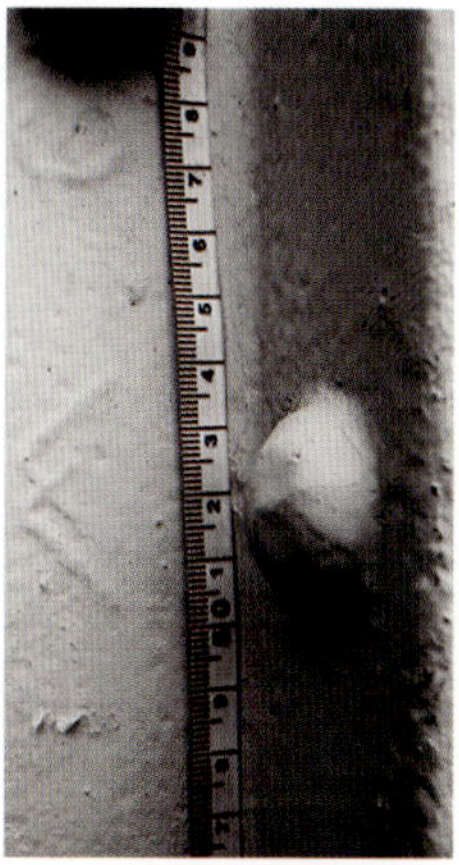

写真右／山をイメージした山陽鐵道會社のマーク。イリノイ製鋼会社が1903年に製造したレールに見られる。
写真左／２番・３番線の旅客上屋３号の双頭レール。

ランディングは読み取れない。同じく双頭レールが支柱となった金光駅の2番・3番線の建物資産票は確認できないが、両駅の2番・3番線は同時期に設置されたものではないだろうか。双頭レールの再利用は、米子駅でも見られるが、わが国の鉄道黎明期の遺産を見ることのできる貴重な場所が、岡山県には2カ所あることになる。

2番・3番線の跨線橋里庄方には、旅客上屋4号があり、建物資産票の日付は1961（昭和36）年9月。この支柱も平底レールだが、厚く塗られたペンキが判読を妨げている。

金﨑トンネル

兵庫と岡山の県境には船坂トンネルが立ちはだかる。三石―笠岡間にトンネルはないが、笠岡と広島県境までにはまたトンネルがある。初代と二代目の船坂トンネルが兵庫県側

写真上／明治生まれ（右）と大正生まれ（左）のトンネルが並ぶ笠岡方。
写真下／上り線トンネルにはめ込まれた扁額。

で並んでいるように、金﨑トンネルの笠岡方もふたつの坑門が並んでいる。上り線は１８９１（明治24）年製。下り線は、国有化後の１９２３（大正12）年の竣工。

明治生まれの上りトンネル笠岡方坑門では、面壁が石造。壁柱、笠石、パラペット、帯石を備え、扁額には右から左に向かって「金﨑隧道」と彫られている。巻厚部分は要石から盾状の迫石が取り巻いており、内部は煉瓦造である。一方、大正時代に掘削された下り線の坑門は、花崗岩の布積み。巻厚と内部はコンクリート造。ふたつの坑門を見ると、31年の間に工法が変わったことがわかる。

写真右／大門方の上り線坑門も石造。扁額も見える。
写真左／大門方の下り線坑門は笠岡方とよく似た顔立ち。

大明神神橋梁

山陽鐵道笠岡－福山間は、１８９１（明治24）年9月11日に開業。１９２３（大正12）年6月25日には複線工事が完了している。下り線の大明神神橋梁は、神戸から１８８㎞５２ｍ86㎝の位置。支間５１１０㎜。金﨑トンネルを出た下り列車が最初に渡る橋である。

大明神神橋梁は、上り線が古く、橋台は花崗岩の小口積み。しかし、桁はコンクリート造。後年架け替えられている。複線工事によって完成した下り線の橋台はコンクリート造。ところが、橋桁にはCARNEGIEのロールマークが見える。カーネギー鉄鋼会社は、アメリカ合衆国ペンシルバニア州ピッツバーグ市Braddockに拠点を置いた鉄鋼会社。神戸市の鉄道研究家、大島一朗氏の研究では、1874（明治7）年10月12日に設立されたEdgar Thomson Steelは、92（明治25）年7月1日に設立したCarnegie Steelに合併され、1901（明治34）年にはUS Steel社に吸収されたという。東岡山駅では、同社から輸入されたレールを見ることができる。

カーネギー鉄鋼会社製のプレートダーガー桁が架かるのは大正期に建造された橋梁である。わが国では既に、鉄鋼生産が軌道に乗り、鉄道に使用される部材は国産化に移行した頃である。レールの輸入は大正末期まで続いたが、カーネギー鉄鋼会社

大明神神橋梁の下り線。橋台はコンクリート造。

は1901年以降、USスチールに社名を変更している。したがって、大明神神橋梁下り線のプレートダーガー桁はどこからか転用されたものであろう。

津山線には、輸入プレートダーガー桁が現役で活躍する橋梁が多い。山陽線では、瀬戸駅の上道方の定森川開渠で1例を見る。未調査や見落としによって、まだ認識できていない輸入桁が発見を待っているかもしれない。

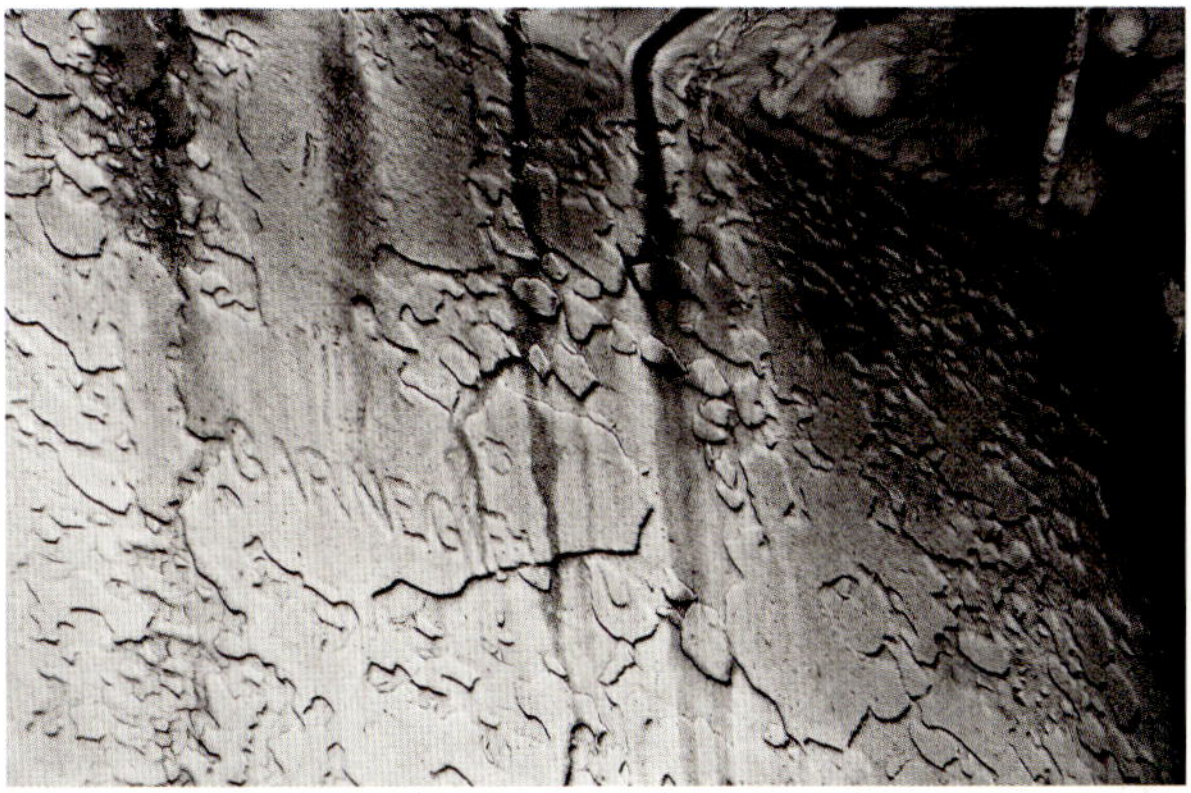
ウェブプレートのロールマーク。CARNEGIEの文字が。

津山線

各所に明治の鉄道遺産鉄道考古学を学ぶ者には宝物の路線

津山出身の小説家・棟田博の『美作の国吉井川』は、幕末から明治の津山が舞台。吉井川を行き交った高瀬舟が近代化の波に呑まれ、天守閣を失う城下町が大きく変貌する様子や人間模様が時代背景を通して描かれている。小説には中國鐵道津山線の開業も登場する。

中國鐵道津山線は、1898（明治31）年、岡山市駅から津山駅までの34マイル76チェーン、約56・2㎞を2時間30分で結んだ。当時の岡山市駅は、山陽鐵道岡山駅から約500mの場所にあり、津山駅は現在の津山口駅である。棟田の小説によると、吉井川の高瀬舟は12時間で西大寺まで下り、60時間以上をかけて津山まで上っていた。小田健三の『作州から見た明治百年』では、舟での下りは1日、上りは3日かかり、西大寺—津山が25銭から30銭、鉄道運賃は津山—岡山間が52銭。汽車賃は舟賃の約2倍だったが、鉄道のもたらした時間の革命には目を見張るものがあったはずだ。棟田の小説には、作州の人々が、時間に出費する時代に入り、静かな眠りから醒めた津山が、近代という時代の大きなうね

りに身を任す姿が描かれている。時代はわずか１１０年程前である。

津山線は、１８９２（明治25）年に公布された「鉄道敷設法」が定めた山陰山陽連絡鉄道中央線。岡山から鳥取県の境港に至る陰陽横断鉄道となるはずであった。しかし、１９０４（明治37）年に日露戦争が勃発。山陰連絡鉄道への資金集めは暗礁に乗りあげた。中國鐵道會社は、同年、吉備線岡山─湛井間を開通させたが、その2年後の06（明治39）年には、津山以北の建設を断念。6月19日に免許を返納した。津山線が陰陽横断鉄道としての使命を遂げるのは32（昭和7）年の因美線開通まで待たねばならない。中國鐵道會社が津山線の敷設免許を受けた１８９６（明治29）年から36年目のことである。

１９０４年の吉備線開通から、中國鐵道は山陽鐵道岡山駅への乗り入れを実現した。中國鐵道の国有化は44（昭和19）年。岡山駅に乗り入れる鉄道路線では、中國鐵道會社が敷設した津山線と吉備線だけが非電化で、プラットホームも共用。２００７年11月までは16番・17番線として使用されていたプラットホームは西改札口と共に閉鎖され姿を消した。２００８年3月15日のダイヤ改正で、津山線・吉備線ホームは9番・10番となった。これは、新幹線ホームが20番台になったためである。津山線と吉備線の蒸気機関車が廃止されたのは１９７１（昭和46）年。２００７（平成17）年11月まで使用された16番・17番線は、蒸気機関車時代からのもので、跨線橋も除煙板も、機関車の煙で煤けていた。

津山線には現在も、明治の鉄道遺産が各所に見られる。鉄道考古学を学ぶには、まさに宝物のような路線である。

写真右／津山線宇甘川橋梁。
写真左／津山線建部駅。

法界院―福渡

プラットホームは石造スロープの横には灯篭

法界院駅

　中國鉄道津山線開業後の1908（明治41）年6月20日に開業。駅本屋の建物資産票は08年8月。改札口周辺の柱と梁は木造。駅本屋とプラットホームは跨線橋でつながれ、列車の乗り降りには跨線橋を利用しなければならない。しかし、駅本屋からプラットホームに続く導線跡や、駅本屋側にもプラットホーム跡があり、駅の変遷を偲ぶことができる。法界院駅のプラットホームは石造で、本年月を経た風情が滲み出ている。本屋側の使用されていないホームは小口積み花崗岩。1番線は谷積み花崗岩。2番線は最下部に花崗岩が1列並んでいる。かつて改札口から島式ホームにはスロープがついていたようで、プラットホーム側には小口積み花崗岩が2カ所と信号設備の置かれていたコンクリート遺構がある。駅名が真言宗金剛山法界院に由来するからか、スロープの横には3つの石塔がある。

　現在使用されてい

法界院駅本屋の建物資産票の日付は明治41年８月。

るのは島式ホーム一本。列車の交換があれば、法界院から吉備線に乗り入れる気動車も発着する。この列車は、岡山大学などに通う学生や職員向けだが、かつて中國鐵道會社は、岡山大学津島キャンパスの前身、旧陸軍岡山兵器廠まで軍事専用線を敷設していた。軍事専用線は1939（昭和14）年に敷かれたが、41（昭和16）年には、現在の陸上自衛隊三軒屋駐屯地である旧陸軍弾薬庫までの軍事専用線も設けた。これらふた路線は軍の命令によるものであった。43（昭和18）年の第84回帝国議会は中國鐵道の国有化を決定。国有化決定の要因となったのはふたつの軍事専用線の存在だったかもしれない。津山線と吉備線は、44年6月1日に国有鉄道となった。買収価格は1195万7800円。蒸気機関車13輛、ガソリンカー19輛、客車61輛、貨車109輛などが含まれた。

使用されていない駅本屋側のプラットホーム。

金川駅

金川駅の開業は、1898（明治31）年12月21日。岡山市駅を出た中國鐵道津山線の列車が3つ目に停車したのが金川駅であった。金川駅本屋は建て替えられ開業時の姿からは大きく異なってしまったが、本屋側のプラットホームは煉瓦造で、煉瓦の寸法は230×110×60㎜。対向ホームは布積み花崗岩。両プラットホームが明治からの構造物である。金川駅構内にはバラス積み込みホームがある。そのレールは本線のものよりも小型で、輸入レールである可能性が高いが、錆がブランディングの判読を妨げて製造会社の特定はむずかしい。

金川駅の建部方、宇甘川橋梁の手前に「利国神社」がある。その参道の線路側に「死事工夫の墓」が建つ。墓石の左面には犠牲となった7名の出身地と氏名、右面には、「明治三十一年十二月建之　千葉縣安房郡平群村　土木請負業　今村組　今村正次　新潟縣魚沼郡浦佐村　今村組工事部長　今村正五郎」と刻まれている。「墓」と記されてはいるが、犠牲者の遺骨は当然ふるさとに埋葬されたことだろう。津山線が開通した月に建立されていることから、慰霊塔であると思われる。犠牲者は岡山県出

駅本屋側のプラットホーム側壁にはイギリス積み煉瓦が残る。

身者4名、広島県、島根県、香川県が各1名。他県の犠牲者は出稼ぎ労働者だったのだろうか。筑豊の炭鉱労働者は、福岡県についで広島県出身者が占め、中四国からの労働者も多かった。高梁市下町には、三池炭鉱の求人広告が今も残っている。わが国の産業発展を支えてきたのは、殖産興業に糊口を求めた貧農生活者だったといわれている。紡績、石炭、土木、そして製鉄や造船の発展の陰には、夥しい人々の人生と家族があった。『山陽新報』には中國鐵道工事での事故報道が登場する。「死事工夫の墓」は、普段われわれの足となってくれている津山線のもうひとつの遺産である。鉄道工事は数多くの殉職者を生んできた。鉄道遺産を歩く時、遺産を造りあげてきた先達の業績や人生もまた、偉大なる遺産であることを認識しておかなければならない。

対向ホーム側壁は布積みの花崗岩。背後には引込み線がある。

建部駅

建部駅は、岡山県の旧国鉄駅では最初に登録有形文化財に指定された鉄道遺産。国土の歴史的景観に寄与しているという登録基準を満たし、2006（平成18）年3月2日に登録された。文化庁の文化財データベースには、次のような解説が付してある。

岡山、津山間の中国鉄道の開通2年後に開業。南北棟、切妻造、桟瓦葺の木造平屋建で、桁行7間、梁行3間規模の南側桁行2間半分を待合室とし、東南西の3面に1間幅の下屋庇を葺下ろして南妻を入母屋に造る。請願駅であり、沿線住民から長く親しまれている。

中國鐵道津山線が開通した時の駅は、岡山市、玉柏、野々口、金川、福渡、弓削、誕生寺、亀甲、津山（現在の津山口）。福渡駅の完成が近づき、駅前商店街が形成され、将来の活況が予測されはじめた1898（明治31）年8月頃、建部駅建設の機運は盛り上がった。新駅の建設運動は、鉄道開通後さらに活発化。1900（明治33）年にかけて集められた寄付金によって新駅の建設が実現したのであった。使用認可の下付は1900年4月9日。開業は5日後の4月14日だった。

建部駅は簡易委託駅である。簡易委託駅とは、出札業務と呼ばれる乗車券の発売業務を鉄道会社が部外者に委託した駅のこと。簡易委託駅の職員は乗車券類の発売など、窓口の出札業務だけを受け持つ。集札や改札業務は列車の車掌や運転手が行うケースが多い。したがって、分類上は無人駅である。

駅舎の建物財産票は「鉄停　駅本屋1号　明治33年3月」。国鉄時代

改修工事の終わった建部駅。

の終盤、列車交換の設備は一旦撤去されたが、津山線高速化事業により復活。現在は相対式ホームである。下り線ホームに行くには、改札を出て福渡方を迂回する。駅本屋は、２００７年12月５日から08年３月にかけて改修工事が行われ、現在では開業当時の姿を取り戻している。１９９８（平成10）年に公開された今村昌平監督の映画「カンゾー先生」のロケ地にもなった。駅本屋の福渡方には、駅員舎がある。現在も暮らしがあり、その保存状態は良好。国鉄時代には駅の敷地内に駅員舎が多数見られた。建部駅の駅員舎も、鉄道黄金時代を伝える貴重な遺産である。

木のぬくもりのある小荷物預かり台と切符売場。

駅に隣接する駅員舎。国鉄時代の姿を伝えている。

福渡駅

『建部町史　通史編』は、1898（明治31）年9月22日現在、福渡駅と付属施設全てが完成し、駅前に商店街が出現したと記している。当時の福渡は、津山線工事の労働者が集まり、彼らの消費と、新しい商店街の建設に町中が沸いたのである。

福渡は、因幡街道と伯耆街道の合流点。交通の要衝としての発展を遂げてきた。また、18世紀半ばに広く知られるようになった八幡温泉郷の地でもある。津山と岡山の間は歩いて2日かかったという。人々は、福渡で一泊して旅を続けたが、鉄道はこの旅程を日帰りに変えたのである。落合方面からの旅人も、福渡で高瀬舟を下りて中國鐵道に乗り換えた。『建部町史　通史編』には、落合高女の修学旅行生が高瀬舟に乗った写真が掲載され、彼女らが福渡で中國鐵道に乗り換えたと記されている。鉄道の開通は、江戸時代から交通の主役を担ってきた高瀬舟の歴史に終止符を打たせることになったが、福渡駅前には、新しい交通手段として人力車が登場。常に、十数台客待ちをしていたという。その人力車も今はなく、駅前にはタクシーが停まっている。

中國鐵道津山線が開通した1898（明治31）年12月21日の『山陽新報』には、「中國鐵道案内記」が掲載されている。案内記によれば、福渡駅には、60坪の駅本屋、24坪の貨物庫、27坪の駅員舎が建設されたようだ。岡山市―津山間は2時間30分、岡山市―福渡間は1時間25分を要した。中國鐵道開業の頃、津山線の下り最終列車は、福渡駅に19時55分に到着。福渡発岡山駅の初列車は、6時30分に津山駅を出て、福渡駅に7時55分に着いている。石炭と水で

弓削駅、久世駅と同じタイプの跨線橋。2番線は布積み花崗岩。

走った蒸気機関車は、福渡駅で水の補給をしたようで、給水塔が設けられた。今その姿はないが、煉瓦造だっただろうか。

　福渡駅の駅本屋建物資産票には1909（明治42）年1月の記載がある。津山線の駅に明治の資産票があるのは法界院と建部と弓削、そして福渡だけである。プラットホームは相対式。岡山市駅、津山駅につぐ大型駅として造られただけに駅構内は広く、津山線の中間駅では最大規模を誇る。『中國鐵道株式會社第六回報告』には、駅弁が販売されていたと記されている。改札口を出た1番線の基礎部分は煉瓦。2番線は整然と並ぶ布積み花崗岩。3番線は谷積み花崗岩でできており、それぞれ景色が異なっている。煉瓦積みプラットホームの神目方にはかつての腕木式信号機時代の滑車室が残っている。滑車室から神目方にプラットホーム高は下がり、開業当時の姿を見ることができる。建部方はコンクリートで拡張されているが、刻印から、1979（昭和54）年3月に工事が行われたものと思われる。跨線橋は鋼鉄製で、同じタイプのものが、弓削駅と姫新線の久世駅にある。

　津山線の駅に煉瓦が残るのは、金川、福渡、弓削の3駅。いずれも開業日は同じである。

１番線の煉瓦。側壁の上半分にはモルタルが塗られている以外は、開業当時の姿。

３番線の花崗岩。その裏側の２番線とは石の積み方が異なる。

弓削―津山

材木積み出し量を誇った津山線を象徴

弓削駅

弓削駅は、中國鐵道津山線が開通した1898（明治31）年12月21日に開業。木造の堂々たる駅舎には「明治31年12月」と記された古い建物財産票が残る。駅本屋の屋根は、なだらかな傾斜の寄棟屋根の上に急斜面の切妻屋根を載せたもの。入母屋屋根にも似た姿は「錣屋根《しころやね》」と呼ばれ、大阪南部の泉州地方に多いとされる。太くて長い木材をたくさん必要とするため、木材を用意するのが材木屋の腕の見せ所だったという。材木積み出し量を誇った津山線を象徴するような駅である。錣とは兜の下にぶら下がって首筋を覆っている部分。屋根がこの部分の形に似ていることからそう呼ばれるようになったという。待合室は改装されているが、建物自体は明治31年から風雪に耐えてきたものである。

1番線はイギリス積み煉瓦。ただし、列車の発着する側は上から5段目までが全て削り取られている。しかし、津山方には完全な状態の煉瓦が残り、往時の姿を伝えている。煉瓦の寸法は、215×100×50～

弓削駅の正面。錣屋根が重厚。

55㎜。金川駅1番線の230×110×60㎜や、旭川橋梁の橋台・橋脚の230×105〜110×55〜60㎜とも異なる。神目〜弓削間の開渠は230〜235×110×55〜60㎜。やはり、弓削駅の煉瓦とは寸法が異なる。弓削駅は上りと下りの列車が交換できるよう、開業時から下り列車用のプラットホームが置かれていたようで、改札口側に階段跡がある。また、腕木式信号時代に、信号を操作したケーブルを中継した滑車室跡がある。

　跨線橋は、プラットホームから線路上を歩いて渡った時代以降に設けられた。跨線橋のコンクリート基礎部分には1982―10の刻印がある。昭和57年に設置されたものだと思われる。この跨線橋と同じ形のものは、福渡駅と姫新線久世駅にある。

明治31年12月。開業年月を示す建物財産票。

駅本屋側のプラットホームは煉瓦造。

津山口駅

1898（明治31）年12月21日、津山に陸蒸気《おかじょうき》がやってきた。吉井川に高瀬舟が往来していた城下町に、中國鐵道の蒸気列車が現れたのである。当時の津山の情景は、棟田博の『美作の国吉井川』につづられているが、江戸時代から吉井川水運を担った高瀬舟は、鉄道の開通で衰退の運命をたどった。

『美作の国吉井川』には、「なんと五平太の煙りは、妙な匂いがするのオ」「これが文明開化の匂いちゅうもんじゃろ」という件がある。五平太とは石炭の別称。肥前の役人だった五平太が、筑豊炭田で燃える石、石炭を発見したことからこの名がついたとされる。石炭の積出港として栄えた福岡県若松港では、石炭の荷役をつとめた「ごんぞう」が、労働の合間に囃子《はやし》を口ずさんだ。この石炭を題材にした囃子は「五平太ばやし」となって現在に受け継がれている。棟田は小説の中で、五平太のにおいが文明開化のにおいだと語っているのである。

中國鐵道津山駅は現在の津山口駅である。中國鐵道の建設をめぐっては津山の町中で賛否が入り混じり、停車場の位置はなかなか決まらなかった。『津山市史』や小山健三氏の『作州から見た明治百年』には、中國鐵道會社は津山城下に駅を設ける計画を持っていたと書かれている。しかし、それが実現しなかった理由には、城下町での鉄道忌避や、吉井川に橋梁を設けることへの反発があったようだ。洪水時に橋梁が災害の原因になるという警戒心であった。中國鐵道は、山陰山陽連絡鉄道として計画され、津山から米子に向かって伸びるはずだった。中國鐵道會社としては、将来の路線延長のためにも、津山城下に駅を置きたかった。もし、中國鐵道の線路が、計画通りに米子に向かっていたら、現在とは全く異なる路線配置となり、津山の経済地図も大きく塗り変わっていたかもしれない。

中國鉄道開通の頃の津山駅
（津山・江見写真館撮影・提供）

かくして、中國鐵道津山駅が開業した。1898（明治31）年12月22日木曜日付『山陽新報』の「中國鐵道案内記」には「津山驛」の紹介が載っている。

津山町を距《さ》る西北へ七八町の處《ところ》
東大河の岸にあり堺橋を渡れば
即ち市街なり停車場は背後に神《かん》
邊《べ》山《やま》を負ひ前に一頃の田畑を隔
てる十八町松原を見渡し中々の
絶景なり

続いて、72坪の駅本屋、67坪の機関車庫、100坪の客車庫、24坪の貨車庫、65坪の駅員舎の建てられたことを記している。機関車庫と共に、給水塔や給炭設備も完備され、津山駅は美作の一大ターミナル駅として機能したのである。津山市の江見写真館が所蔵する写真には、人力車の並ぶ駅舎の景色が記録されている。その写真を見る限り、駅本屋は現在の弓削駅舎のファサードに切妻の車寄せを加えたような姿をしている。車寄せは天井の高い堂々たる物のようで、終着駅としての威厳を示している。

開業当時、1日4往復運転された列車ダイヤは、1899（明治32）年3月に7往復、大正に入って10から12往復に増便された。98年12月23日金曜日付『山陽新報』は、津山駅開業の12月21日、一番列車は35分遅れて11時50分に到着したと報じている。ところが、開業早々、津山駅付近では人身事故が起こっている。1899（明治32）年1月15日日曜日付の『鐵道時報』第1号は、狂女が轢死したことを伝えているのである。

津山口駅は無人駅で、快速も急行も通過する。かつて終着駅だったことを物語るものは、駅前の町並みだけ。プラットホームの向かいには、使用されなくなったホームが残り、秋にはコスモスが咲き乱れる。その放置されたホームの、津山方には広い敷地がそのまま残る。ここに、中國鐵道時代の転車台や機関車庫があったのではないだろうか。

使用されず放置されたプラットホーム。秋にはコスモスが咲く。

津山口駅前の旧家。終着駅時代にはこうした家々が建ち並んで賑わったことだろう。

津山駅

津山駅の開業は1923（大正12）年8月21日。作備線津山口―津山―美作追分間の第一工区として建設された。第一工区の敷設工事は、1921（大正10）年1月15日に着手、22年7月3日に竣工した。1番・2番線の旅客上屋4号・5号の鉄道資産票には大正11年12月の文字が見える。3番・4番線の旅客上屋6号・7号の建物資産票の日付は28（昭和3）年3月。プラットホームの柱は木造で黒く塗られている。駅本屋は、開業当時のもので、待合室の天井は高く、室内は広い。

プラットホームは複式。駅本屋からのアクセスは地下道による。跨線橋も残されているが現在は使用されていない。地下道から改札口に上ったところにある「建物資産票・鉄停・駅・諸舎1号」は1938（昭和13）年3月。かつて、駅本屋側の地下道階段は駅本屋の中にあったという。『写真集 岡山の鉄道』には、「青天井の駅待ち合い室。構内はただ今工事中。昭和41年7月」と書かれた写真が掲載されている。駅本屋の大規模工事で待合室から締め出された乗客の姿が記録されている。

1961（昭和36）年3月の資産票を持つ3番・4番線の旅客上屋8号、改札からの地下道階段の上部と、タクシー乗場とうどん屋の間の梁には古レールの使用が見られる。アメリカのカーネギー鉄鋼会社製と八幡製鐵所製が確認できる。駅本屋側の東津山方には貨物用プラットホームの跡があり、岡山・院庄方には扇形機関車庫が残る。

1番線から見た駅本屋。

機関区から見た津山駅。プラットホームの間の線路は外されている。

４番線から見た機関区側。奥に扇形機関車庫が見える。

column

津山線のトンネル

『日本鉄道請負業史　明治篇』の「第七五　中国鉄道の建設」に、「線路の経過する所地勢嶮峻なるが故に工事困難の箇所尠《すくな》からず、最急勾配四十分一にして手立隧道（延長一六五〇呎）簑地隧道を工事の主なるものとし」と記されているように、津山線は難工事が多かったようだ。

津山線には、牧山―野々口間の手立トンネル505・8m、金川―建部間の箕地トンネル746・31m、福渡―神目間の福渡トンネル65mがある。いずれも明治時代を代表する重厚な姿をしており、一見の価値のあるものばかりである。『岡山県の近代化遺産』にはこれらトンネルの断面が「鉄作乙第4375号型相当」であると記されている。明治のトンネル断面は、会社や路線によって規格がまちまちだった。そこで鉄道作業局は、1989（明治31）年に「第4375号達」により全国統一の規格を制定した。「鉄作乙第4375号型」は、98年8月10日付の隧道定規で、信越本線碓氷峠のトンネル群の断面を基準にしたものである。

手立トンネル

牧山から野々口に向かう下り列車は、

下り気動車の最前部から見た手立トンネル牧山方の坑門。

山襞《ひだ》を縫うように勾配を登っていく。気動車なら難なく越える坂だが、蒸気機関車はかなりの煙を上げてゆっくりゆっくりと勾配を登っていったことだろう。

手立トンネルは、1897（明治30）年5月に工事着手、翌98（明治31）年8月に竣工した。坑門の笠石、帯石、迫石、坑内の側壁、翼壁が花崗岩。面壁、壁柱、パラペット、坑内のアーチが煉瓦造。巻圧最上部の要石が坑門の姿を引き締めている。気動車は左カーブを切りながらトンネルに突入するが、最前部から見るトンネルの姿は優美だ。

牧山方の坑門は列車から見るとして、野々口方の坑門は、棚田の間から見下ろすことができる。自然豊かな田んぼの中で、明治のトンネルを行きかう気動車を待つ時間は、鉄道ファンならではの醍醐味かもしれない。

ところで、中國鐵道の煉瓦はいつ、どこで焼かれたものだろう。今のところ、刻印の発見には至らず、中國鐵道會社がどこで調達したものかも解明されていないようだ。岡山県初の煉瓦製造が、稲垣煉

瓦製造所であったことは、「山陽線　熊山—万富」で記した通りである。稲垣は、呉海軍大造船所の建設や山陽鐵道の敷設などによる煉瓦需要を見越して事業規模を拡大。実際、陸、海軍省などに納入した。ところが、日清戦争後の不況に直面。中國鐵道會社社長であった旧岡山藩士の杉山岩三郎に工場を譲渡している。1895（明治28）年のことである。杉山が煉瓦工場を経営したのは1900（明治33）年までで、翌01年には廃業している。この時期は、中國鐵道津山線の建設時期に重なる。稲垣から受け継いだ工場から出荷された煉瓦が、津山線で使用されたと考えられなくはない。また、山陽鐵道敷設の際に建設された梶岡煉瓦製造所は、民間に払い下げられている。この煉瓦製造所の末路も不明だが、山陽鐵道で培われた技術が中國鐵道の建設に活かされなかったとする根拠もない。

箕地トンネル

箕地トンネルは津山線最長の延長746・31m。津山線敷設工事最大の難所であった。掘削工事は1896（明治29）年7月28日に始まった。金川方の宇甘東村と建部方の建部村の両口から掘り始め、98年8月に竣工した。

坑内は花崗岩の側壁の上に長手積み煉瓦がアーチを描く、明治・大正期のトンネルの典型的なスタイル。坑門は、面壁とパラペットがイギリス積み煉瓦、笠石と帯石、迫石が花崗岩。要石が坑門の姿をより重厚にしている。

金川から建部に向かう列車は、長い25‰を登る。1000分の25勾配は津山線の最高勾配。気動車はまるでスローモーション映像を見ているように箕地トンネルに吸い込まれていく。その直前、ゆるやかなカーブを描きながら走る車窓風

25‰を登っていくと、金川方の坑門が姿を現す。

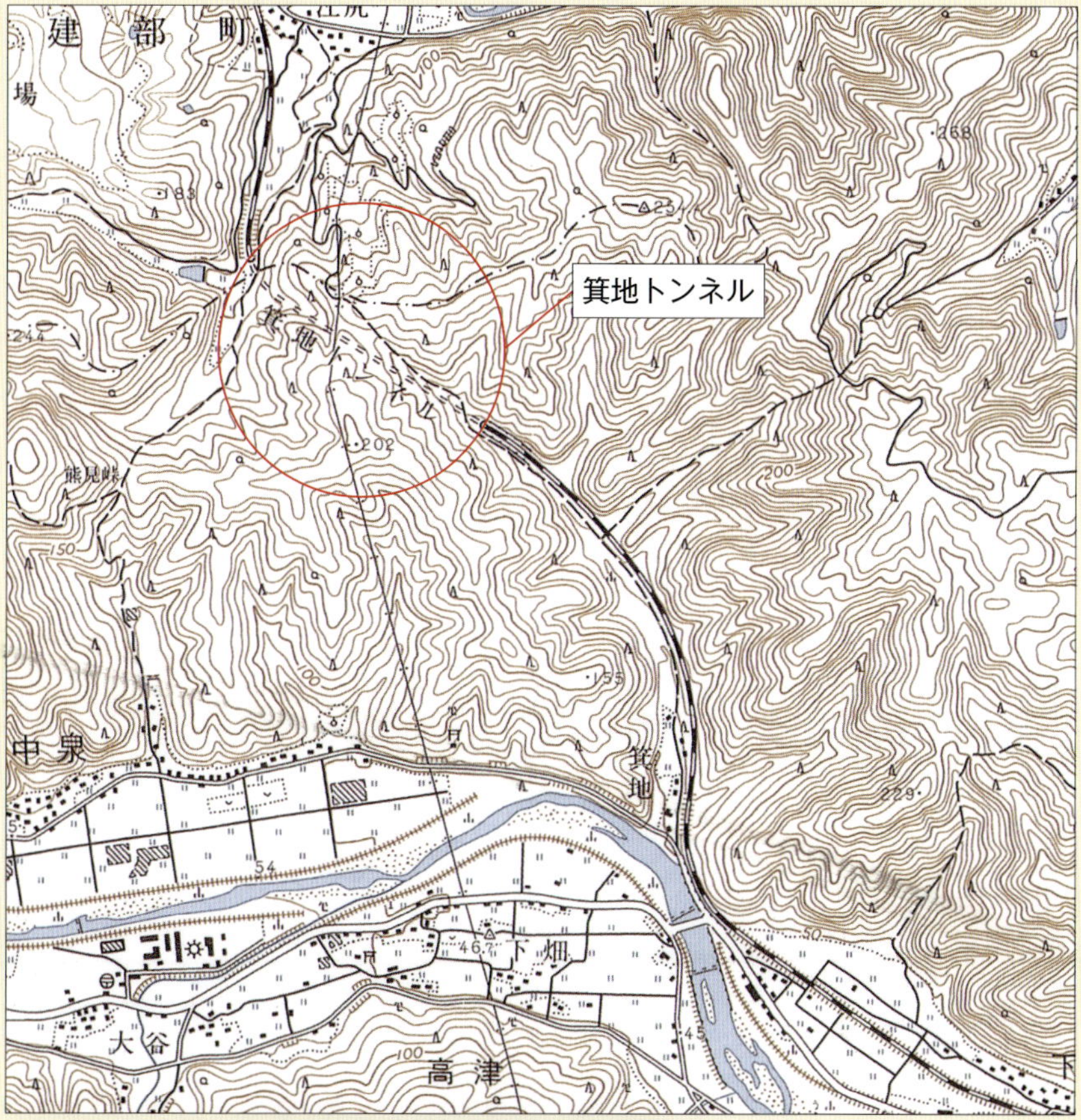

建部方の坑内。アーチの煉瓦は蒸気機関車の煤煙ですすけたままだ。

景にトンネルが姿を現す。蒸気列車なら、乗客がいっせいに窓を閉める時である。箕地トンネルは、坑内半ばでサミットを迎える。トンネルに突入した蒸気機関車は、もうもうたる煙を吐きながら急勾配を登りきり、建部へと下っていった。気動車では煤煙との闘いはないが、トンネル体内の冷気が、窓ガラスを通して車内にも伝わってくる。車窓からこぼれる明かりが、アーチの煉瓦と側壁の自然石を後へ後へと送っていく。

福渡トンネル

福渡駅から神目方へ約600m。国道53号線と併走する津山線が65mのトンネルを越える。この福渡トンネルの姿は、手立トンネルに酷似する。壁柱の半ばには隅石が配され、そこで厚みに変化がもたされているため、坑門の印象はより力強いものとなっている。鉄道技術研究家の小野田滋氏は、著書『わが国における鉄道用煉瓦構造物の技術史的研究』の中で、壁柱は坑門の前傾を防ぐ実用的機能を担うが、関西地方のトンネルでは壁柱を持たないものが27%あるため力学的効果には疑問を持つ、と述べている。小野田氏は、壁柱は坑門のデザインに立体感を与えると指摘する。津山線では、箕地トンネルにも壁柱はない。もっとも、箕地トンネルは坑門自体の面積が小さいため、壁柱を設けるスペースがなかったのかもしれない。

福渡トンネル福渡方の坑門。

福渡トンネルに近づく上り列車。

福渡トンネルは平坦地にあるため、列車は軽快に駆け抜ける。手立トンネルや箕地トンネルのように、急勾配を登れるだけ登って、最短距離で掘削されたトンネルとはおおらかさが違うように思える。福渡方の坑門面壁にイギリス積みされた煉瓦の寸法は220×100×50㎜。『山陽新報』は、津山線が開通した1898（明治31）年12月21日水曜日付紙面に「中國鐵道案内記」を載せている。その「福渡驛」紹介の中に、「同村（美作久米南條郡福渡村）大字福渡には二十九年に立てられし寺岡某の所有なる煉瓦製造工場あり」と記している。96（明治29）年に建設された寺岡の煉瓦製造工場が、中國鐵道に煉瓦を供給した可能性は十分にありそうである。

津山線のアーチ橋

知られざる煉瓦構造物

山陽本線三石駅周辺に残る煉瓦造のアーチ橋は、鉄道誌に紹介され、研究成果も発表されるなど広く知られている。煉瓦構造物に数多く見られるアーチ構造は、津山線にも多数が存在する。

第八架道橋

牧山—野々口間の岡山市御津町十谷の築堤では、第八架道橋と隣接する拱渠に煉瓦アーチが見られる。第八架道橋は岡山駅から15km337m26cmの位置。径間約2mのアーチ橋で、側壁は小口風布積み花崗岩。アーチは長手積み煉瓦である。使用されている煉瓦の寸法は、225~230×105×60mm。隣の拱渠は水路専用で、第八架道橋の手立トンネル方にある。

第八架道橋の牧山方にある拱渠。第八架道橋と同じ構造。

第八架道橋。翼壁の谷積み花崗岩が景色を引き締める。

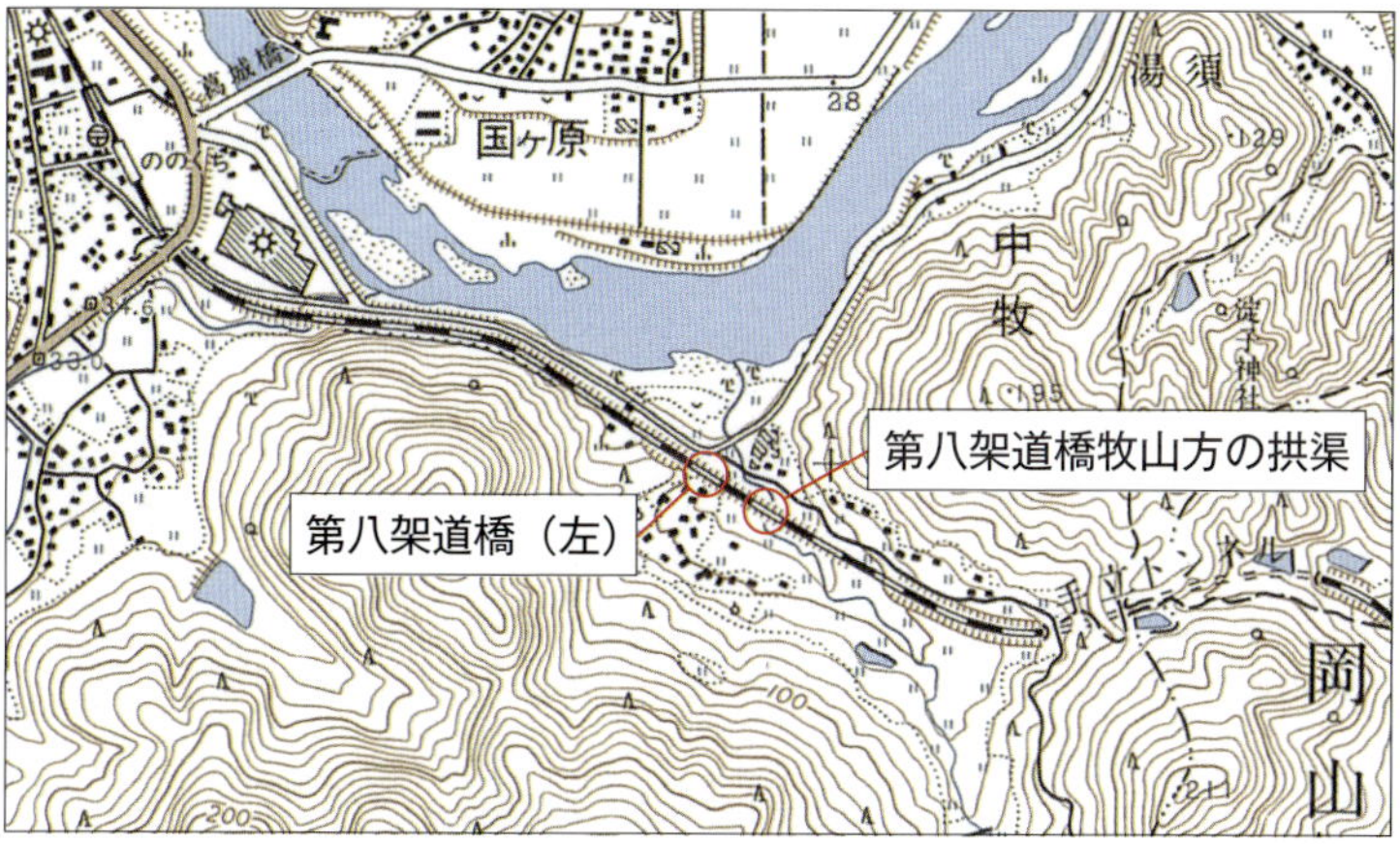

宇甘川橋梁金川方の拱渠

金川駅の建部方に架かるのが宇甘川橋梁。桜並木の続く宇甘川橋梁金川方土手の橋梁をくぐると、花崗岩と煉瓦でできた拱渠が姿を現す。宇甘川橋梁金川方の橋台付近から谷積みの花崗岩が築堤の基礎を固めている。花崗岩の連なりに続いて現れるのが煉瓦のアーチ。布積みされた面壁の中に半円アーチが巧みに組み込まれている。この拱渠は水路として造られたもので側壁も布積みの花崗岩である。

小規模ながら堂々とした面構えの拱渠。

第三・第四避溢橋

建部―福渡間の旭川橋梁のすぐ福渡方には、第三避溢橋と第四避溢橋が並んでいる。共に2径間のアーチ橋で、トンネルの坑門を思わせる堂々とした姿である。第三避溢橋の福渡方は人道で、第四避溢橋の福渡方は車道として使われている。

両避溢橋の面壁はイギリス積み煉瓦。笠石と帯石には花崗岩が使われ、扁額こそないが、パラペットもイギリス積み煉瓦である。アーチは長手積み煉瓦で、花崗岩の要石が景観を引き締めている。側壁はイギリス積み煉瓦で、第四避溢橋には鼻黒が見られる。また、第三避溢橋の建部方と第四避溢橋の福渡方の翼壁はイギリス積み煉瓦で、笠石部分は小口煉瓦が一列並んでいる。ふたつの避溢橋の間は谷積みの花崗岩。春から秋にかけて、ふたつの避溢橋は蔦に覆われ、風情豊かだ。使用されている煉瓦の寸法は235×105×50㎜。

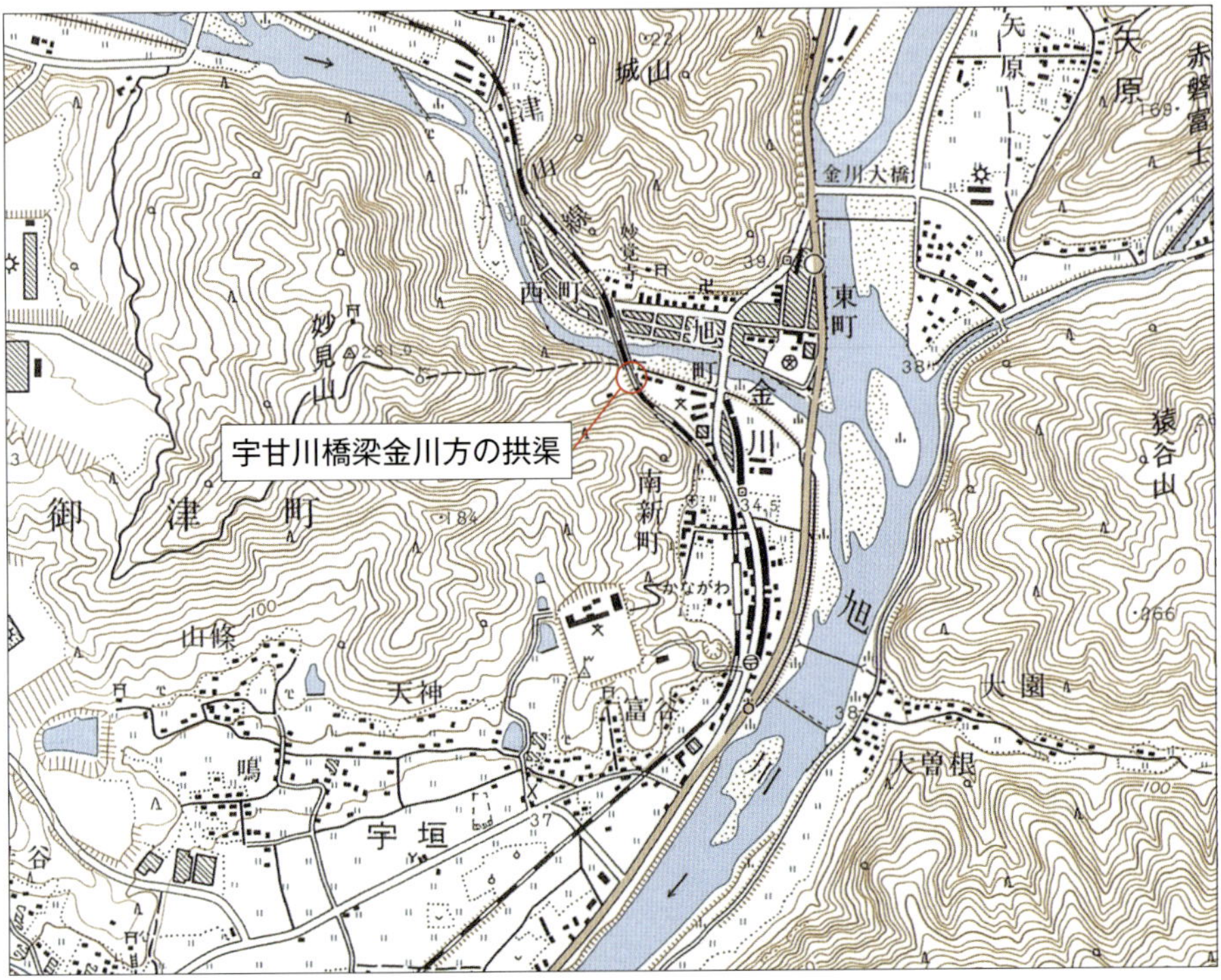

第四避溢橋の側壁煉瓦の黒い部分が鼻黒。

第三避溢橋の周りは四季の花々が咲く閑静な場所。

笠石、帯石、アーチの要石が力強い印象を与える。

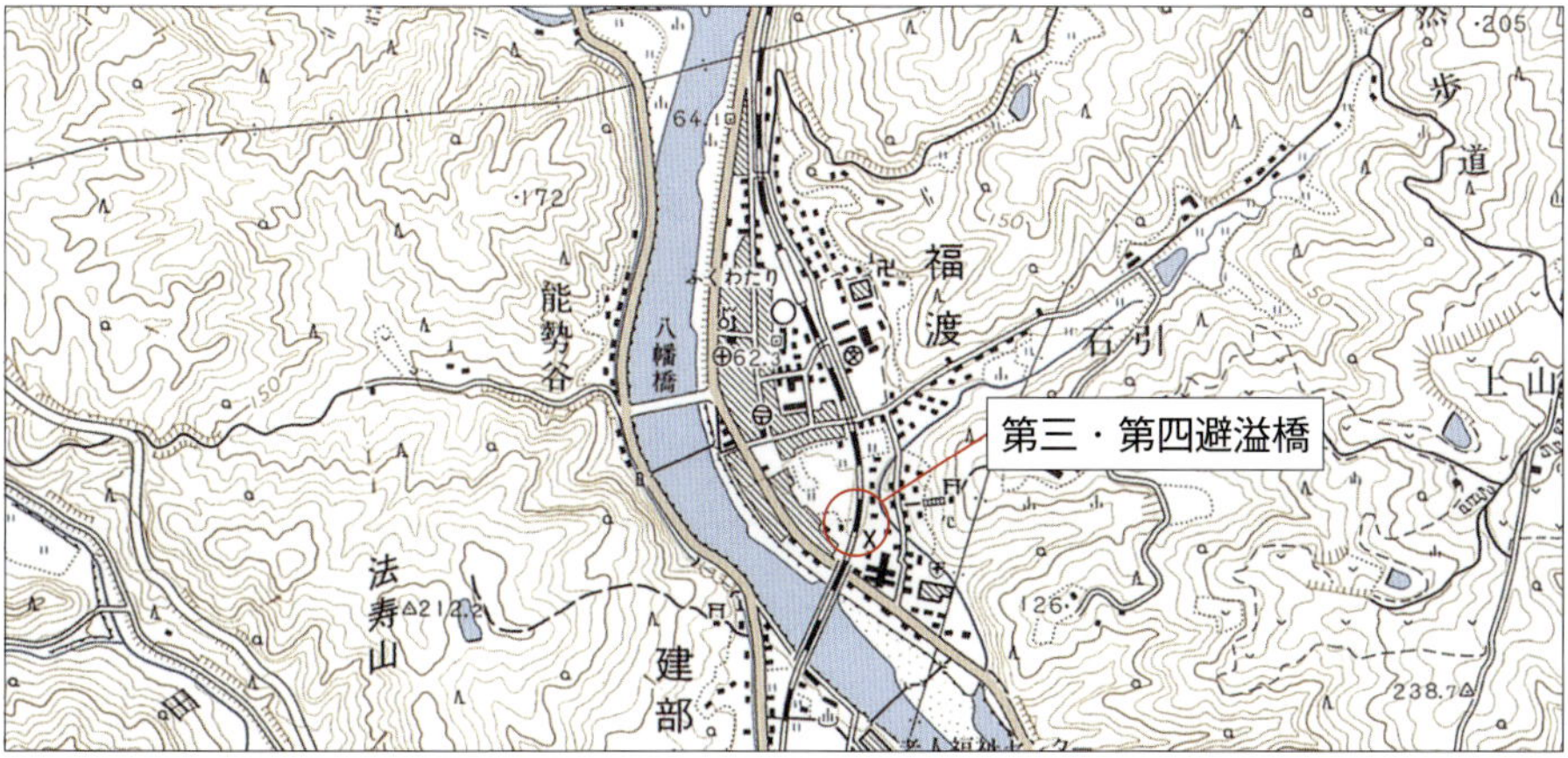

神目―弓削の架道橋

神目―弓削間にも、煉瓦造のアーチ橋がある。国道53号線の道の駅「くめなん」から見える架道橋は、車1台がどうにか通れる径間を持つ。面壁と側壁は布積み花崗岩、アーチ部分は長手積み煉瓦。面壁アーチの粗迫持を形づくる小口煉瓦の色は黒く、焼過煉瓦が使用されたと思われる。坑内は表面をモルタル塗装した部分があり、修復跡のようだ。煉瓦の寸法は230～235×110×55～60㎜。津山線で見られる煉瓦の寸法では最大である。

架道橋を通過する津山線の気動車。

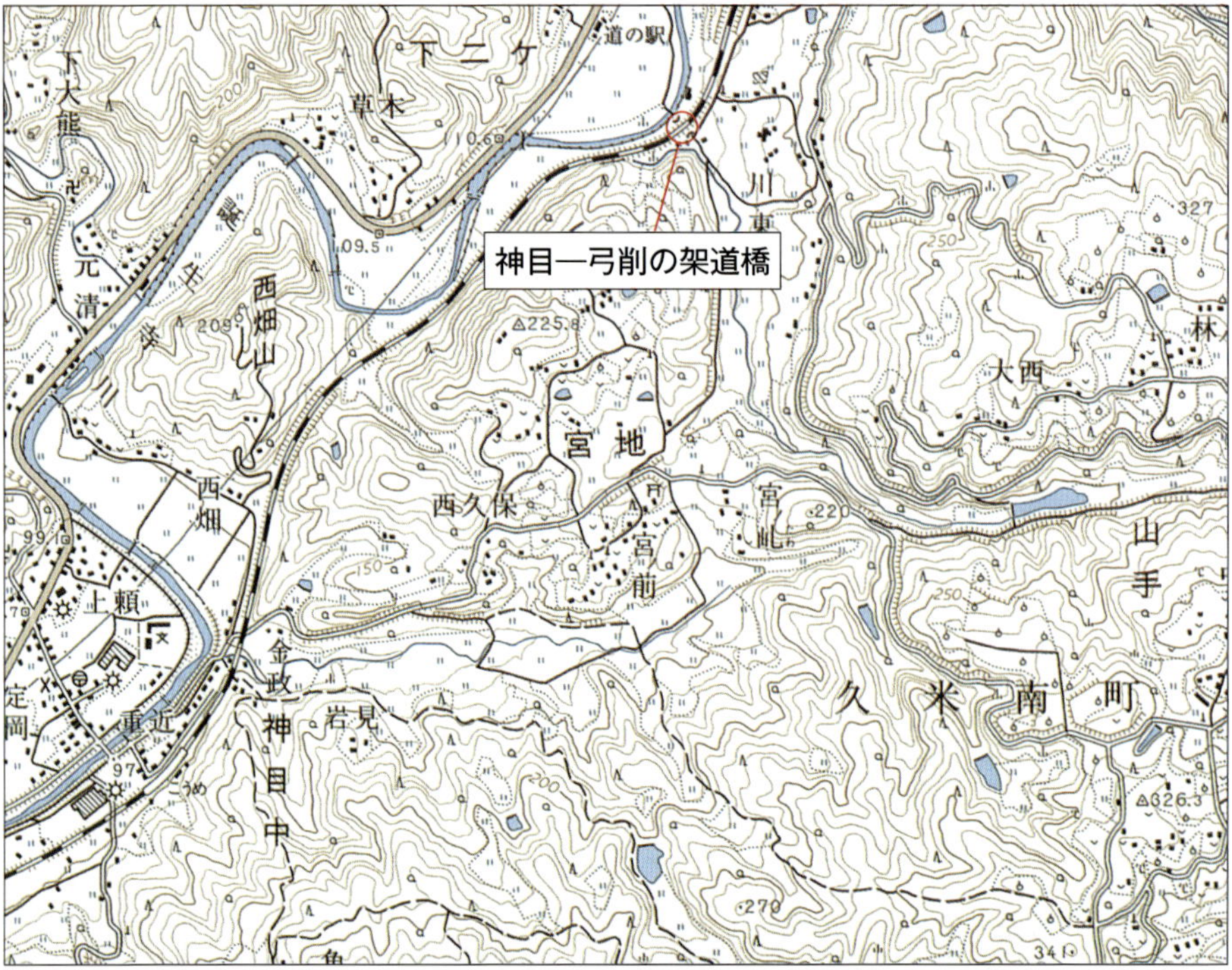

田植えが始まる頃の架道橋。

ポーナル型プレートガーダー橋

大きな進化を必要としなかった地方鉄道には古い鉄道技術が温存

わが国の鉄道橋梁は木橋から始まり、ついで実用化されたのがプレートガーダー形式の橋桁だった。構造の単純さが導入の決め手となり、1885（明治18）年頃には最初の標準桁が登場した。プレートガーダー橋も、やはりイギリスからもたらされ、桁上部に線路が敷かれる上路プレートガーダー橋は、最も歴史の長い橋梁形式として今日も製造されている。

ポーナル型プレートガーダー橋と呼ばれる橋桁には二つのタイプがある。まず、イギリス人技師、チャールス・アセトン・ワットリー・ポーナル（Charles Assheton Whately Pownall）氏によって1885年頃から89（明治22）年にかけて設計された錬鉄製と、材質を鋼鉄としたものである。前者は「作錬式《さくれんしき》」、後者は「作三十年式」と呼ばれる。「作三十年式」は「作錬式」の改良型で、やはりポーナル氏の作。1893（明治26）年に設計され、97（明治30）年11月17日、「鉄作乙第1075号」として通達された。

「作錬式」と「作三十年式」の大きな違いは、材質が錬鉄と鋼鉄であること。それ以外にも相違点はあるが、専門性が高くなる。互いの形状は非常に似通っており、外見から違いを指摘するのはむずかしい。どちらも、ウェブプレート両面に座屈《ざくつ》防止の補《ほ》鋼材《こうざい》が渡されている。補鋼材はスティフナーとも呼ばれ、桁上下のフランジプレートに接合されている。補鋼材は、その接合部分で二回に分けて90度折れ曲がっている。補鋼材のこの微妙な折れ曲がりがポーナル型プレートガーダー橋の特徴である。次頁の写真は福渡―神目間の第一誕生寺橋梁の補鋼材である。「」の形をした補鋼材がウェブプレートに並んでいるのがわかる。ちなみに、第一誕生寺川橋梁のプレートガーダー橋はイギリス、The Cleveland Bridge and Engineering Co.（クリーブランド・ブリッジ社）製である。ク

第一誕生寺川橋梁。上下に走るのが補鋼材。その上下の部分が微妙に90°曲がっている。これがポーナル型の特徴。楕円形のプレートは銘板。

リーブランド・ブリッジ社が製造したポーナル形プレートガーダー橋は津山線の各所で見ることができる。

　プレートガーダー橋に応用される技術は、その後アメリカ、そして国産化へと進化を遂げた。わが国の鉄道は、イギリスの技術でスタートを切ったが、明治後期からはアメリカなどの鉄道先進国の技術も積極的に取り入れられた。多国籍の技術を吸収して、国産化へと発展していくのである。

　津山線の敷設工事は、１８９６（明治29）年7月に始まり98（明治31）年12月に完成している。時まさに、イギリス技術主流の頃である。クリーブランド・ブリッジ社のプレートガーダー橋はその時代の象徴でもある。津山線よりも10年以上前に建設された山陽鐵道もまた、イギリスの技術によって敷設された。太平洋ベルト地帯を縦断する主要幹線・山陽線は、早期に複線・電化工事が行われ、鉄道車輛の変革も早い路線だった。したがって、レールや橋梁の強度を高め、高速化や大型化が急がれた。つまり、開業当時のレールや橋梁は、より高い規格のものに取り替えられていったのである。ところが、主要幹線ほど大きな進化を必要としなかった地方鉄道には、古い鉄道技術が温存されてきた。当初、山陰山陽連絡鉄道として建設された津山線だったが、今日の陰陽連絡鉄道の雄は伯備線である。伯備線では、急勾配、急カーブ区間は新線に切り替えられ、主要区間の複線化と電化を終え、貨物輸送も健在である。反面、津山線はローカル鉄道としての色彩が濃い。貴重な鉄道遺産を今日まで永らえさせることになったのは地方鉄道に甘んじた故かもしれない。

第二宮本開渠

津山線を南から順に、ポーナル型プレートガーダー橋を見て歩く。最初は、玉柏―牧山間の第二宮本開渠。銘板は見当たらないが、補鋼材の天地が45度ずつ2回折れ曲がるポーナル式である。玉柏方の橋台は1984（昭和59）年8月にコンクリート造となったが、牧山方は小口積み花崗岩。恐らく、開業当時の姿だと思われる。

第二宮本開渠に差し掛かる上り列車。

三谷川橋梁

野々口―金川間の三谷川橋梁は風変わりな姿である。牧山方の橋台は煉瓦造。金川方は煉瓦とコンクリート造。ところが、2本の橋脚はコンクリート造。三谷川の流れの中に立つ橋脚には「1964—7」の刻印があり、1964（昭和39）年7月に付け替えられたことがわかる。この橋梁の不思議なところは、ポーナル型プレートガーダー橋が金川方の橋台まで届いていないことである。なぜ、このように奇妙な姿になったのであろう。その答えは、金川方の橋台の煉瓦にある。金川方の煉瓦に、

金川方の橋台。アーチを描く小口の並びが確認できる。この場所に拱渠があったと考えられる。

アーチを描く小口の並びが確認できる。つまり、この場所に拱渠があった証拠である。拱渠のアーチ部分が長手積み煉瓦だったためにその粗迫持の一部が残っているのである。煉瓦の寸法は、220〜225×105〜110×55㎜。現在の橋台に届かないポーナル形プレートガーダー橋は、開業当時は、拱渠横にあった橋台に載っていたのである。拱渠がいつ壊されたのかは不明だ

金川方は、プレートガーダー桁が橋台に届かない奇妙な姿。

が、橋脚がコンクリート化された頃かもしれない。プレートガーダー橋には対傾構などの補強がなされているが、銘板はない。

宇甘川橋梁

旭川水系の宇甘川は「うかいがわ」とも「うかんがわ」とも読まれる。36㎞を旅した宇甘川の水は、岡山市御津金川で旭川と合流する。金川―建部間の宇甘川橋梁は、旭川との合流地点に程近い場所に架かる5連のプレートガーダー橋である。金川方の1番橋のウェブプレート（橋桁の側面）には楕円形の銘板がある。銘板から、橋桁が、1897（明治30）年にイギリス・ダーリントンのクリーブランド・ブリッジ社が、中國鐵道會社向けに製造したものであることがわかる。つまり、明治の中國鐵道敷設工事の時に架設されたものが現役で活躍しているのである。橋桁の部材はリベット接合だが、作業用の足場や対傾構などはボルト止め。また、補鋼材も下部をボルト止めしている箇所がある。リベット接合は昭和30年代にボルト止めに替わっていった。線路は、宇甘川を渡り、第十一架

宇甘川橋梁の橋脚は上流に水切りを持つ尖頭形。4本の橋脚のうち2本は鉄で覆われている。

金川方の橋台は煉瓦造。橋桁には楕円形の銘板が見える。

道橋で県道高梁御津線を跨ぐ。第十一架道橋は、1981（昭和56）年に完成した中路プレートガーダー橋である。

宇甘川橋梁の4本の橋台うち、流れの中に立つ2本は鉄化面で武装しているような出で立ち。残り2本の橋脚は煉瓦造。隅石と水切りを持つ尖頭形。橋台はイギリス積み煉瓦による重力式である。鉄仮面橋脚は、1934（昭和9）年の室戸台風の復興でこのような姿になったものと思われる。両側の橋台は煉瓦造。隅石はない。金川方橋台の煉瓦は230×110×60㎜、建部方は210×100×52㎜。第4と第5桁を支える橋脚の煉瓦は220〜225×105〜110×55㎜。同じ橋脚の隅石は、水切り部分が440〜450×290〜300×305〜315㎜、側面が300〜310×150〜160×310〜315㎜、水切りの反対側角が440〜455×300〜310×305〜310㎜。煉瓦の寸法はまちまちで、品質も異なっているように思える。同じ橋梁工事での煉瓦の違いはなぜか。川のこちら側と向こう側の工事で、異なる製造所の煉瓦が使われたということなのだろうか。橋を渡す、重量のかさむ煉瓦を運ぶということがいかにたいへんなことだったのかを再確認する必要がありそうである。

宇甘川橋梁の架かる堤は桜の名所。明治生まれの橋梁は、110回以上も花見を楽しんできたことになる。

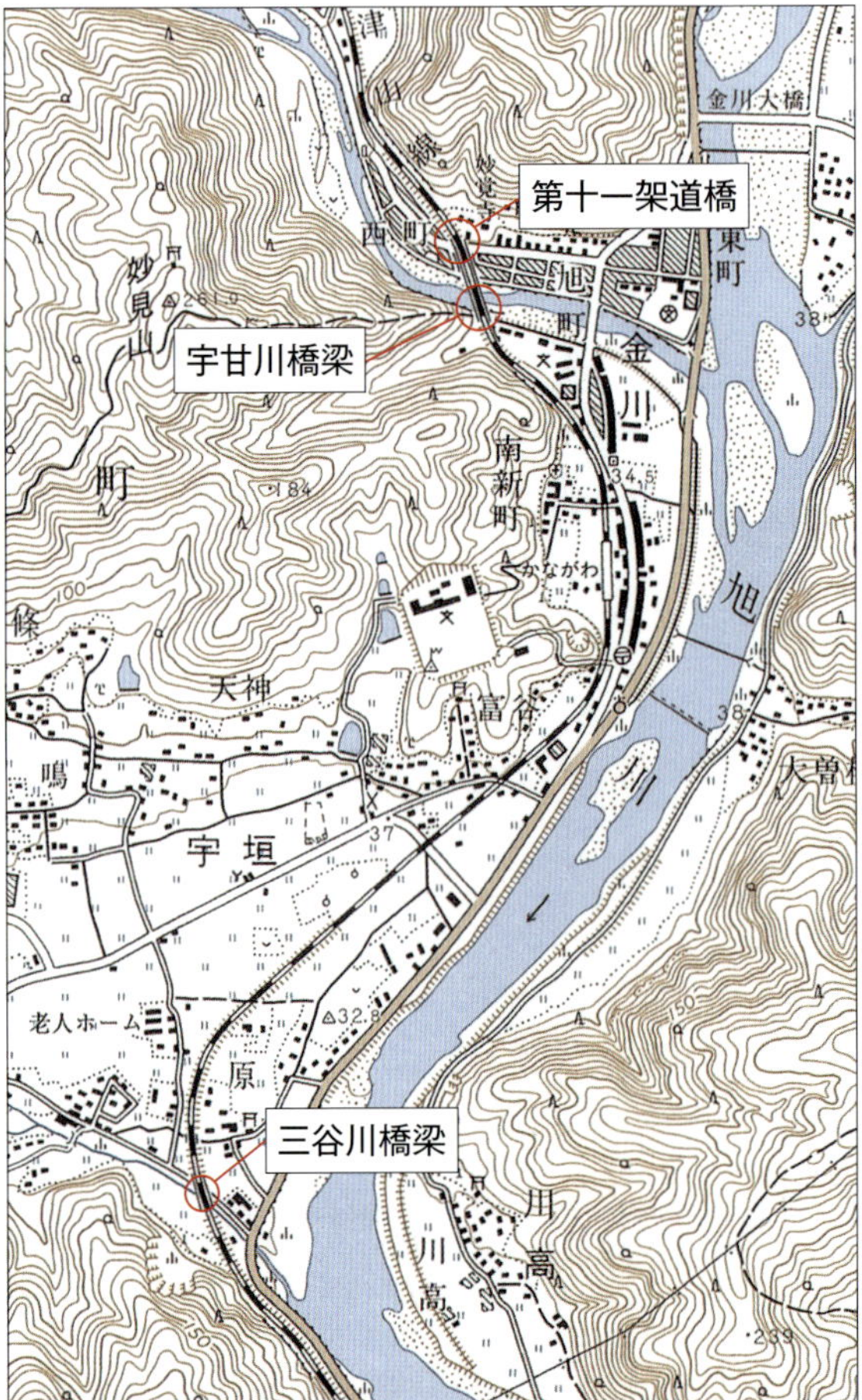

紅葉川橋梁

金川―建部間の紅葉川橋梁は、建部駅から近い位置に架かる。津山線の起点となる岡山駅から26㎞550m47㎝の位置にあり、下り列車は、箕地トンネルを抜けて急勾配をさっそうと下ってくる辺り。上り列車は箕地トンネルを目指して猛ダッシュする場所にあたる。橋梁は紅葉川に対して直角に渡されていないため、上から見ると、桁は平行四辺形をしている。支間長は9600㎜。橋台はイギリス積みのような布積み花崗岩。翼壁の谷積み石は両岸で異なった姿を見せ、金川方は目地が使われ、建部方は石を積んだだけの状態。

紅葉川橋梁を駆け抜ける津山行き列車。

　紅葉川橋梁のウェブプレートには、4列並ぶリベットの添接板がある。添接板は、1902（明治35）年1月21日の「鉄作乙第7号達」として定規された「作三五年式」が嚆矢。「作三五年式」は、アメリカ、ペンコイド社の設計に準じたわが国初のアメリカ系橋梁で、杉文三氏の設計による。ところが、紅葉川橋梁には、ポーナル型特有の90度曲がった補鋼材があり、補鋼材の天地接合部分には、「作錬式」の特徴も見られる。つまり、紅葉川橋梁は、「作錬式」と「作三五年式」二つの要素を併せ持つ形式である。これは、「作三七年式」と呼ばれ、04（明治37）年4月に鉄道作業局工務部によって設計されたものである。なお、紅葉川橋梁のウェブプレートに銘板は見当たらない。

桜川橋梁

建部―福渡間の桜川橋梁にも、宇甘川橋梁と同じく、クリーブランド・ブリッジ社の銘板がある。桜川橋梁は、紅葉川橋梁よりも規模が大きい2連プレートガーダー橋だが、構造は紅葉川橋梁とよく似ている。ウェブプレートの4列リベットの添接板を持つこと、川に対して非垂直に架かることも共通している。優雅な名前のふたつの橋梁は、登録有形文化財の建部駅を挟む形で存在している。

　筆者が桜川橋梁を初めて訪れたのは、梅雨入り間近の水無月初旬。田植えの頃を迎え、水を張った田んぼを風がわたる黄昏だった。あかりを灯した津山行きの気動車が箕地トンネルを抜け、峠を駆け下り、建部駅で上り列車と交換。福渡に向けて発車する車軸が線路に鼓動を与え、加速する響きが疾風となって桜川橋梁を通り過ぎて走り去った。中國鐵道の開業以来、蒸気機関車、ガソリンカー、ディーゼル機関車、気動車の通り過ぎた橋梁は、静かにその歴史を語っているように思えた。

添接板の見えるウェブ。黄昏の里にたたずむ桜川橋梁。

旭川橋梁

建部―福渡間の旭川橋梁は、７連のプレートガーダー橋。箕地トンネル、手立トンネルと並ぶ、中國鐵道の難工事箇所だった。『建部町史　通史編』によると、１８９８（明治31）年10月15日に鉄桁の運搬を完了、架

中國鐵道向けに、クリーブランド・ブリッジ社が1897（明治30）年に製造した桁。（桜川橋梁）

設工事に着手。それに合わせて、久米南条郡福渡村対岸には汽笛を鳴らして機関車が到着したため「見物の為め出掛ける者頗る多かりき」景観を呈したという『山陽新報』98年10月24日土曜日付の記事を掲載している。

6本建つ橋脚のうち福渡方のふたつは小判型の煉瓦造。隅石と水切りに花崗岩を使った重厚な造りである。煉瓦はイギリス積みで、その寸法は230×105×60㎜。1934（昭和9）年9月20日に上陸した室戸台風は、岡山県にも甚大な被害をもたらした。その時の水害で旭川橋梁は流失。橋桁は約4㎞下流まで流されたという。現在残っている2本の煉瓦造橋脚は難を逃れたもので、コンクリート造の4本が復興橋脚である。

橋桁のウェブプレートには楕円形の銘板がある。銘板の内容は、宇甘川橋梁、桜川橋梁と同じく、1897（明治30）年にクリーブランド・ブリッジ社が、中國鐵道會社向けに製造したものである。

建部方の橋台は煉瓦造。230×105～110×55～60㎜の煉瓦がイギリス積みされている。重力式橋台。一方、国道53号線に接する福渡方の橋台は、1961（昭和36）年12月1日に工事着手、62年3月1日に竣工したコンクリート造。国道を

福渡方から見た旭川橋梁。

跨ぐ橋桁は、中路プレートガーダー橋。津山線には、金川—建部間の「第十一架道橋」以外に小原—亀甲間にも「六垂川橋梁」という1982（昭和57）年製の中路プレートガーダー橋がある。

建部方の橋台。煉瓦造の重力式橋台。橋台左の橋桁にクリーブランド・ブリッジ社の銘板が見える。

誕生寺川橋梁

福渡—神目間では、第一誕生寺川橋梁、第十八架道橋、第二誕生寺川橋梁、第三誕生寺川橋梁がポーナル型プレートガーダー橋である。第一誕生寺川橋梁と第二誕生寺川橋梁にはクリーブランド・ブリッジ社の銘板がある。

第二誕生寺川橋梁の橋脚と橋台は花崗岩で、橋脚は小判型で片方だけがアールになっている。橋台の翼壁は目地を使わない谷積み花崗岩。第十八架道橋は稲田の中を行く津山線が旧道を跨ぐところにある。第二誕生寺川橋梁と同じく、橋台は小口積み、翼壁は谷積みの花崗岩である。第三誕生寺川橋梁は国道53号線と併走する4連プレートガーダー橋。橋桁内部は、ポーナル型独特のシンプルな構造である。

二箇川橋梁

神目—弓削間の二箇川橋梁では、小口積み花崗岩の橋台にポーナル型プレートガーダー橋が載る。津山線では、大型河川以外の橋梁の橋台には自然石が使われたようだ。二箇川橋梁の翼壁は目地の入った谷積み花崗岩。恐らく、明治の開業時からこの姿で年月を経てきたものと思われる。ただし、対傾構や上下の横構、作業用の足場はボルトで止められている。後年に足されたものだと思われる。

亀甲—佐良山

亀甲—佐良山間では、第一佐良川橋梁、第二佐良川橋梁、第二十一架道橋がポーナル型。

第一佐良川橋梁は、4連プレートガーダー橋。亀甲方の第1橋に楕円形の銘板が見える。橋桁の部材はリベット止めだが、対傾構はボルト止

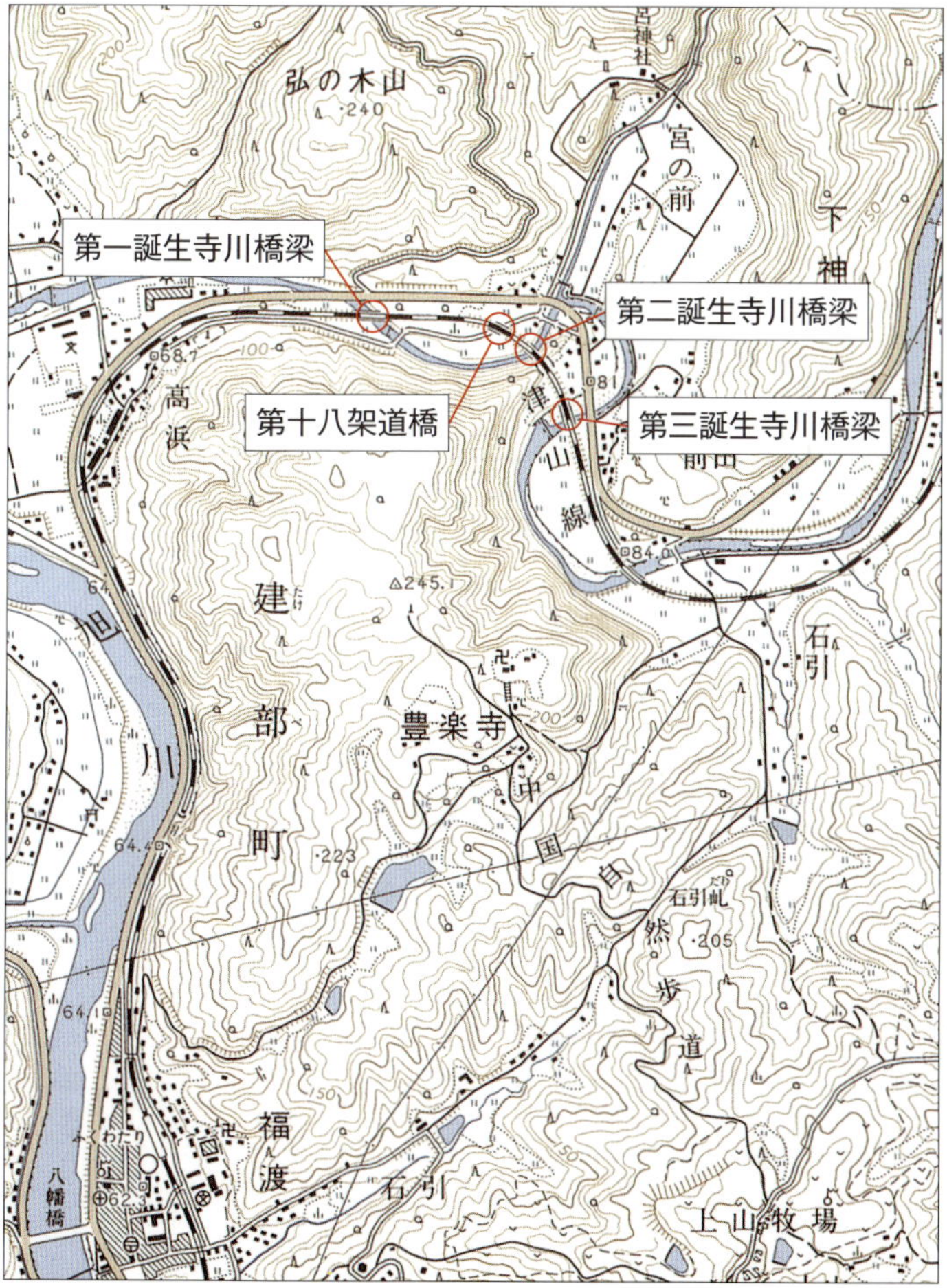

め。橋脚は全てコンクリート造だが、佐良山方の1脚だけプロポーションが異なる。橋梁内部は、二箇川橋梁と同じように対傾構が追加されているが、横構はない。ボルト止めされていることから、補強工事は昭和30年代以降であると思われる。

第二佐良川橋梁は3連プレートガーダー橋。第二佐良川橋梁の特徴は、ポーナル型本来の姿で残っていることである。プレートガーダーの内部構造に、ロの字を描くブラケット以外の補強部材は見当たらない。ただし、作業用の足場は開業当時にはなかったものである。橋脚は全てコンクリート造だが、橋桁の据えられる床石にあたる部分には花崗岩が置かれている。

第二十一架道橋は、国道53号線から少し入った旧道沿いにある。この道は、中國鐵道が開通した頃の主要道路だったと思われ、イギリス積み煉瓦の橋台には隅石が配されている。煉瓦の寸法は２２０〜２２５×１００〜１０５×55〜60㎜。赤煉瓦である。隅石は、横面（長い辺）と小面（短い辺）が交互に現れるように組まれ、横面４７０㎜、小面３１０㎜、高さ３２０㎜。1枚の隅石に対して煉瓦5列が積まれている。隅石と煉瓦の面は、下から隅石9段目まで。橋桁が直接橋台に触れる床石部分はコンクリート。コンクリート部分には１９５６―８の刻印があり、補強工事が１９５６（昭和31）年8月に完成したことがわかる。プレートガーダー橋には後年補強工事が追加されており、ボルト止めの対傾構やL型金具による横構が見られる。

旧志呂橋と第二誕生寺川橋梁。

第三誕生寺橋梁の内部。「ロ」の字を描いた部材をブラケット。奥の「×」を描く部分が対傾構。本来のポーナル型に対傾構はない。

クリーブランド・ブリッジ社の銘板。THE CLEVELAND BRIDGE AND ENGINEERING Co. LTD　C.T.K 1897 DARLINGTON ENGLANDと記されている。

二箇川橋梁を渡る津山行き気動車。

二箇川橋梁を見上げる。ボルト止めされた上下の横構や対傾構が見える。これらは後から補強された部材。

第二十一架道橋の橋台は隅石を持つ煉瓦造。

第一佐良山橋梁では、左端の佐良山方橋脚の姿だけが他の橋脚と異なる。

column

津山線の輸入橋桁

津山線には、イギリスのクリーブランド・ブリッジ社製をはじめとするポーナル型プレートガーダー橋など、明治に設置された鉄道の貴重な遺産が数多く存在する。ところが、小規模な架道橋にも、イギリスの会社名を表す橋桁が現役である。

輸入桁は、イギリスDorman Long & Co.（ドーマンロング社）が製造したもので、野々口—金川間の第十架道橋、金川—建部間の第十五架道橋と第十六架道橋に使用されている。さいたま市のレール研究家、嵐路博氏の調査によると、ドーマンロング社は、1930（昭和5）年にボルコウ・ボーン社を吸収している。ボルコウ・ボーン社は中國鐵道津山線のレールを供給した会社である。また、後年、Cleveland Bridge Group of Company（クリーブランド・ブリッジ・グループ）に加わったという。クリーブランド・ブリッジ社は、津山線のプレートガーダー橋を供給した鉄鋼会社。津山線の鉄材は、イギリスのダーリントンに拠点を置く、クリーブランド・ブリッジ・グループに一括発注されたと考えてよさそうである。これら3つの橋桁のウェブプレートを見ると、ペンキの中に、陽刻されたロールマーク、DORMAN LONG & CO MIDDLE BROUGH ENGLANDを確認することができる。いずれも厚いペンキが塗られているため、判読は容易ではない。

第十架道橋は、三谷川橋梁のすぐ金川方にあり、第十五架道橋と第十六架道橋は建部駅のすぐ金川方に並んでおり、第十五架道橋下の水路を渡るコンクリート橋は古レールで支えられている。

第十架道橋は付近の人々の生活道路。

のどかな場所にある第十五架道橋。

第十架道橋のロールマーク。読みやすくするため画像処理を行った。文字は天地が逆になっている。

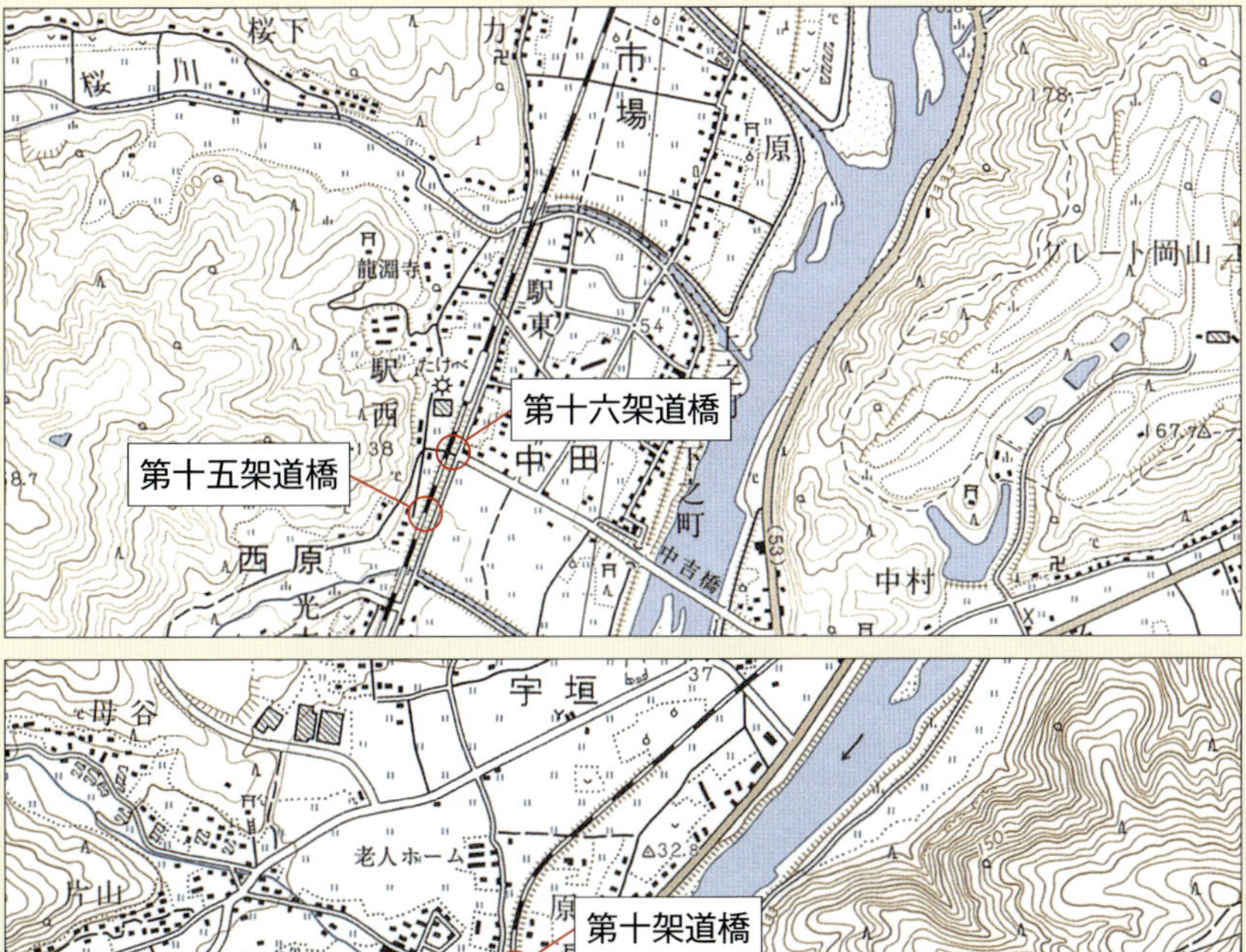

吉備線

貨車入れ換えは人力で、乗り換え客は歩いて

吉備線の歴史は1896（明治29）年の吉備鐵道會社の設立に始まる。98（明治31）年、鉄道の敷設権は吉備鐵道會社から中國鐵道會社に委譲され、1903（明治36）年12月起工。04年11月15日、岡山―湛井間13マイル40チェーン21・7㎞が、岡山県で三番目の鉄道として営業を開始したのである。吉備線の開通で中國鐵道は山陽鐵道岡山駅に乗り入れることになったが、それまで両駅の間は500mばかり離れていた。貨車入れ換えは人力で行われ、乗り換え客は駅と駅との間を歩かなければならなかった。この不便は乗客にも不評だったとみえ、両駅長が協議して、汽車の乗り換えで人力車を使用する場合、平常時2銭、雨天時3銭の規定を設けていたという。

1899（明治32）年に創刊した『鐵道時報』は、同年6月5日月曜日に発行した第15号に、吉備線の予定路線を「岡山市上中野の宗忠神社を経て備中湛井の吉備津神社に達する十三哩」と記しているが、開業当時の停車場は、岡山、三門、一宮、吉備津、稲荷、足守、総社で、西の終着駅は

写真右／吉備線備前一宮駅（現存せず）
写真左／吉備線足守―服部

湛井だった。稲荷駅は現在の備中高松駅、総社は東総社駅。大安寺駅は1914（大正3）年2月25日の開業であった。服部駅は08（明治41）年4月5日。湛井駅は、画聖・雪舟の修行伝説がある総社市井山の宝福寺を高梁川側に下った辺り。湛井は、高瀬舟が発着する高梁川随一の貨客集散地だった。湛井駅は25（大正14）年2月17日の伯備南線倉敷―宍粟《しさわ》（現在の豪渓）間の開通に伴って廃止。総社市門田《もんでん》で、線路は大きく南にカーブして伯備南線西総社駅に合流することになったのである。59（昭和34）年10月1日に総社駅が東総社駅に。11月1日には西総社駅が総社駅に改められて今日に至っている。

1899年8月15日火曜日付の『鐵道時報』第22号によると、吉備線の開業にあわせて、中國鐵道會社は、山陽鐵道會社から客車8輌を購入。大阪瀛車製造所へ荷車30輌と30噸のタンク機関車1輌を発注している。

中國鐵道が国有化されたのは1944（昭和19）年6月1日。津山線と吉備線が国有鉄道の管理となった。中國鐵道時代の機関車庫は、岡山市駅に煉瓦造矩形機関車庫、湛井駅に機関車庫と転車台。また、総社駅にも機関車駐在所と転車台が置かれていたが、転車台は47（昭和22）年頃に撤去されている。かつての中國鐵道二路線には同じ形式の蒸気機関車が走っていた。71（昭和46）年3月の無煙化まで走り続けたのは津山機関区に所属するC11形だった。今日も、この二路線は岡山駅で同じプラットホームを共有し、岡山駅に乗り入れる路線では最後の未電化路線である。

大安寺―備前一宮

失われた中國鐵道の遺産

大安寺駅

大安寺は、吉備線で一番新しい駅。1914（大正3）年2月25日の開業である。『写真集　岡山の鉄道』には、い草刈りの背景に大安寺駅の木造駅舎が写った頁がある。木造駅舎は現存しないが、プラットホームに建つ切妻屋根の待合は健在。大安寺駅は、岡山駅を出た下り列車が、上り列車と交換する最初の駅。互いの列車は島式ホームの両側に、交互に停車して出発する。駅待合2号の建物資産票は1930（昭和5）年6月の日付。支柱に8本、梁に4本の古

レールが使われている。ブランディングから、ボルコウ・ボーン社の1897（明治30）年製、八幡製鉄所の1902（明治35）年と05（明治38）年製のレールが確認できる。しかし、判読できるのは3本だけ。岡山県内の駅では金光駅、笠岡駅、備中高松駅、備中高梁駅で、1897年にボルコウ・ボーン社が中國鐵道向けに製造したレールが確認できる。大安寺駅のレールも、中國鐵道津山線で使用されたものであろう。

大安寺駅のプラットホームはゆるやかな曲線を描いている。5月の雨上がりの夜。プラットホームにたたずめば、信号の赤い灯火が線路を照らし、異郷の駅で列車を待っているような錯覚に陥るようだった。

四囲に夜の帳の下りた大安寺駅。

4組の支柱と梁が1930年製の待合を支える。

大安寺—備前一宮

中國鐵道吉備線の敷設工事は、急勾配やトンネルがなく、難工事区間はなかったといわれている。吉備線よりも6年早く開通した津山線では、橋梁やトンネル、拱渠やプラットホームなどに煉瓦と花崗岩が使われている。ところが、吉備線に煉瓦は見当たらない。瀬戸内で多数産出された花崗岩が主役である。

大安寺と備前一宮の間はのどかな田んぼの中を走る。岡山駅からわずか6分で、風景は田園風情へと変わるのである。この区間の直線コースには、谷積みの花崗岩が堤をつくり、その上をレールが走っている。明治の人たちが一つひとつ積み上げた石の連なりには、一見の価値がある。田んぼのあぜ道を歩きながら、石造りの築堤を行く気動車を見るのは、なかなか乙なものだ。特に、苅田を駆け抜けるディーゼルカーの響きには風情がある。

笹ケ瀬川橋梁は、足守川橋梁に次ぐ吉備線で二番目に長い橋梁。笹ケ瀬川橋梁の前後は、2008（平成

20）年に新線に切り替えられた。新笹ケ瀬川橋梁はコンクリート造。開業時からの花崗岩の橋台、橋脚が連続する姿はなくなり、鉄道風景は大きく趣を変えた。また、付近には新しい道路ができ、ショッピングセンターなども増えたために周辺の姿も一変した。新線切り替えによって、開業以来吉備線を支えてきた小規模な花崗岩の橋台群も、築堤とともに全て撤去された。

まっすぐに伸びる線路は花崗岩の築堤の上を走っている。

備前一宮駅

備前一宮の駅本屋は、吉備線に残された唯一の木造駅舎であった。外壁は下見板張り。切妻屋根の下に、寄せ棟屋根が配置された本屋は、かつての湛井駅舎とよく似ていた。また、中國鐵道津山線開通と共に開業した弓削駅にも似た構えであった。プラットホームは布積みの花崗岩で、大安寺方の一部と、使用されていない旧ホームは開業当時の高さである。

駅本屋の屋根瓦には中のマークを見ることができた。吉備線で気動車運転の経験のある、津山鉄道部運輸センター真田将司所長は、中マークが列車停車の目安だったと話していた。中國鐵道會社が経営した津山線と吉備線全線を見ても、中國鐵道會社の瓦を残す駅舎は備前一宮ただ1カ所であったが、2008（平成20）年10月取り壊された。

旧対向ホーム側から見たありし日の駅本屋。

駅の規模はけっして大きくはないが、
明治の重厚な造りが堂々としていた。
鬼瓦に中國鐵道の証が残っていた。

備中高松駅

木造跨線橋が現役 階段の手すりまでもが木製

中國鐵道吉備線が開業した1904（明治37）年、備中高松という名の駅は存在しなかった。開業当時の稲荷駅が備中高松駅と改称されたのは31（昭和6）年。備中高松駅では、木造の跨線橋が現役である。岡山県内には木造跨線橋が比較的数多く残っているが、階段の手すりまでもが木製というのは、山陽線瀬戸駅と備中高松駅だけ。

2番線の旅客上屋2号の日付は1955（昭和30）年3月。跨線橋と、旅客上屋2号の支柱と梁には古レールが再利用されている。その種類は、イギリスのボルコウ・ボーン社が中國鐵道會社向けに1897（明治

足守方から見た備中高松駅。

30）年製造したもの、年代は読み取れないがアメリカのカーネギー鉄鋼会社製、八幡製鐵所製、そして軽便鉄道用と思われる小型レールの4種類。跨線橋支柱には、八幡製鐵所がレール生産を本格化させた翌年にあたる1902（明治35）年に製造したレールも見られる。軽便鉄道のレールだと考えられるものは天井の梁に使われている。かつて、備中高松駅から稲荷山駅を結んだ中国鐵道稲荷線は、軽便鉄道として開業した。その後、狭軌幅に改軌され、第二次世界大戦の鉄材供出によって廃線となっている。

稲荷線のプラットホームは、2番線に約45度の角度で配置されていたようだが、その面影はない。プラットホームに立つ赤い灯篭が、稲荷山参道駅であることを伝えている。プラットホームは、花崗岩の布積み。1番・2番線とも、足守方に開業時の姿をとどめる場所がある。年季の入った風貌を見せる花崗岩だが、開業の頃は初々しい姿であっただろう。黒いタンク機関車の牽く客車から、真新しい花崗岩のプラットホームに降り立つ明治の人々の姿を想像してしまう。

備中高松駅の足守方には、枕木でできた柵が並んでいる。かつては、枕木を再利用した柵は、駅周辺でたくさん見ることができた。ところが、気がつくと、枕木の柵を見ることも少なくなった。

備中高松駅のシンボル、木造跨線橋。手すりも木製。懐かしさがこみ上げてくる。

足守方のプラットホームは開業当時の姿。

中國鐵道稲荷線

1911（明治44）年5月1日、中國鐵道稲荷駅と稲荷山駅とを結ぶ中國鐵道稲荷線が開業した。線路幅762㎜の軽便鉄道による稲荷山参拝運転が開始されたのである。稲荷線の営業成績は優秀で、特に、年末年始には夜通し運転されるほどの盛況ぶりだったという。ところが、吉備線と稲荷線はゲージが異なるために、相互乗り入れができなかった。その不便さも29（昭和4）年12月30日の改軌により解消。吉備線からの直接乗り入れが可能となった。岡山発稲荷山行き、稲荷山発岡山行きの汽車も仕立てられるようになり、稲荷山参拝は便利になった。

　ところが、第二次世界大戦の鉄材供出命令は、稲荷線の運命を一変させた。線路は撤去され、終戦後も列車は戻らず廃止となった。44（昭和19）年1月10日のことであった。

　第二次世界大戦中、鉄材の供出命令によって廃線となった鉄道は京都にも存在する。景勝地、嵐山と愛宕《あたご》を結んだ愛宕山鉄道は、稲荷線と後述する稲荷山鋼索《こうさく》鐵道同様、平坦線と鋼索線を保有した。1929（昭和4）年4月に開業した嵐山―清滝間の平坦線と、同年7月に営業を始めた清滝―愛宕間の鋼索線である。愛宕山鉄道は、京西の観光鉄道として期待され、京福電鉄叡山線の鋼索線と共に京都の二大霊峰ケーブルとして名を馳せていた。廃線となったのは、稲荷線と同じ44年。廃線後、清滝トンネルは軍需工場として使用されたという。

廃線跡には桜が植えられている。

稲荷山駅のあった辺り。今は駐車場スペース。

中國稲荷山鋼索鐵道

1929（昭和4）年2月9日、中國稲荷山鋼索鐵道山下—奥の院間が開通。鋼索鐵道とはケーブルカーのことで、岡山県では唯一の存在であった。ゲージは吉備線と同じ1067㎜。山下駅は最上稲荷旧本殿の横の石段辺りにあったらしいが、現在その痕跡はない。奥の院に通じる延喜乃石段付近には、急な階段と並行に走る軌道跡があり、アンカーボルトが残っている箇所もある。

奥の院から約450m下った所にコンクリート造のラジオ塔跡がある。奥の院駅は、ラジオ塔の横に造られた。藪の中にはプラットホームの跡や巻き上げ機械を固定したコンクリート造の基礎が残っている。プラットホームは石組みで、ケーブルが到着するピットを囲むように造られており、軌道の勾配に従って階段状になっていたようだ。発着場周囲も石垣で取り囲まれ、すっかり自然に回帰しようとしている駅跡は、要塞跡のようにも思える。

延喜乃石段付近の軌道跡。
石段に平行した左側が軌道跡。

奥の院駅はうっそうとした木立の中に痕跡をとどめている。

足守―総社

開業当時の建造物と遺構を歩く

足守駅は1904（明治37）年11月15日の吉備線開業と共に営業を始め、08（明治41）年4月5日に開業した服部駅は吉備線で二番目に古い駅である。足守駅からは、近水《おみず》公園のある吉備郡足守町までの3・2kmに足守軽便鉄道を敷設する計画があり、12（明治45）年4月27日に敷設免許を取得していたが、用地買収が不調に終わり実現には至らず、1914（大正3）年10月31日に敷設権を返上している。

足守駅の備中高松方には第三陸橋と足守川橋梁がある。第三陸橋の橋台は花崗岩の布積み。3連プレートガーダー形式の足守川橋梁は橋台、橋脚共花崗岩でできている。足守川橋梁の橋台は、第三陸橋同様に花崗岩の布積み。橋台は、上流部分に水切りを持つ尖頭形。津山線には、旭川橋梁などに尖頭形の橋台が見られるが、こちらは煉瓦と花崗岩でできている。また、金川駅などにはプラットホームに煉瓦が使われているが、吉備線に煉瓦構造物は見られない。吉備線の開通は、津山線の約6年後。その6年の間に、同じ鉄道会社の土木工事の材料が変化したことになる。2008（平成20）年に姿を消した、大安寺―備前一宮間の初代笹ケ瀬川橋梁とその周辺の橋梁は全て花崗岩の橋台や橋脚を持っていた。

足守川橋梁は、吉備線最長の橋梁。花崗岩の橋台と橋脚が支えるプレートガーダー橋にも特徴がある。ウェブプレートの添接板は、1902（明治35）年1月21日に、「鉄作乙第7号達」として制定された「作三五年式」から採用されたもの。「作三五年式」はわが国初のアメリカ系の橋桁である。ウェブプレートの座屈防止のために取り付けられている補鋼材（スティフナー）の上下は、微妙な曲線を描いている。これは、19（大正8）年6月12日付「達第五四〇号」で設定されたシリーズ以降の特徴である。足守川橋梁のプレートガーダー橋には銘板が見当たらない。吉備線が開業した04年という時勢を考える時、足守川橋梁の橋桁が輸入品でないとすると、開通以降に取り替えられた可能性が考えられる。ところが、津山線には依然として開業当時の輸入桁が現役である。津山線よりも吉備線のほうが著しくダイヤが充実したとは考えられない。したがって、足守川橋梁のプレートガーダー橋が、中國鐵道會社によって輸入された可能性も捨てきれない。

足守駅から砂川橋梁までは、田んぼを見下ろす築堤の上を走る。吉備平野を実感させる車窓風景が楽しめる区間だ。築堤区間には13の橋梁があるが、コンクリート造の架道橋を除く12カ所全てが吉備線開通の時に建設されたものである。吉備線敷設工事に際しては、煉瓦の構造物が造られなかったように、アーチ橋を見ることもない。つまり、橋梁は、橋台・橋脚に桁を渡す構造で施工され、橋台や橋脚には花崗岩が使用された。コンクリートで造られたものもない。コンクリート構造物は後年変更されたものや、新たに建設されたものである。

築堤の上に建設された足守駅を出た下り列車は、下土田開渠、用水川橋梁、第七・第八・第九避溢橋、血吸川橋梁、第十・第十一避溢橋、コンクリート造架道橋、第四陸橋、笠尾川開渠、第十三避溢橋、砂川橋梁を渡る。築堤は砂川橋梁を渡った所で終わる。コンクリート造架道橋以外は明治の構造物で、後年手の加えら

足守川橋梁に差しかかる下り列車。橋脚の水切り部分が見える。

足守駅で出発を待つ岡山行き気動車。

れた様子は見られない。橋桁は全て上路プレートガーダー形式である。
第七・第八・第十三避溢橋は2連のプレートガーダー橋。橋台は尖頭形で、北側が水切りになった重厚なもの。血吸川橋梁のプレートガーダー橋は、「作三五年式」。補鋼材の上下端がフランジプレートの垂直に接合されている接合部分が微妙に曲げられている足守川橋梁とは姿が異なる。

第四陸橋は、橋台と橋桁とが垂直に交わっていない。つまり、築堤を横切る道路と線路が非垂直に交差している。したがってプレートガーダー橋を上から見ると平行四辺形である。砂川橋梁は天井川の砂川に架かる上路プレートガーダー形式。補鋼材がフランジプレートに接続する部分の曲げや添接板を見ると、足守川橋梁の桁と非常によく似ている。

第八避溢橋の橋脚と橋台。
手前は橋脚の水切り部分。

第八避溢橋に差しかかる下り気動車。

黄昏の第四陸橋付近を行く総社行き気動車。

笠尾川開渠。完成から105年を迎える橋台には独特の風格がある。

第九避溢橋も花崗岩布積み。
翼壁は空積みの組積造。

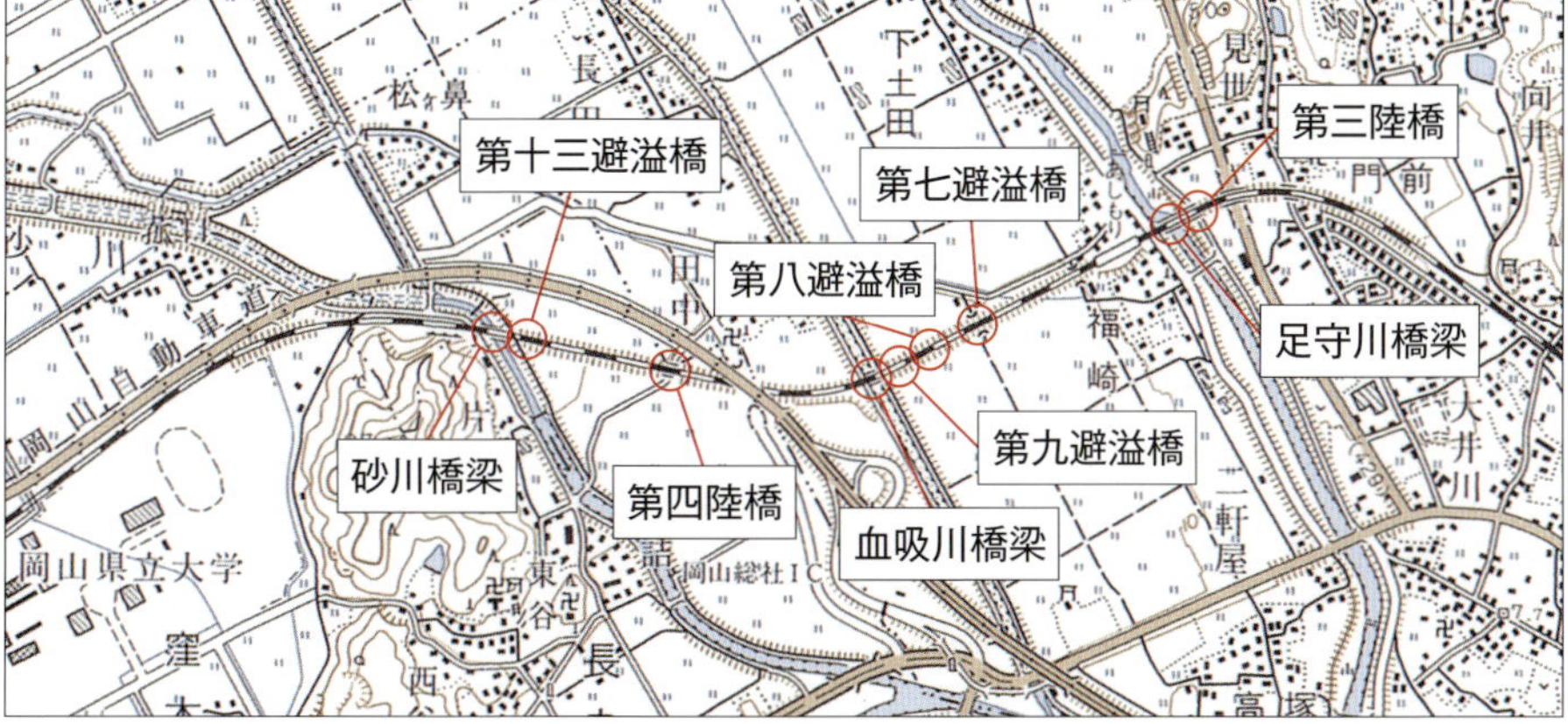

東総社駅

東総社駅は、総社宮の門前町駅として１９０４（明治37）年11月15日に開業。当初は総社駅と名乗っていた。ところが25（大正14）年２月17日、伯備南線西総社駅に中國鐵道吉備線が合流。以来、総社の玄関は西総社駅となった。さらに、59（昭和34）年に駅名を変更。10月１日に、西総社が総社に。11月１日には、総社は東総社となったのである。

東総社駅では、開業時に組まれた花崗岩のプラットホームが、年月を経た独特の風合いを見せている。プラットホームの総社方は、開業当時の高さのまま。通勤通学客の何人が、明治生まれのプラットホームに関心を寄せるだろうか。

吉備線が開通した頃、木造の総社駅舎には瓦屋根が葺かれていた。瓦には中國鐵道會社を表す[中]の文字が記されていた。[中]の瓦は「総社市まちかど郷土館」に展示されているが、備前一宮駅では２００８（平成20）年10月まで、同じ瓦が使われていた。

２番線にある木造待合の総社方には石榴《ざくろ》の木がある。秋にはたくさんの実が列車を待つ目を楽しませてくれる。

東総社駅の１番線の総社方は、開業当時の高さを保っている。

総社駅

総社駅は、伯備南線と中國鐵道吉備線が合流する西総社駅として１９２５（大正14）年２月17日に開業した。開業当時から47（昭和22）年頃までは中國鐵道の転車台があり、機関車駐在所の建物もあった。その姿は、「総社市まちかど郷土館」の２階に掛かる写真パネルで見ることができる。

総社駅の鉄道遺産は、開業当時の姿を伝える1番・2番線である。ホーム高は東総社方が低い。低いプラットホームは、西総社駅開業時代のもので、鉄道車輌の大型化に伴うかさ上げ前の状態である。『写真集　岡山の鉄道』には、かさ上げ工事が行われる１９６０（昭和35）年の岡山駅の写真が掲載されている。この頃から、岡山県内の鉄道駅のプラットホームは30～40㎝高くなった。

総社駅の3番・4番線や井原鉄道のプラットホームはコンクリート造だが、1番・2番線は布積みの花崗岩。時代を感じさせる風格にあふれた姿だ。かつて蒸気機関車の方向を変えた転車台は、この石造ホームの横あたりにあったと思われる。現在は駐車場となった転車台坑跡にたたずみ、昭和初めの駅の姿を思い描くのも悪くない。

中國鐵道時代から使われているプラットホームは、かつては0番だった。

1972年2月の総社駅0番線。現在の1番線である。

気動車の手前のプラットホーム高が違っているのがわかる。

中國鐵道吉備線跡と湛井駅跡

伯備南線の開通が湛井の繁栄を奪い去る

東総社駅を出た中國鐵道吉備線の下り列車は、総社市門田で大きく90度南にカーブして総社駅に滑り込む。このカーブは1925（大正14）年に描かれたもので、それ以前は直進して小高い山を切り開いた崖の間を通っていた。この切り取り部分は現在竹藪になっている。湛井方の出口には社宅が建ったために塞がれたが、東総社方の入口はすぐにわかる。切り開かれた山の間を過ぎた蒸気機関車は、旧道に沿って湛井駅まで走っていた。この湛井駅に至る線路は、1890（明治30）年当時の地図の上に、吉備鐵道の予定線として書き込まれている。

伯備南線西総社—宍粟（現在の豪渓）間と、中國鐵道総社（現在の東総社）—湛井間は、現在の総社市立総社中央小学校のあたりで平面交差することになった。立体交差にするか、湛井駅を廃止して西総社駅で伯備南線に合流させるか、議論は白熱した。しかし、1925年2月17日の伯備南線開通の前日、湛井駅は廃止の憂き目を見たのである。

高梁川を行き交った高瀬舟は湛井に寄港。人や物資を積み下ろした。吹屋の弁柄や吉岡銅山の銅も、湛井で高瀬舟から中國鐵道に積み替えられ、鉄路、大阪に運ばれた。井尻野1020番地に建設された湛井駅に

総社市門田に残る旧線跡。山を切り取った崖の中を汽車が走っていた。

は、大規模な駅舎、長いホーム、機関車庫、転車台、給水塔、十数棟の倉庫などが並んでいたという。広い敷地だったようだ。駅前には、旅館や料亭、木材問屋、郵便局、巡査駐在所が建ち並び、客待ちの人力車が数多く並んだ。しかし、１９２２（大正11）年4月10日の大火は町を灰燼に帰し、伯備南線の開通が湛井の繁栄を奪い去ったのである。湛井駅のあった場所には住宅が建ち並び、昔日の姿を思い描くのは難しい。今では、宝福寺参道口の石組みが、ありし日の湛井駅を知る唯一の証人である。

総社中央小学校の前に残る橋台の跡。
布積みの花崗岩の上に橋桁が渡されていた。

湛井駅跡には空積みの花崗岩が連なっている。
駅構内は相当広かったようだ。

湛井駅跡
井尻野の石組み
旧線跡
総社中央小学校前の橋台跡
門田の旧線跡
中村
湛井
橋本
浜町
山端
西村
東村
西町
山根
溝口
真壁
上中原
総社大橋
城谷
宝福
井尻野
道路
井山
西新田
東新田
兎登木
小寺
大谷
泉
阿部
門田
吉備線
駅前一丁目
駅前二丁目
中央一丁目
中央二丁目
中央三丁目
中央四丁目
総社一丁目
総社二丁目
そうじゃ
ひがしそうじゃ

宇野線

橋梁やトンネルに鐵道院が注いだこだわりを見る

日清戦争後、明治政府は官設製鉄所の建設を計画。全国で候補地調査を行った。その時、宇野湾の地形は良港としての資質十分であると評価されたが、産炭地から遠いという理由で、製鉄所が建設されることはなかった。宇野湾の築港計画と宇野線の建設を具現化したのは檜垣直右《ひがきなおすけ》岡山県知事だった。日清戦争と日露戦争の間の1900（明治33）年頃、本州四国連絡は岡山市京橋から小型船で旭川を下り、三蟠港で大型船舶に乗り換え、児島半島を迂回して高松に至るルートであった。しかし、不便さも原因して、利用者は少なかったという。檜垣知事は山陽鐵道會社に鉄道敷設を託し、宇野線敷設免許は04（明治37）年1月に下付された。しかし、同年2月の日露戦争勃発で計画は延期を余儀なくされ、06（明治39）年3月31日の「鉄道国有法」公布によって山陽鐵道は国有化されてしまった。宇野線の敷設工事は鐵道院に委ねられることとなったのである。

かくして、1910（明治43）年6月12日、宇野線岡山―宇野間が開業。宇野―高松間には連絡船が開設された。瀬戸大橋の開通まで、宇野駅は本州四国連絡の大動脈の大役を演じるのである。国鉄が連絡船を運航したのは、08（明治41）年の青函連絡船青森―函館間と宇高連絡船だけである。宇野線は、山陽鐵道、中國鐵道津山線・吉備線に次いで、岡山県では4番目に開通した鉄道で、初めての純粋国有鉄道であった。

宇野線には3回の路線変更の歴史がある。開業当時、岡山の次の駅は鹿田だった。鹿田駅は現在の岡山市水道局西辺りにあったが、1925（大正14）年3

月4日に大元駅に移転した。

本州四国連絡の特急・急行列車をはじめ、普通列車、貨物列車は全てが宇野線を経由した。したがって、高速化が図られた時期も早く、1960（昭和35）年10月1日には岡山県下最初の全線電化路線となった。山陽線上郡—倉敷間の電化工事完成と同時であった。電化工事に伴って八浜—備前田井間の児島トンネルが付け替えられた。これが2番目の路線変更である。

1988（昭和63）年4月10日に瀬戸大橋が供用を開始。本四備讃線茶屋町—坂出間、茶屋町—宇多津間の運転も開始された。併せて、宇高連絡船が廃止され、宇野線茶屋町—宇野間は、本四備讃線に本州四国連絡線の座を明け渡し、盲腸線となった。94（平成6）年12月3日、宇野駅は北側100mの場所に移転。旧駅舎や桟橋施設は全て解体された。宇野線繁栄の跡を探すのは困難だが、宇野駅前の商店街の佇まいが、本州側の玄関口として栄えた頃の面影を留めている。

宇野線の鉄道遺産は、明治末期に本州四国連絡の大動脈として完成された土木工事の跡である。早島駅の旅客上屋1号以外に開業当時の駅舎などは残っていないが、橋梁やトンネルに鐵道院が注いだこだわりを見ることができる。明治の代表的な建築資材だった煉瓦と花崗岩の活用。新しい資材であったコンクリートを敢えて1カ所導入した先駆的事例。建設技術の確かさを誇るかのような、完成度の高い姿は、開業100年を迎える宇野線の風景を崇高なものに押し上げているように思われる。

写真右／宇野線早島駅
写真左／宇野線八浜—備前田井

橋台・橋脚・橋梁

橋台左右のコーナーに弧状煉瓦を使用

笹ケ瀬川橋梁

『宇野線建設概要』は1910（明治43）年6月7日に鐵道院岡山建設事務所が発行した敷設工事記録である。それを開くと、笹ケ瀬川橋梁は第一工区最大の難工事箇所だったことがわかる。地盤が軟弱であったのである。笹ケ瀬川橋梁の全長は約182m423㎜。開業当時は、橋台も橋脚も煉瓦と花崗岩でできていたようだが、現在の橋脚はコンクリート造。橋台は開業当時の煉瓦造だが、妹尾方の橋台の床石部分のコンクリートには1973―3の刻印がある。1973（昭和48）年3月にコンクリート化されたと思われる。

橋台について特筆すべきは、左右のコーナーに弧状煉瓦が使用されていることである。弧状煉瓦は、1891（明治24）年に開通した山陽鐵道三石―吉永間の橋梁群に使用例がある。弧状煉瓦はオナマと呼ばれる直方体の煉瓦に比べて製造コストが高い。現場ごとに規格が異なるため、受注生産されるためである。山陽鐵道が開通した頃は、わが国の鉄道草創期である。鉄道に夢とロマンを賭けた明治の人々の思いが弧状煉瓦の使用に結びついたと考えられる。ところが、山陽鐵道岡山駅開業から9年後の、98（明治31）年に開通した

笹ケ瀬川橋梁を行く四国行き貨物列車。

中國鐵道津山線に弧状煉瓦の使用は認められない。工事コストの削減を図ったのだろうか。さらに6年後となる1904（明治37）年に開通した中國鐵道吉備線には、煉瓦の構造物すら見当たらない。ところが、吉備線の開通から6年がたった明治後期、10年に竣工した宇野線には、再び弧状煉瓦が使用されているのである。中國鐵道は私設鉄道。無駄を省いて、工事費用の低廉化が図られたと思って間違いない。ところが、宇野線は、岡山県内で初めて鐵道院が手がけた鉄道で、しかも本州四国を結ぶ重要路線である。明治政府の威信をかけ、随所にこだわりを盛り込んだのではないだろうか。

妹尾方橋台に見られる刻印。

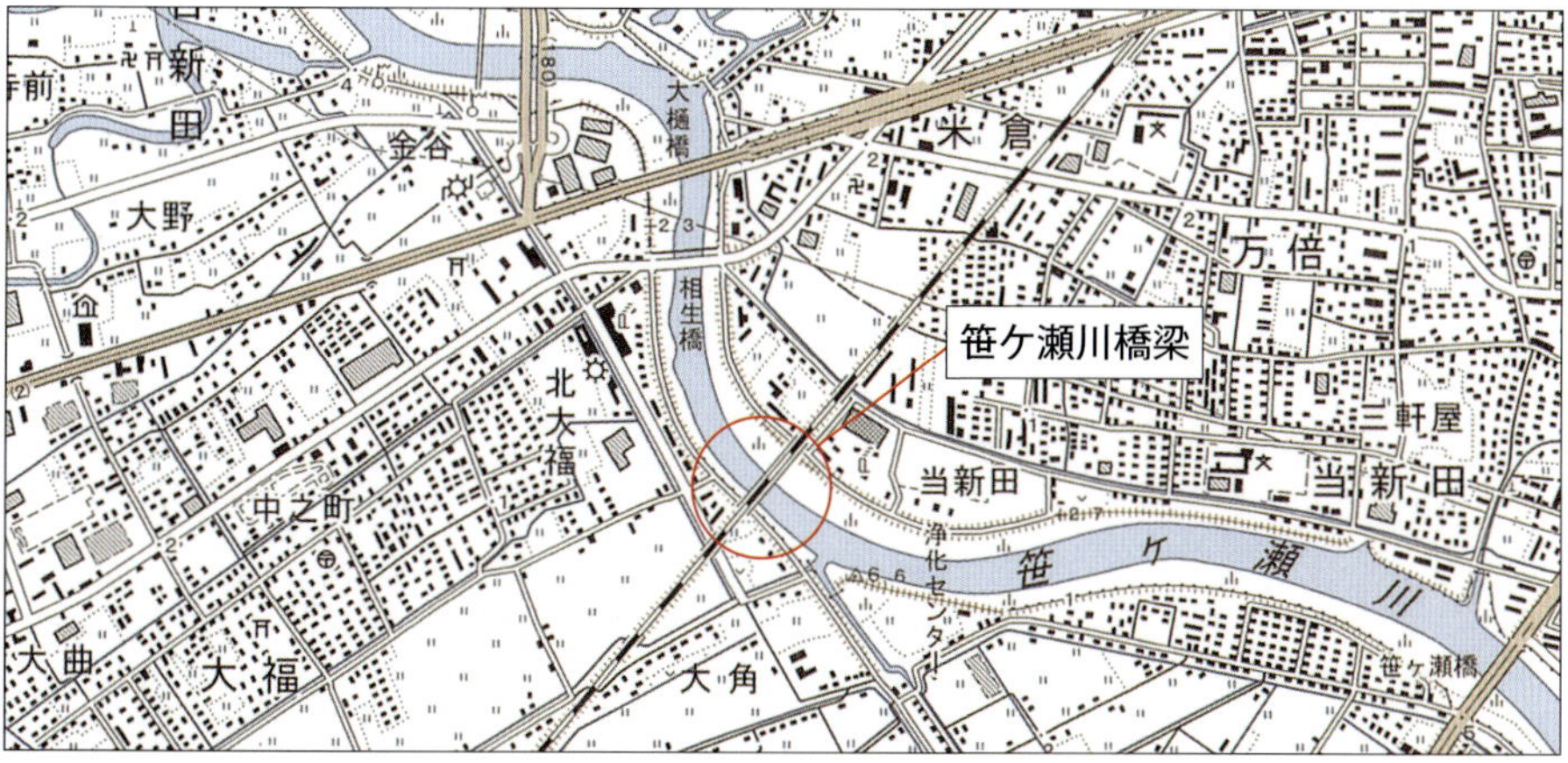

茶屋町―彦崎

茶屋町―彦崎は1マイル79チェーン（約3・2㎞）の区間に16の橋梁が架けられた区間。橋脚と橋台は全て煉瓦造。橋台には角を丸く仕上げるために弧状煉瓦が使用されている。翼壁の花崗岩は谷積み。

茶屋町駅で本四備讃線と分岐した宇野線は、彦崎駅を目指して大きく左カーブを描く。そのカーブ地点までは、本四備讃線の高架下に旧線の築堤と橋梁跡を見ることができる。既に橋台が撤去された箇所もあるが、煉瓦造の橋台のみを残すものも、旧第一藤戸橋梁のように、橋桁もそのまま残された所もある。

旧第一藤戸橋梁と植松川橋梁は3連のプレートガーダー橋。2本の橋脚は両側に水切りを持つ尖頭形。共に、隅石は使われていない。旧第一藤戸橋梁跡の水切り部分は弧状煉瓦で形づくられている。植松川橋梁の支間長はこの区間最大。橋桁が橋台と触れる部分は、強度を保つため床石が置かれている。床石は、宇野線の中でも、比較的規模の大きい橋梁に共通して使われている。また、弧状煉瓦が多用されているのも大きな特徴である。反面、橋台や橋脚に隅石が使用された例は、現存遺産においては見られない。

『宇野線建設概要』によると、宇野線の煉瓦は大阪の堺と香川から運ばれている。第一入海橋梁の彦崎方橋台では刻印煉瓦を見ることができる。刻印は「サヌキ」と読め、香川県観音寺市にあった讃岐煉瓦株式会社が製造したものだと思われる。

また、塩干踏切横の暗渠に使用された煉瓦には、「三」「九」「二七」などの漢数字と、刷毛目の彫りを見ることができる。漢数字を彫った煉瓦は、彦崎駅西ロータリーの煉瓦造暗渠でも見ることができる。茨城県在住の産業考古学会会員で煉瓦研究家の八木司郎氏の指摘によると、数字の刻印された煉瓦は大阪府堺市にあった堺煉瓦株式会社製。また、塩干踏切横の暗渠では、堺煉瓦株式会社の十字型の刻印も確認できる。

煉瓦は、一つひとつ手で積んでいくため、職人が左手で持ちやすい寸法に作られているという説がある。人の手によるものは、年月が経っても美しく、見る人の心を引きつける。便利と経済性によって失われてきた素材の美、時間をかけてつくりあげられた美を見て歩くと、明治の職人たちの魂が感じられるようだ。

彦崎駅に近い狐崎避溢橋は、橋桁と用水が直角に交わっていない。そのため、橋台と橋桁も非直角である。イギリス積み煉瓦のかたちづくる橋台に対して斜めに掛かるプレートガーダー橋の姿が興味深い。彦崎駅は、宇野線開通時の味野駅。1914（大正3）年に彦崎と改められた。

旧線跡に残る煉瓦造の橋台。
橋台両端の仕上げは弧状煉瓦。左側が現在の線路。

塩干踏切横の暗渠で確認できる「九」「二三」の刻印。

第一入海橋梁彦崎方橋台に使用された煉瓦の刻印。讃岐煉瓦株式会社製の煉瓦だと思われる。

旧第一藤戸橋梁の橋脚。
宇野線の橋台は両側が水切りとなった尖頭形。水切りの角部分は弧状煉瓦。

狐崎避溢橋は、川と橋が直角に交わっていないため、橋台と橋桁も斜め。
ここでも弧状煉瓦が多用されていることがわかる。

植松川橋梁橋脚の水切り部分。自然石ではなく、弧状煉瓦が使われている。
橋桁は1959（昭和34）年製。

彦崎駅前の煉瓦刻印。
塩干踏切横の暗渠と同じ漢数字である。

旧第一藤戸橋梁
塩干踏切横の暗渠
第一入海橋梁
植松川橋梁
狐崎避溢橋
彦崎駅西口
ロータリー

八浜―宇野

完成の域に達していた煉瓦と自然石を使った土木技術

開業当時の宇野線の停車場は、岡山、鹿田、妹尾、早島、茶屋町、味野、由加、八濱、玉野。味野は現在の彦崎、由加は迫川。宇野行きの汽車は、味野駅を出ると児島湾沿いを走り、八濱駅は児島湾に面していた。児島湾の干拓事業が完成したのは、1963（昭和38）年。それ以降、宇野線の車窓から児島湾の風景は失われた。

古池の橋梁

八浜―備前田井間3・7㎞には、三つの鉄道遺産がある。まずは、古池を横切る花崗岩の築堤と橋梁。山陽鐵道姫路―岡山間の工事に使われた花崗岩は、児島半島から切り出されたものであった。瀬戸内は花崗岩の産地。築堤を造る谷積みの花崗岩も、地元で産出されたものだと思われる。自然石を組み上げた築堤や、職人が手で積み上げた煉瓦の橋台や橋脚は、現代の建造物が失った美しさを湛えているように思える。古池周辺は民家や自然も趣深く、その景色を横切る電車も優美に見える。

旧児島トンネル

児島トンネルはコンクリート造。電化工事に伴って1960（昭和35）年に竣工した。ところが、廃止された旧児島トンネルもそのまま残され、備前田井方の坑門を見ることができる。面壁と側壁は布積みの花崗岩。アーチは長手積み煉瓦が5重に巻かれた重厚なもの。粗迫持が5連の小口煉瓦でできているトンネルには、山陽鐵道二代目船坂トンネル三石方坑門がある。どちらも硬堅な岩石を掘り出した難工事だったことが窺われる。八浜方の坑門は、木々が生い茂り、近づくことができない。

児島トンネルは、宇野線工事の中で最も困難な箇所であった。『宇野線建設概要』は、「全山總《すべ》テ堅硬緻密ナル變《へん》質砂岩ヨリ成リ掘鑿《くっさく》頗《すこぶ》ル困難ヲ極メ導坑容易ニ貫通セズ掘鑿スルニ従《したが》ヒ益々堅クシテ一日ノ工程僅《わず》カニ一尺ニ過キザルコトアリ」と記録している。宇野線は6つの工区に分けて建設され、旧児島トンネルは第五工区。岡山駅を起点とした、17マイル33チェーン（約28・02㎞）から18マイル10チェーン（約29・18㎞）にあたる。宇野線の敷設工事総額は271万5356円。このうち、「隧道費」は13万8361円であった。

田井拱橋

児島トンネルと備前田井駅の間にある田井拱橋《きょうきょう》は、一見石造。ところが、花崗岩が使われているのは外張りのみで、拱橋内部はコンクリート造である。『岡山県の近代化遺産』によると、田井拱橋の設計者は鐵道院岡山建設事務所の技師であった八田嘉明氏。1907（明治40）年に鉄筋コンクリート構造の鉄道土木工事が試みられて以来、徐々に普及してきたコンクリートを使用した初期の構造物。外観はコンクリート面に花崗岩を貼って丁寧に仕上げられている。したがって、面壁は花崗岩の布積みで、楯状の迫石が組まれているように見える。側壁とアーチは、共に小口積みの花崗岩だが、異なった趣に仕上げられている八田のこだわりが表現された部分であろう。この当時、機関車庫も煉瓦造からコンクリート造に変遷した。03（明治36）年に竣工した姫路第二機関車庫は15線構造の煉瓦造。扇形蒸気機関車庫が全国に普及する端緒となる建物だが、11（明治44）年に建設された神奈川県の国《こ》府《う》津《づ》機関車庫からはコンクリート造が中心となる。宇野線の橋梁やトンネルには、煉瓦と自然石が多用されている。宇野線の次に岡山県内に敷

古池の築堤を行く上り電車。

設されたのは伯備南線。21（大正10）年の起工だが、伯備線に煉瓦の構造物はない。橋台や橋脚、トンネルはコンクリート造である。宇野線工事の頃、コンクリートはその耐久性が試されていた時期にあたる。本州四国連絡の幹線となる宇野線では、既に完成の域に達していた煉瓦と自然石を使った土木技術の粋が駆使されたのだと思われる。しかし、八田は、主要幹線の拱橋に最新鋭のコンクリート技術を、たった1カ所に応用したのである。技術者としての意地と冒険心がはたらいたのであろうか。

田井拱橋は県道倉敷玉野線を跨ぐ。

旧児島トンネルの粗迫持は５連。
山陽線船坂トンネルに匹敵する。

弧状煉瓦も使われた橋台。
イギリス積みが美しい古池の橋梁。

備前田井―宇野

八浜―宇野間は、宇野線唯一の勾配区間。宇野線ただひとつのトンネルもこの区間にある。明治の鉄道建設では、トンネル工事は最終手段。山越えの敷設工事では登れる所まで登って、最短距離をトンネルで結んだ。八浜駅から児島トンネル、宇野駅から児島トンネルまでは、共に上り勾配である。備前田井駅は、宇野駅と児島トンネルの間の勾配途上に建設された駅で、１９３９（昭和14）年元日に開業した。

児島トンネルへの勾配を登るため、備前田井―宇野間には5つの橋梁が設けられた。橋台は全て煉瓦と花崗岩である。１９２５（大正14）年9月18日、ＪＥＳ（日本標準規格Japanese Engineering Standards）は、煉瓦の寸法を２１０×１００×60㎜に統一した。宇野線に使用された煉

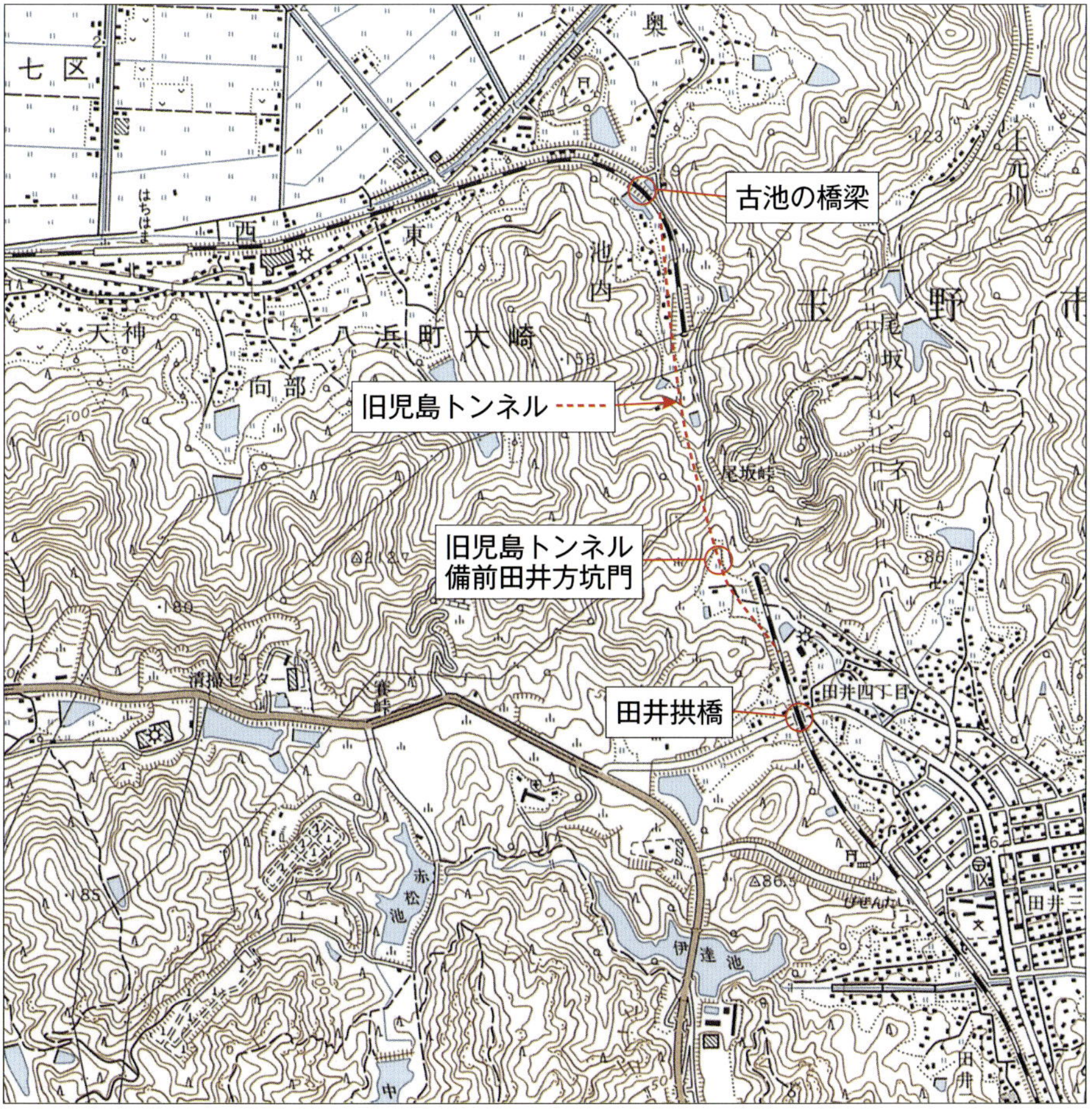

瓦は、ＪＥＳ以前のもので、２１５～２２０×１００～１０５×50～55㎜。山陽鐵道、中國鐵道津山線の煉瓦寸法とも異なる。

５つの橋梁の橋台には弧状煉瓦が使われ、コーナーが円く仕上げられている。弧状煉瓦は異型煉瓦とも呼ばれるが、通常の羊羹型の煉瓦よりも高価であった。『宇野線建設概要』には、使用された煉瓦の数や価格についての記述がある（下表）。

		1907年度		1908年度		合　計	
並　形 煉化石	数量	4,443,468	個	1,720,080	個	6,163,548	個
	単価	15,235	千個	15,113	千個	15,200	千個
	代金	67,699.941	円	25,994.900	円	93,694.841	円

並　形 煉化石	数量	△800	個	△2,751	個	△3,551	個
		524,250		35,428		559,678	
	単価	△34,000	千個	△34,000	千個	△34,000	千個
		24,900		37,626		25,700	
	代金	△27,000	円	△93,534	円	△120,734	円
		13,053.799		1,333.040		14,386.839	

△印は無代価品

前田架道橋宇野方橋台。宇野線には谷積みの翼壁が多い。

高下田架道橋の宇野方橋台。
イギリス積み煉瓦造。

清水川橋梁の備前田井方橋台。

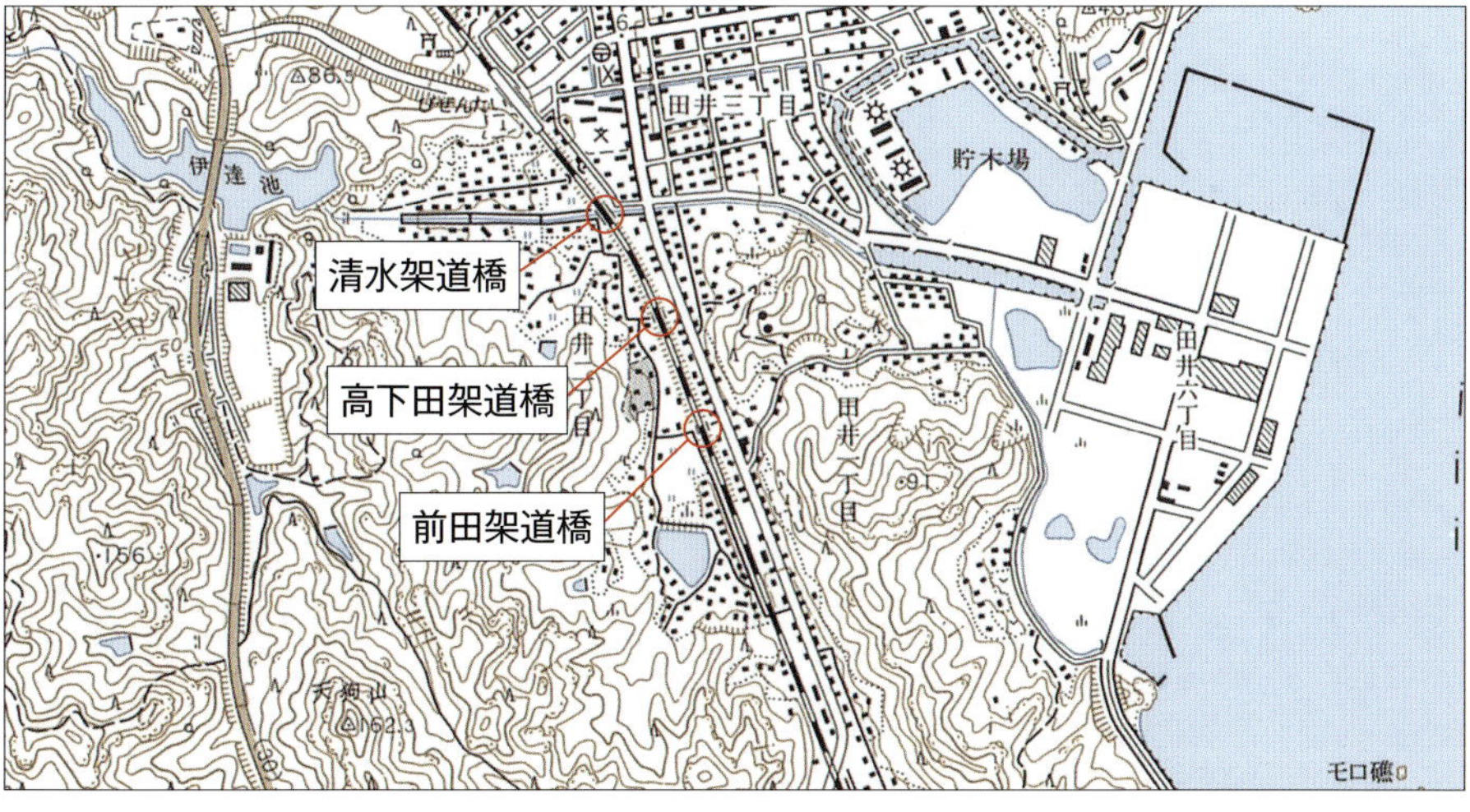

汐入川橋梁の備前田井方橋台。コーナーは弧状煉瓦で仕上げられている。

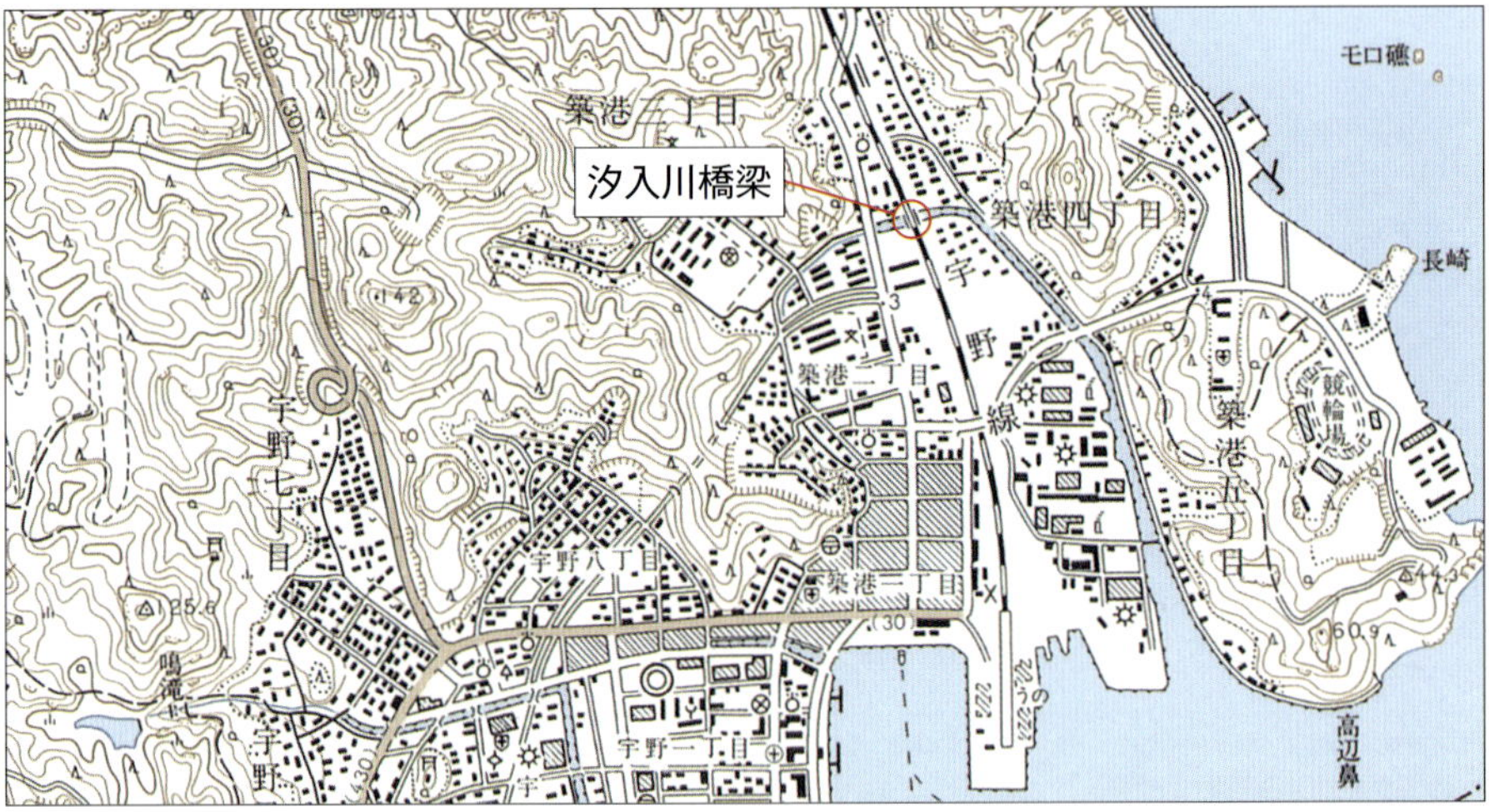

因美線

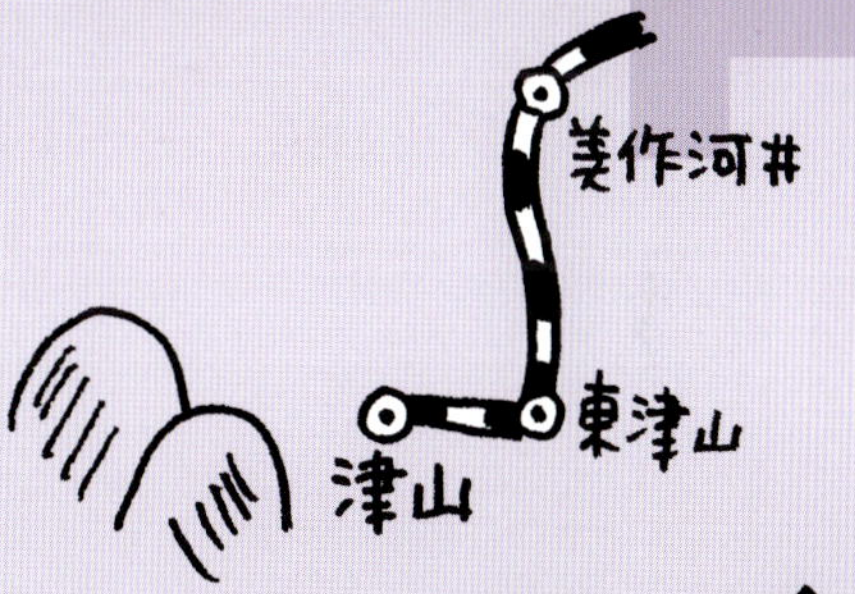

春夏秋冬、優美な車窓風景を楽しませてくれる

因美線は鳥取と津山を結ぶ延長73・4㎞の鉄道。1914（大正3）年5月、鳥取—智頭間を結ぶ軽便鉄道智頭線として計画されたが、18（大正7）年の「第四十議会」が軽便鉄道智頭—津山間を追認して、鳥取—津山間を因美線とした。敷設工事は、因美北線鳥取—智頭間を3工区に分けて16（大正5）年12月1日に鳥取側から、因美南線津山—智頭間を6工区に分けて、26（大正15）年2月6日に津山側からそれぞれ着手。32（昭和7）年7月10日の智頭—那岐間開通で全通した。伯備線と並ぶ山陰山陽連絡線だが、94（平成6）年12月3日に開業した智頭急行智頭線に陰陽連絡の主役を譲り、津山—智頭間はローカル線となった。

因美線の名を有名にしたのは、急行砂丘であった。急行砂丘は、1962（昭和37）年9月1日に、宇野

写真右／因美線知和駅
写真左／因美線美作河井駅転車台

—鳥取を結ぶ気動車準急として運用を開始。宇高連絡船を介して、太平洋と日本海を結ぶ陰陽連絡の旗手としてデビューした。急行砂丘が廃止されたのは97（平成9）年11月28日。当時の因美線は、タブレットを使用する路線だったため、腕木式信号機とキハ48形気動車急行を撮影するために全国から鉄道マニアが集まった。ところが、急行砂丘の廃止後、信号機は自動化され、因美線を訪れる鉄道マニアは激減した。

豪雪区間に指定されている因美線は、春夏秋冬、優美な車窓風景を楽しませてくれる。2007（平成19）年1月には「みまさかローカル鉄道観光実行委員会」が発足。因美線に残る木造駅舎や津山機関車庫の見学、「スローライフ列車」の運行を行い、鉄道遺産を活用する観光活動を展開している。

因美線を歩く

タブレットの交換風景の見える路線

岡山県南育ちの筆者にとって、因幡と美作を結ぶ因美線は、長い間憧憬の鉄道だった。幼い頃、吉備線の客車を牽いていたのが津山機関区のC11形蒸気機関車だったこともあり、津山への憧れも強かった。津山からさらに北に向かう鉄道。中国山地を貫く因美線には、自分の知らない風景が連なっていると思われ、因美線に寄せる思いは強くなっていった。ところが、1994（平成6）年12月3日に開業した智頭線に山陰山陽連絡鉄道としての役目を譲り、因美線はローカル鉄道として津山—智頭間の旅客輸送線となったのである。置き忘れられたように思える因美線だが、それゆえに、因美線沿線には国鉄時代の遺産を多数見ることができる。鉄道ファンには宝物のような路線である。

高野駅

東津山駅で姫新線と分れた因美線は、左カーブを切って中国山地に向け進路を北にとる。次の停車駅は高野。高野駅の建物財産票本屋1号の日付は1928（昭和3）年3月30日。外壁は新建材で覆われているが、開業当時の躯体が使用されている。かつては、上りと下りの列車が別のプラットホームで行き交う相対式ホームだったが、現在使用されているプラットホームは1本のみ。ゆるやかにカーブした2番線には使用されなくなった線路と待合所のコンクリート基礎が残る。美作滝尾方にはピット跡、転轍機跡が見られる。

因美線の列車はキハ120形気動車の単行運転。長いプラットホームにカラフルな気動車1輌が発着する姿はほほえましい。本屋の東津山方には、かつて腕木式信号機を操作したテコの置かれた場所があり、その横に、「安全の誓い」が掲示されている。そこには、「1、タブレットはよいか。2、信号現示はよいか。」と書かれ、腕木式信号機とタブレットが現役だった頃の賑わいを伝えてい

る。高野駅は国道53号線から少し入ったところにある。駅には、津山の街からつづく都市化の波や喧騒か

葺き替えられた瓦、張り替えられた外壁。外観は変わっても駅舎そのものは昭和３年の開業当時の姿で残る高野駅。

相対式だったプラットホームだが、現在使用されているのは手前の１本のみ。

上り列車を見送る家族。懐かしい鉄道風景が見られる。

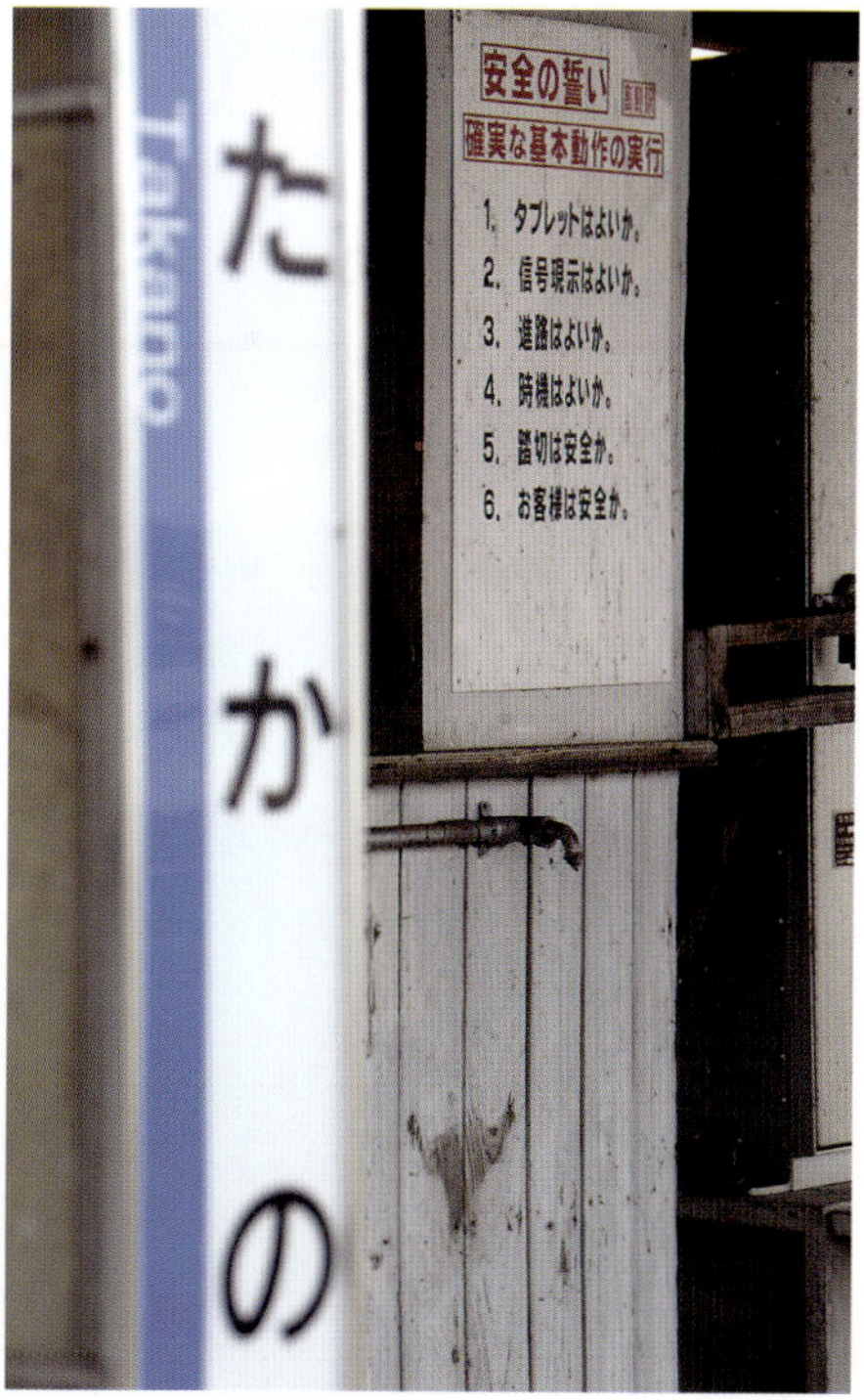

駅本屋の「安全の誓い」には、タブレットの文字が。

ら離れた世界が広がっている。

美作滝尾駅

　美作滝尾駅の駅本屋資産票も高野駅と同じ１９２８（昭和３）年３月30日。因美南線第二工区高野━美作加茂間延長10㎞５２１ｍの敷設工事により完成した。第二工区は26（大正15）年４月１日に着手し、27（昭和２）年９月30日に竣工している。駅前には「鐵道七十周年記念」の石碑が立つ。山田洋次監督が、95（平成７）年10月に「男はつらいよ　寅次郎紅の花」を撮影したことでも知られるくらい、国鉄時代の雰囲気を残した駅。かつては相対式ホームが置かれていたが、現在は駅本屋側のプラットホームが使われているだけである。美作滝尾駅を発着する気動車は、小さいカーブを切って駅構内に侵入する。これは、畑となった場所をかつての線路が直進していたためである。駅本屋の木の扉を開けて待合室に入れば、天井には石炭ストーブの煙突窓があり、有人駅当時のままの姿で残る切符売場が温かく迎えてくれる。窓枠がアルミサッシュに取り替えられている以外、全てが昔のままの姿で残っている。硬券を切ってもらった改札口も昔ながらの木造。畑の向こうに田んぼが広がる駅からの眺めは、開業からたくさんの出会いと別れの借景となってきたのである。

　２００８（平成20）年９月26日、文化審議会は、１１０件の建造

今でも硬券を渡してもらえそうな切符売り場。

改札口も木のまま。作州は木の産地。美作滝尾駅からもたくさんの木材が積み出された。

物を登録有形文化財に登録することを文部科学大臣に答申。美作滝尾駅は、近江《おうみ》鉄道愛知川《えちがわ》橋梁と共に文化財登録の仲間入りを果すことになった。これにより、登録有形文化財（建造物）の数は、47都道府県713市町村（区）で7289件になった。

美作滝尾駅は姫新線岩山駅と並ぶ貴重な鉄道駅遺産。

美作滝尾駅に到着する智頭行き列車。開業当時はこの左側にもう一本線路があった。

美作河井駅には桜並木があり、岡山県北の遅い春のよろこびを感じる。

智頭行き気動車を見送る。駅には、いくつもの出会いと別れがつまっている。

津川橋梁

津川橋梁は、三浦─美作加茂間に架かる。三浦方は中路コンクリート橋だが、美作加茂方の桁はポーナル型プレートガーダー橋。『因美線鳥取智頭間鐵道建設概要』は、1923（大正12）年7月1日に鐵道省米子建設事務所が発行。同誌の口絵では、八東川橋梁などにポーナル型プレートガーダー橋が見られるが、因美南線のポーナル型は津川橋梁のみである。

津川橋梁の中路コンクリート橋は、米子鉄道管理局が設計し、1985（昭和60）年に大鐵工業が施工したもの。コンクリート橋の下は県道三浦勝北線が走っている。

津川橋梁の三浦方橋桁はコンクリート造。美作加茂方がポーナル型プレートガーダー橋。

知和駅の外観は下見板張り。窓がアルミサッシュになり、屋根の瓦がなくなっているが、その他に大きな変更箇所はない。駅名表示が新しいぐらいか。

知和駅

　知和駅のプラットホームは駅本屋から少し高い所にある。単式ホームの駅である。知和駅は、因美南線第三工区となる美作加茂―美作河井間延長6㎞873mの工事域。第三工区の工事は、1928（昭和3）年12月28日に着手、30（昭和5）年11月15日に竣工している。知和駅が開業したのは31（昭和6）年9月12日。駅本屋の建物財産票は、31年9月30日である。

　知和駅は、美作滝尾駅同様に、昔の姿を今に伝える貴重な鉄道駅遺産。外観は下見板張り、待合室にはストーブ用の天井窓があり、切符売り場や小荷物窓口も往時の姿で残っている。木の改札口を抜けると、階段を上がって単式ホームに出る。改札口の外側には国鉄時代に各駅に配備されていた秤《はかり》が置かれている。プラットホームから駅舎を見ると、屋根瓦はスレート葺きに、庇は波板に変更されている。

　プラットホーム待合所の建物財産票は「待合所1号　知和駅　昭和29年11月30日」。

松ぼうき橋梁

　知和―美作河井間は1000分の25の急勾配と半径300mの曲線が連続する区間。軽量なキハ120形気動車も安全を確認しながら徐行する。第一加茂川、第二加茂川の2橋

木の改札口を抜け、階段を上がるとプラットホーム。改札口の木が丸く磨り減っている。

切符売り場と小荷物扱い窓口が有人駅の姿のまま残る。

梁、414mの大ケ原と180・7mの山下トンネルを抜けて、区間最大の見せ場である松ぼうき橋梁を渡る。松ぼうき橋梁の5連のプレートガーダーを支えるのは、コンクリート造の橋台と、円形の橋脚。

『日本鉄道請負業史　大正・昭和（前期）篇』に松ぼうき橋梁の名前はない。因美南線第三工区、美作加茂—美作河井間には、太郎淵橋梁として鈑桁径間12・2m4連の橋梁はあるが、5連の橋梁は記録されていない。今後、松ぼうき橋梁については調査が必要だが、高さ97m、全長約20mの因美南線最大の橋梁美を誇ることは間違いない。

山下トンネルを抜けると眼下に加茂川を見る松ぼうき橋梁。

「松ぼうき」の「ほうき」は、「山」の下に「川」と書いて「ほうき」と読ませる。

美作河井駅

因美線美作河井駅は、岡山と鳥取の県境駅。駅本屋の建物資産票には1931（昭和6）年9月30日の日付があるが、開業は同年9月12日。『因美線建設概要』には竣工当時の写真が口絵を飾るが、現在とほぼ同じ姿である。構内は広く、ピットや転車台が残る。しかし、使われなくなった線路は寸断され、繁栄時の姿は想像するしかない。40（昭和15）年に美作河井駅で鉄道人生の第一歩を踏み出した尾原輝雄氏や、41年から美作河井駅に勤務した能勢瑞穂氏の話によると、木材の積み出し駅として賑わった頃は12、13名の駅員が常駐したという。貨物上屋や保線詰所があり、駅前には桜が並んでいた。駅構内での貨物の入れ換え作業は人力だった。戦後復興期の貨車は、ブレーキの効きの悪いものが多く、3‰勾配に抑えられた駅構内ですら苦労の連続だったという。転車台の知和方には木造の給水塔があったが、現在は支柱の基礎が残るのみ。戦時中には、給水塔付近に蛍石を産出して積み出すホームがあったというが、その石積みが現存する。戦時中の姿を今に伝える貴重な証人である。

駅本屋は下見板張りと漆喰《しっくい》仕上げ。屋根はスレートに葺き替えられ、入口、窓枠、改札口側の扉がアルミサッシュに変更され、正

赤い屋根と白い漆喰壁が印象的な美作河井駅。

面の車寄せは後年に工事されたものである。小荷物窓口と切符売り場が残るが、改札口は簡易なものに変更されている。

プラットホームは島式で、上り下りの各本線のほか、上り下りの貨物線、遷移転轍器も設置されていた。現在使用されている線路は下り本線だったもの。転車台につながる線路と、知和方にあった遷移転轍器は失われているが、放置された線路から、国鉄時代の駅構内の線路の様子は概ね想像できる。

駅本屋からプラットホームに行くには、上り貨物線と上り本線を渡る。プラットホームの待合所一号の資産票の日付は１９３１（昭和６）年９月30日。谷川から水を引いた水道は、『写真集　岡山の鉄道』に載っており、水道の水で喉を潤す蒸気機関車の乗務員が写っている。これは、60（昭和35）年７月に８６２０形蒸気機関車と共に、乗務員２名と白いシャツの駅員が写されたものだが、蒸気機関車の現役時代には各地で見ることのできた光景である。

擁壁

美作河井―物見トンネル間は因美南線の第四工区で延長４km２３m。１９２８（昭和３）年10月22日に工事着手、31（昭和６）年７月12日に竣工した。第三工区同様、最

駅本屋のプラットホーム側には、上り貨物線と上り本線のレールが残る。

島式ホームには水飲み場と待合がある。現在使用されているのは写真のレールのみ。

大勾配25‰。最小半径300mの難所工事だった。複雑な地形が災いし、崩落事故が続出。2度にわたる路線変更を余儀なくされたため、工事期間は長期に渡った。物見トンネルまでの地形を見れば、その苦労が偲ばれる。

急勾配・急カーブの連続する線路は大規模な擁壁の上に敷かれている。

因美線の下り列車は、山下トンネル、松ぼうき橋梁を過ぎて、高台の美作河井駅に到着する。河井の集落は駅から見下ろす位置にある。美作河井駅を出た下り列車は、再び徐行しつつ、急勾配・急カーブ区間をゆっくりと登り、物見トンネルに吸い込まれていく。美作河井—那岐間や三浦—美作加茂間には、自然石を積み上げた擁壁が多数存在する。中国山地にさしかかる因美線工事がいかに苦労の連続であったかを伝えているようだ。美作河井駅から物見トンネル付近まで続く擁壁を見上げる道路沿いは、渓流がさわぎ、新緑の鮮やかな葉陰が風に揺れる。下り列車は、

25‰を登りきったところに物見トンネルの美作河井方坑門がある。

エンジン音も高く、歩くほどの速さで25‰を登ってくる。ゆっくりゆっくり、一歩一歩、足元を確かめるように。木々に車体が見え隠れしながら通り過ぎた後も、エンジン音は渓流を下ってくる。やがて、短い汽笛を残して残響は消える。物見トンネルに姿を消したのである。

物見トンネル

物見トンネルの総延長は3㎞74・7m。『日本鉄道請負業史　大正・昭和（前期）篇』によると、大部分の地質が花崗岩で、掘削は比較的容易だったようだ。軌道はコンクリート道床として、中間に排水溝が設けられている。中国山地からの湧き水は、線路下の溝を通って、南北の坑門から排出される仕組みである。ただし、トンネル内の勾配は1000分の20ときつい。蒸気機関車時代の苦労が偲ばれる。

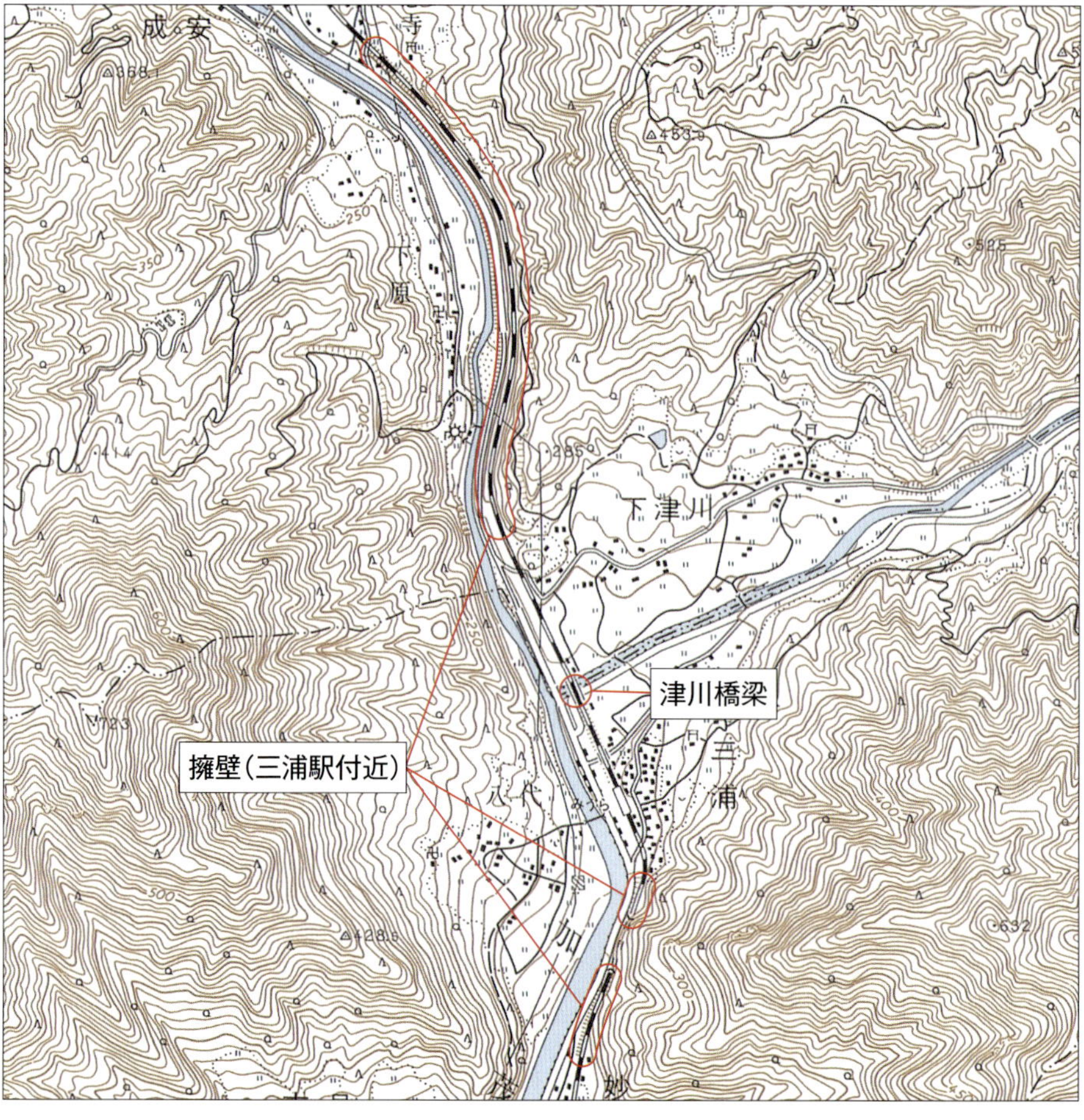

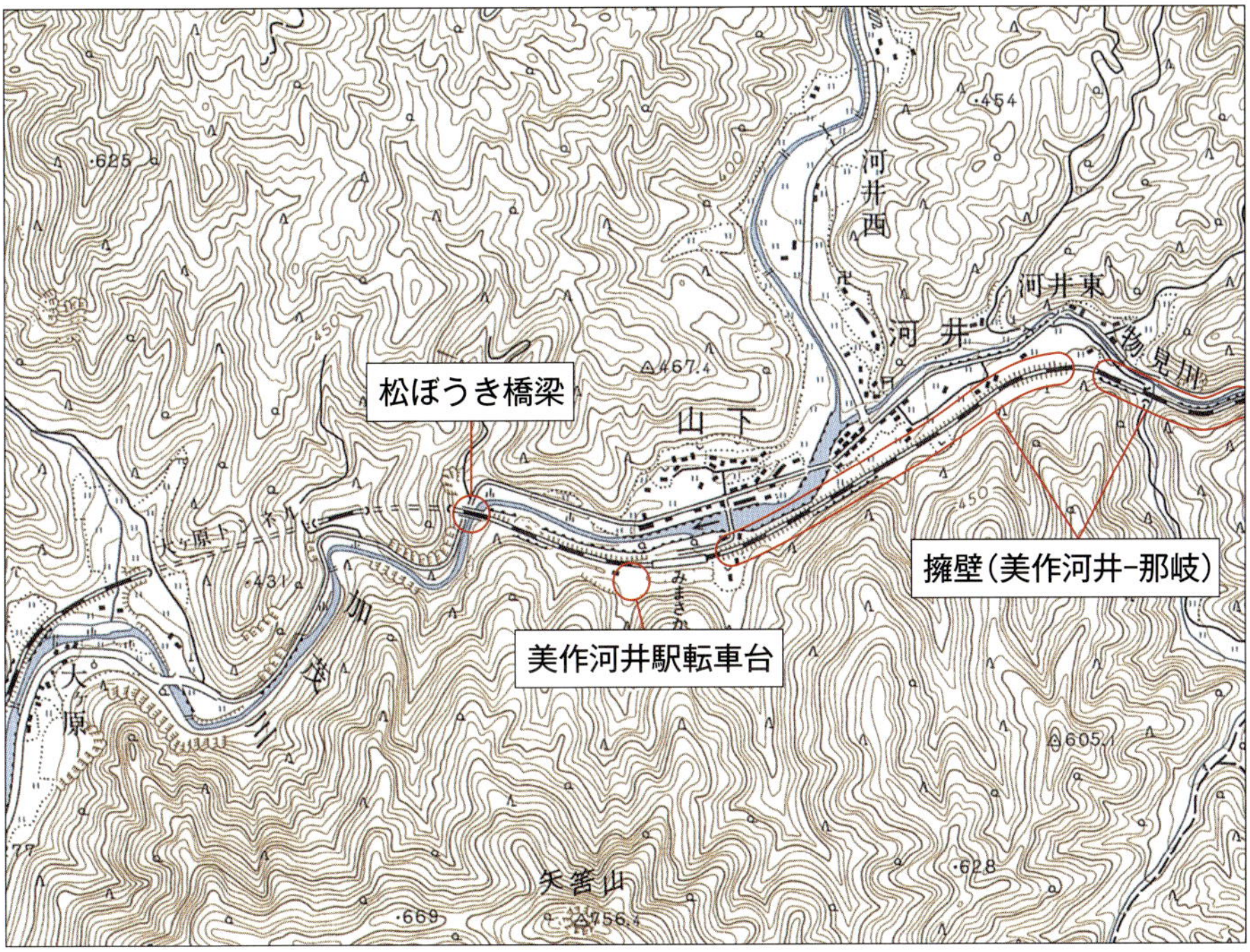
松ぼうき橋梁
美作河井駅転車台
擁壁（美作河井−那岐）
河井西
河井東
河井
山下
物見川
加茂川
大原
矢筈山

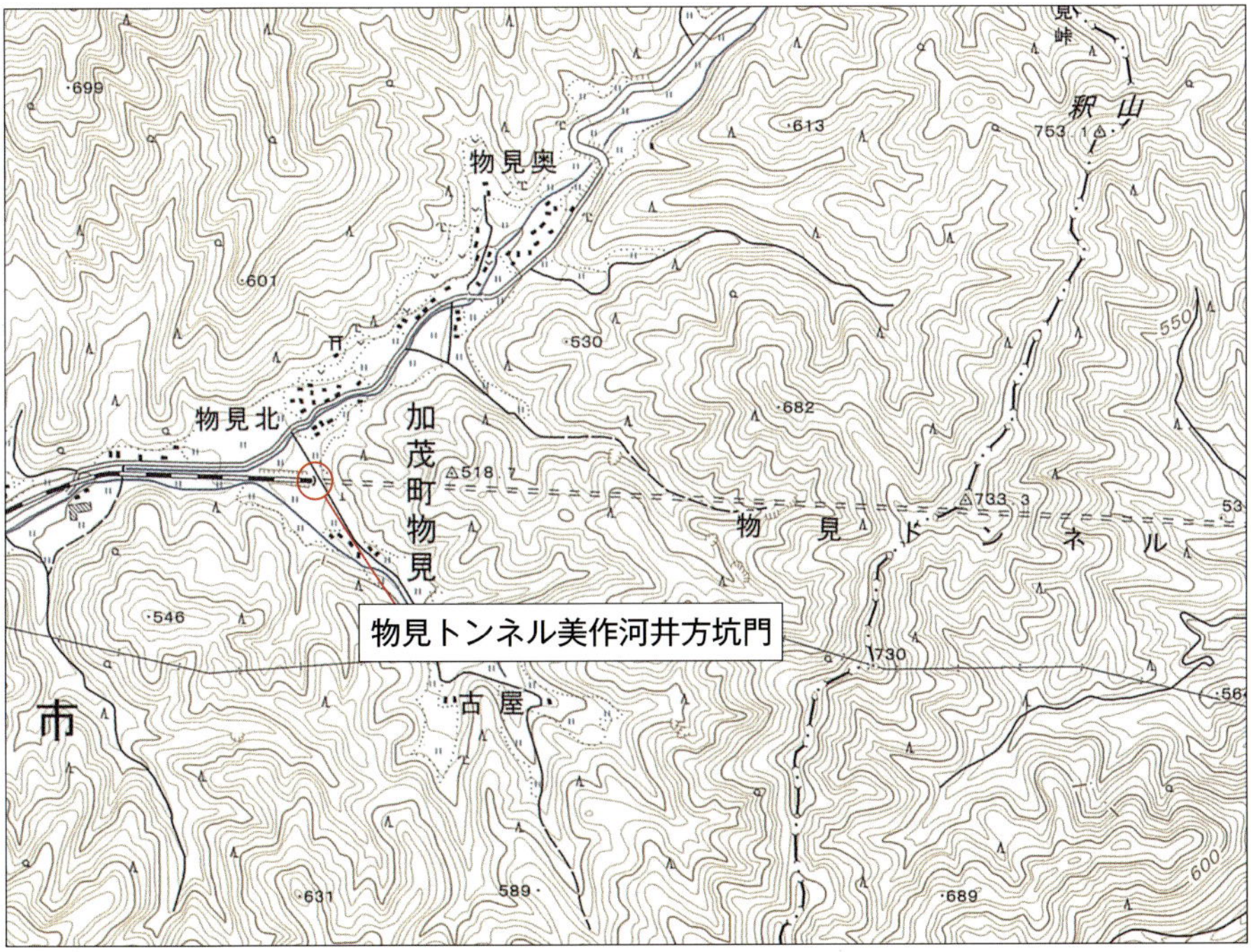
物見トンネル美作河井方坑門
物見奥
物見北
加茂町物見
物見トンネル
古屋
釈山
市

美作河井駅転車台

1872（明治5）年に開業した新橋駅と同じサイズ

美作河井駅転車台の存在は、『写真集　岡山の鉄道』などで知っていた。2005（平成17）年11月の調査では所在を確認できず、06年11月にやっと実見した。転車台坑からは数本の木が伸び、草と木で覆われた主桁にはなかなか近づけなかった。この置き去りにされた転車台が貴重な鉄道遺産であるとご教授くださったのは、新潟市の鉄道研究家、今井寛氏で、主桁の塗装銘記「12M40」がその決め手となった。12m40cmは約40ft。美作河井駅転車台は40ft転車台と呼ばれる。40ft転車台現存の報は、西日本旅客鉄道岡山支社の西正明広報課長（当時）に伝え、津山町並保存研究会井上博允代表から津山鉄道部や岡山県津山県民局などに伝えられた。津山鉄道部の方々は早々に40ft転車台の発掘に乗り出し、07年4月29日に発掘イベントを行った。40ft転車台は国鉄時代の姿を取り戻したのである。

美作河井駅転車台は、1872（明治5）年に開業した新橋駅のものと同じサイズである。新橋考古遺跡の発掘現場では、新橋駅のあった汐留遺跡以外に、京都、奈良、姫路でも40ft転車台の遺構が発見された。ところが、いずれの発掘現場にも桁は残さ

2006年11月13日の美作河井駅転車台の様子。

2007年４月15日の様子。

れておらず、40ftは幻の転車台だったのである。わが国で本格的に鉄鋼生産が始まったのは、官営八幡製鐵所が東田第一高炉に火を入れた1901（明治34）年。それまでの鉄道資材は、蒸気機関車と同じように輸入に頼っていたのである。したがって、わが国の鉄道黎明期に導入された40ft転車台は輸入品。鉄道の伸長に伴って大型化した蒸気機関車に対応するために、転車台も50ft、60ft、20m、24mへと巨大化した。それに伴って、初期に輸入された40ft転車台は順次姿を消していった。50ftからの転車台は国内で生産されるようになり、40ft転車台はその手本とされたのである。

　鉄道の文献に登場する40ft転車台図面は、「機關車轉車臺定規」と「轉車臺之圖（甲號）」。ふたつは、東京大学図書館が所蔵する、内田録雄著『鐵道工事設計参考圖面　停車場之部』に掲載されている。後の調査で、津軽鉄道津軽中里駅と博物館明治村東京駅の転車台が同じタイプであることがわかったが、ほぼ完全な形で残っているのは美作河井駅だけである。

　美作河井駅に勤務した尾原輝雄氏と能勢瑞穂氏の話では、転車台はラッセル車専用だったという。ラッセル車は、一日1本、50～60㎝以上の積雪があった朝、鳥取からの上り初列車の前に運転された。積雪時の転車台回転は、15名ほど駐在した職員が総出であたっても苦労したという。70年3月1日に因美線の貨物列車がディーゼル化され、71年3月25日には津山機関区の蒸気機関車も全廃。美作河井駅は97年11月29日に無人化された。無人化以降、転車台は完全に放置されていたと思われる。

では、転車台はどこからやってきたのだろうか。日本国有鉄道工作局機械課は、1955（昭和30）年11月30日現在の『転車台状態調査』をまとめている。そこに記された「美作河井転向所」転車台の製造と設置年月は23（大正12）年9月。これは、美作河井駅開業日の31（昭和6）年9月12日と異なる。明らかに、転車台は、どこからかの転用である。『鐵道統計資料』を見ると、19（大正8）年に因美線用瀬駅に転車台が設置されている。20（大正9）年に、転車台は用瀬駅から智頭駅に移設されたと考えられる。これは、因美北線の敷設工事が進展し、鳥取—用瀬間から鳥取—智頭間に路線が延長されたためである。さらに、41（昭和16）年に智頭駅から美作河井駅に転用された可能性がある。しかし、それ以前の歴史は杳《よう》としてわからない。

2008（平成20）年4月30日、津山町並保存研究会が『JR美作河井転車台実測調査』を発行。収録されている図面は、「機關車轉車臺定規」と「轉車臺之圖（甲號）」とほぼ一致する。

塗装銘記の12M40が転車台の保存のきっかけとなった。

中央支承の半球６本ボルトが40ft転車台の特徴。

桁両端にある車框。車框から下に伸びるタイロッドも40ftにしかない特徴。

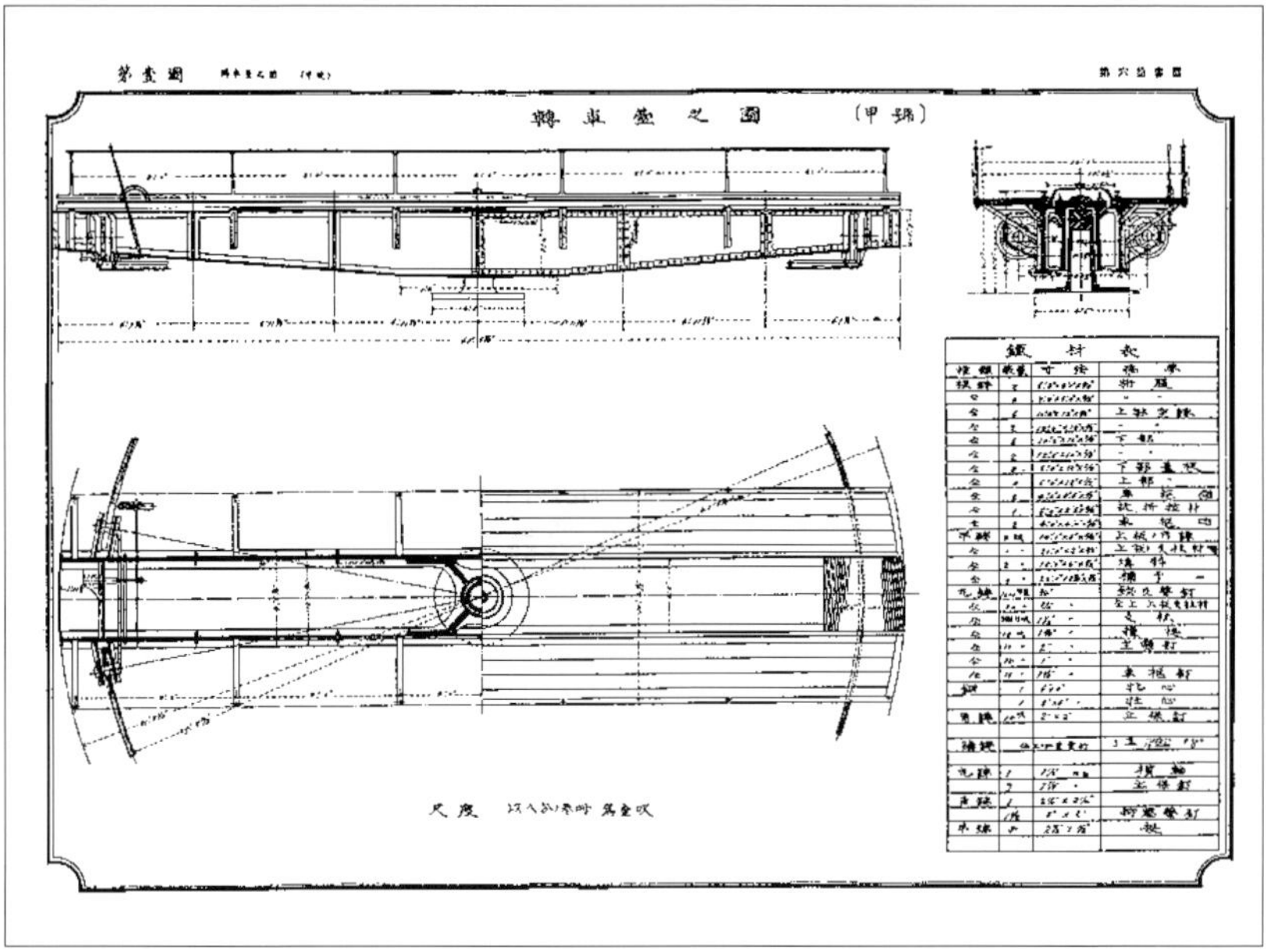

轉車臺之圖（甲號）東京大学工学・理工学図書館蔵

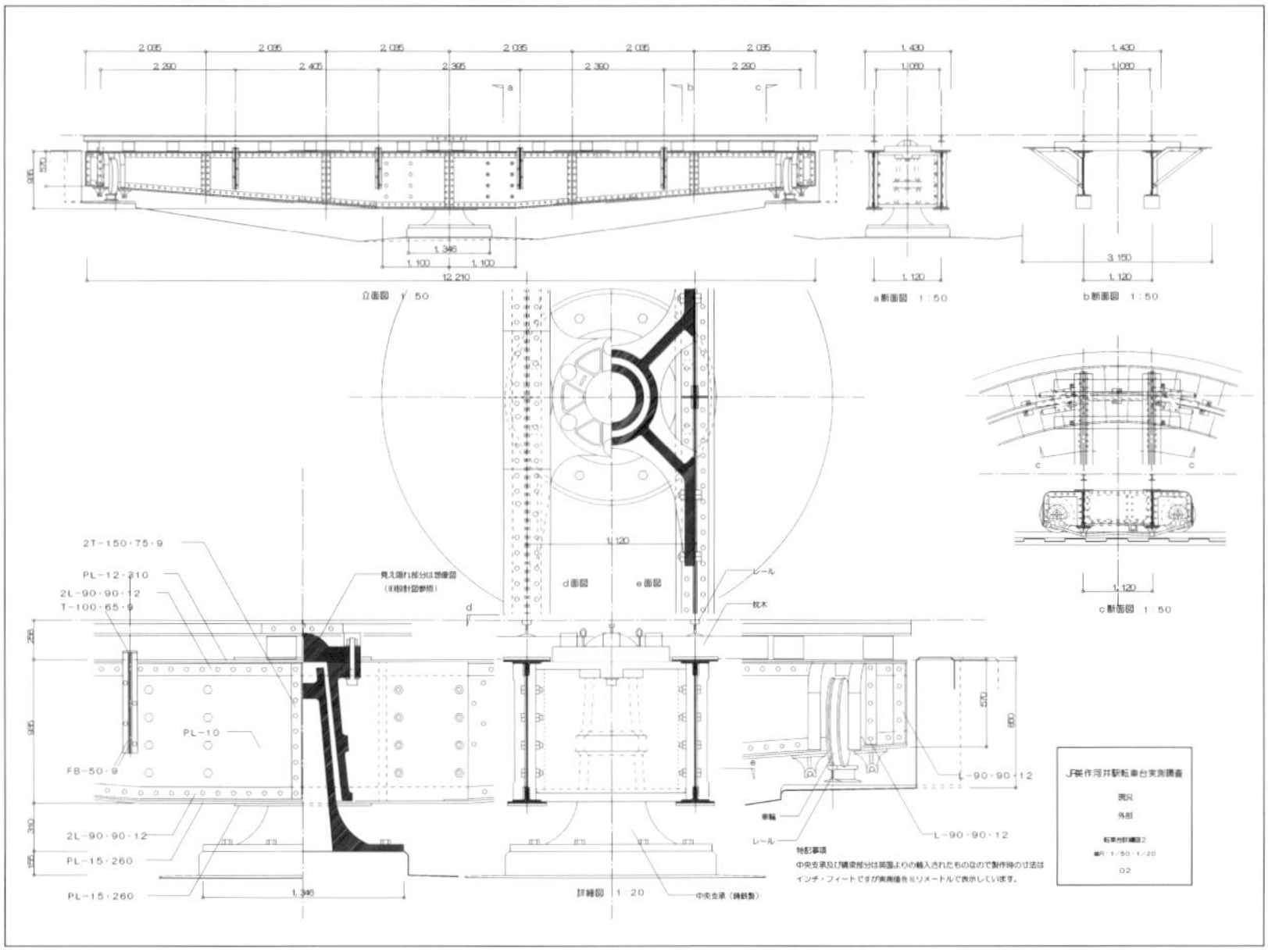

津山町並保存研究会による実測図

姫新線

官設鉄道誘致に切り替え粘り強い運動を展開し実現

姫新線姫路─新見間の営業距離は158・1㎞。岡山県内を走るローカル線では最も長距離路線である。1936（昭和11）年4月8日、姫津東線姫路─美作江見間、姫津西線美作江見─東津山間、作備線津山口─津山─新見間の3線が連絡。両端の駅名を一文字ずつ取って姫新線と命名された。なお、津山─東津山間は、因美南線第一工区津山─高野間に含まれており、26（大正15）年2月6日に工事着手、27年8月1日に竣工していた。

姫津西線は1932（昭和7）年9月22日工事着手、34（昭和9）年2月3日竣工。作備線は21（大正10）年1月15日着手、30（昭和5）年7月17日竣工。姫新線最後の開通区間となったのは姫津東線第八工区。姫津東線の工事着手は27（昭和2）年7月5日。第八工区上月─美作土居間延長6㎞730mは35（昭和10）年1月10日に着手したが、当初の完成期限であった同年11月9日には間に合わず、36年1月31日に竣工した。播美鐵道會社が掘削したトンネル改築に時間がかかったのが遅れの原因だったという。

姫新線の歴史は、1889（明治22）年8月に設立された陰陽鐵道に始ま

写真右／姫新線万ノ乢トンネル。
写真左／津山機関車庫。

る。陰陽鐵道は、英田郡長の池田長準や勝南郡長の松山清心ら美作の郡長が主体となった鉄道会社で、姫路―津山―米子の敷設を計画。同年9月には逓信省技師による路線実測調査も行われた。また、陰陽鐵道単独の事業ではなく、既に鉄道建設を計画していた伯耆と西播地方の有志とも連携して事業展開する予定だったようだ。ところが、陰陽鐵道計画は実現には至らなかった。

ついで、1896（明治29）年1月に作東鐵道が計画された。作東鐵道は、津山を起点に、勝間田―土居―久崎《くざき》を経て、上郡で山陽鐵道に連絡する路線と、江見から大原に分け入る2路線を計画。作州や備前、播磨からの賛同者36名が協議会を開き、1株50円で3万株を募ったが、明治政府の敷設許可するところとはならなかった。

三番目に計画されたのが播美鐵道。1911（明治44）年3月、津山―上郡間の鉄道敷設を掲げ、110名の創立委員を擁して創設した。社長に就任したのは豊福泰造。作東鐵道運動に参加した父・俊雄の意を継ぎ、鉄道事業に参画したのであった。しかし、播美鐵道は、万ノ乢《たわ》トンネルと判官トンネル工事で資金を使い果たした後、工事中断を余儀なくされた。鉄道事業の挫折や殖産興業、銀行事業の不振が続き、豊福家は破産。異郷に眠る泰造の執念は、その後の作州人の姫新線建設への起爆剤となったのである。

私設鉄道建設の困難を思い知った作州の人々は、官設鉄道誘致に切り替えて、粘り強い運動を展開。苦節の歴史を経て、姫新線は1936（昭和11）年の開通を迎えるのである。開通を記念して、姫路と津山では、姫津線全通産業振興大博覧会が開かれた。

木造駅舎を歩く

国鉄時代の名残をとどめる駅舎が数多く残る

姫新線の駅舎

姫新線の歴史には、作州の人々の鉄道への熱い思いの歴史があり、その熱意を残す木造の駅舎たちは、将来に伝えていきたい貴重な鉄道遺産群である。木造の駅舎を見て歩くと、どの駅も似たような構えをしていることに気づく。入口は駅本屋の正面右側にあり、待合室の左側に小荷物預かりと切符売り場、その奥が駅長室を広くとった執務室。駅本屋の規模、待合室や執務室の広さなどはどの駅もほぼ同じである。開業当時の改札口は木製だったが、その後石や鉄につくり替えられた。

プラットホームは、上りと下りの列車が交換できる相対式。乗客は列車が到着する少し前に、駅員の誘導により線路を渡り対向ホームに移動していた。したがって、プラットホームには線路に降りる階段があり、その階段には扉が付いていた。駅員が常駐し、列車本数がそんなに多くない駅だったからこそ見られた光景である。ただし、林野駅だけは構造が異なる。

津山から姫路に出る幹線鉄道だった頃の姫新線には急行列車が運行された。急行列車が各駅停車の列車を追い越す光景や、貨物列車を牽く蒸気機関車が入れ換えをする景色も見られた。こうした国鉄時代の風景は、1962（昭和37）年頃からの合理化に伴って少なくなり、71（昭和46）年3月25日の蒸気機関車廃止、72年からの駅の無人化によって消えていった。無人化された駅舎は簡易なものに建て替えられ、貨物列車の廃止や列車本数の削減で、人々が鉄道に寄せてきた近代化への夢やハイカラ化の歴史にピリオドが打たれたのである。

姫新線と因美線には、国鉄時代の名残をとどめる駅舎が存在する。風情あふれる駅は訪ねる人々の心の癒しになっていくことだろう。

美作土居駅

姫新線は、１９３６（昭和11）年4月8日の佐用―美作江見間開通で全通した。美作土居駅は上月駅と共に姫新線で最後に開業した県境の駅。開業当時は相対式ホームだったが、現在は改札口前のプラットホームだけが使われている。駅本屋は木造。開業当時の雰囲気を残し、駅前には駅員舎跡もある。

『日本鉄道請負業史　大正・昭和（前期）篇』によると、上月―美作土居間は、姫津東線姫路―美作江見間第八工区。１９３５（昭和10）年1月10日に工事着手。36年1月31日竣工。第八工区の土木と建造物工事は播美鐵道會社によってほぼ完成されていた。播美鐵道會社は、工事開始前の34年7月31日に、42万円で国鉄によって買い上げられている。美作土居駅の鉄道資産票本屋1号に記された年月日は、36年12月。上月―美作土居間が竣工した1月31日からも、開通した4月8日からも相当時間がたっている。建物資産票の年月日は、どう解釈したらいいのだろうか。

美作土居駅には、後年かなりの手が加えられている。開業当時の姿をとどめるのは、木造の躯体や外壁の下見板張り、プラットホームの梁などである。しかし、美作江見駅とは、躯体

美作土居駅の印象は美作江見駅などとは異なる。

の寸法、待合室の広さ、木の組み方など、姿かたちが異なっている。

待合室には、「手荷物・小荷物扱所携帯品一時預り所」と書かれた窓口。改札口からプラットホームに出たところには、「津山新見方面ゆきのりば」「姫路方面ゆきのりば」と白いペンキで書かれた紺色の表示板がある。美作土居駅に駅員が常駐し、姫路―津山を結ぶ列車が健在だった国鉄時代の名残である。駅構内は広く、

改札口からプラットホームに出た天井梁にある行き先表示。

使用されなくなったプラットホームと駅本屋側のプラットホームとの間隔も広い。複数の線路が敷かれ、貨物列車が停車し、急行列車が鈍行列車や貨物列車を追い越した頃の景色が偲ばれる。二度目に訪れた２００８（平成20）年5月2日、使われなくなったプラットホームには八重桜が、その年最後の花を咲かせていた。

たそがれの美作土居駅に到着する下り列車。

美作江見駅

美作江見駅は、姫津東西線の境界駅。姫津西線第二工区、勝間田―美作江見間延長11㎞500mの工事は1933（昭和8）年2月5日に着手。34年2月3日竣工。第一工区、東津山―勝間田間は、33年9月21日に竣工していたため、津山―美作江見間では34年11月28日に運転が開始された。一方、姫津東線第九工区、美作土居―美作江見間延長4㎞526mは、34年9月1日工事着手。35年8月31日に竣工したが、第八工区となる上月―美作土居間は、工事遅延により36年（昭和11）年1月31日に竣工。姫新線の営業運転開始は4月8日となった。したがって、美作江見駅は、34年11月28日から36年4月7日まで、姫津西線の終着駅だったことになる。

『岡山県の近代化遺産』の中で、白井一臣氏は、美作江見駅を次のように紹介している。

木造、平家建、切妻屋根和型セメント瓦葺。外壁は下見板貼、乗降場の屋根は小波スレート葺。開口部はアルミサッシュ。待合室2

1番線のタブレット置き場。

美作江見駅のファサード。車寄せの支柱に独特の意匠が見られる。

カ所の出入口は旧状。平面構成はほぼ旧状だが、一部増築と新建材の使用がある。車寄せの木の支柱に胴張りのある特異な意匠がある。構内には往時の信号機が現存している。

全体の雰囲気は開業当時のまま。改札口からプラットホームに出ると、通票（タブレット）の仮置き場が目に入る。自動信号機に替わる以前、タブレットの受け渡しはどこの駅でも見られた光景だった。昔の駅にたたずむ時、鉄道が人と物の輸送の主役だった頃を懐かしく思うのは、50歳以上の世代だろうか。駅前には、姫新線全通45周年の碑が立っている。

林野駅

1934（昭和9）年11月28日に開業した林野駅は、姫津西線第二工区、勝間田―美作江見間延長11㎞500mに建設された。第二工区の工事着手は33（昭和8）年2月5日。34年2月3日に竣工した。プラットホームは駅本屋から離れた場所にあるカーブを描いた島式1本。姫津西線では、美作江見、勝間田、東津山と同じく、列車交換のできる駅だったが、現在、駅本屋方の線路は撤去されている。

駅本屋は木造。湯郷温泉の玄関駅であるため、温泉旅館を紹介する看板で飾られている。林野は津

駅本屋とプラットホームは離れた位置にある。プラットホームから見た駅本屋。

山以東では美作の中心地として栄えた。美作市立美作歴史資料館の前身、旧妹尾銀行林野支店は21（大正10）年の開設。また、豊福家が設立した勝英銀行も林野にあった。

島式ホームの向かって右側にも、かつては列車が発着した。

　プラットホーム上屋の建物資産票の日付は１９５５（昭和30）年３月。支柱には古レールが使われており、その内容は、八幡製鐵所の22（大正11）年、23年３月・８月・９月製。アメリカのＵＳ 製鉄会社テネシーの22年製。ベルギーのプロビデンス社の22年、25年製。ドイツのティッセン社が日本帝国鉄道の依頼を受けて23年と25年に製造したものである。プラットホームの上屋は７本の支柱で支えられているが、７本の支柱を形づくる14本の古レールは黒いペンキで覆われている。

勝間田駅

　姫津西線敷設の工区は勝間田駅を境に第一と第二に分けられた。カーブの中にある勝間田駅のプラットホームでは国鉄時代の雰囲気を味わうことができる。

　木造の駅本屋には相当手が加えられているが、開業当時の建物がそのまま使用されている。特に、正面の車寄せ梁部分の駅名板は、今や珍しくなった国鉄時代のもの。プラットホームの乗場案内も往時のまま。タブレット表示や、腕木式信号機を動かすワイヤーを中継した滑車も残っている。

　プラットホームから林野方を見ると、線路が田んぼの中を一直線につづいている。架線のない非電化路線の空は広く、景色はおおらか。遮るもののない空の下を、入線してくる下り列車も発車する上り列車も、左右に揺れながら近づき去っていく。小型気動車キハ１２０系の運用の多い姫新線だが、この空の下を走る列車の姿には癒される。

カーブした勝間田駅に到着する上り列車。下り列車と交換して出発する。

タブレットの表示。東津山との間は「○」、林野との間は「△」の通票が使用された。

国鉄時代の駅名看板。貴重な鉄道遺産だ。

東津山駅

東津山駅本屋の資産票には1928（昭和3）年3月の日付が見られる。東津山駅は同年3月15日の開業。この日開業した駅は、東津山、高野、美作滝尾、美作加茂。因美線の第一と第二工区工事で竣工した駅である。外壁はモルタル塗装だが駅本屋は木造。駅前広場には鉄道開通七十年記念の石碑がある。東津山駅は姫新線と因美線が乗り入れるため、東津山―津山間は列車ダイヤが比較的多い。駐車場から見ると、1番線の津山方に谷積みされた花崗岩がある。開業当時の面影を残す場所である。

駅本屋のプラットホームからは開業当時の駅舎の姿を想像することができる。

美作千代駅

美作千代駅の歴史は、1896（明治29）年4月30日に中國鐵道會社に下付された敷設免許に始まる。

岡山から津山、勝山、根雨を経て米子に至る鉄道を計画した中國鐵道會社は、1898（明治31）年12月21日に岡山市―津山（現在の津山口）間、ついで1904（明治37）年11月15日に吉備線岡山―湛井間を開業させたが、その後の建設資金が確保できず、06（明治39）年6月19日に津山以北の敷設免許を返納した。

1912（明治45）年4月17日、津山軽便會社が加茂―院ノ庄間の敷設免許を得たが、やはり敷設には至らなかった。13（大正）年5月15日、津山軽便會社から津山―院ノ庄間の免許を譲り受けた西美鐵道株式會社が発足。10月に津山―追分間の工事に着手したが、西美鐵道株式會社も18

（大正7）年6月に工事を中断して解散となった。

それから2年半後の1921（大正10）年1月15日。津山―新見間は、津山口―津山間を含む国鉄作備線として、久米郡福岡村（現在の津山市）で工事に着手。30（昭和5）年12月11日に全通した。

美作千代駅の開業は1923（大正12）年8月21日。山陰山陽連絡鉄道となるはずだった中國鐵道計画から約27年後、国鉄の駅として開業したのである。

『日本鉄道請負業史　大正・昭和（前期）篇』によると、作備線の工事は、第一工区となる津山口―津山―美作追分間から着手。第一工区では、西美鐵道株式會社が完成できなかった土木、構造物が継続工事された。美作千代駅も西美鐵道の予定線内。建物財産票は「鉄停駅　本屋1号　大正12年6月」。

駅本屋は木造。入口は木戸。下見板張りの外壁縦方向に角材が渡してある。この構造は「押縁下見《おしぶちしたみ》」と呼ばれる。屋根瓦の取り払われた部分があり、窓枠がアルミ製になり、待合室内にも後年手が加えられている。反面、プラットホームの端はかさあげ前の状態で、対向ホームにつながる

押縁下見が特徴の美作千代駅。

いつまでも残しておきたい木造駅舎。

階段も残っている。大正の面影をとどめる小規模駅舎である。

久世駅

久世駅は、作備線建設工事の第二区、美作追分―久世間延長15㎞630mと、第三工区、久世―中国勝山間延長4㎞888mの境界駅。第二工区の工事は、1922（大正11）年4月10日着手、23年10月8日竣工。第三工区は、23年8月1日に着手し、24年11月30日に竣工。久世駅の開業は、24年5月1日であった。

駅本屋は開業当時の木造だが、火災防止のために、後年モルタル塗装が施されている。

1番線の側壁には腕木式信号機を操作した滑車が残り、かつての駅の構造を知ることができる。跨線橋は、津山線福渡駅と弓削駅と同じ鉄骨グリッド構造。2番線には木造の待合所がある。その背後には、木材を積み出していた頃の専用ホームが残っている。美作は林業の盛んな地域。津山線や因美線、姫新線の駅は木材の積み出しで賑わった歴史を持つ。久世駅でも、木材列車が入れ替え作業を終え、出発を待っていたことだろう。

独特の跨線橋は、福渡や弓削と同じ形。

表面モルタル塗りの久世駅。

岩山駅

岩山駅の開業は1929（昭和4）年4月14日。駅名は岩山神社に由来する。神社の大祭の日、駅は参拝客で賑わったという。作備線津山口—津山—新見間は、中国勝山—岩山間の開業で30年12月11日に全通。作備線で最後に竣工したのは第五工区乙、富原—刑部《おさかべ》間の延長4㎞187m。30年7月17日であった。全通までの1年8カ月間、岩山—新見間には、一駅間だけの列車が走っていたことになる。

岩山駅が無人化されたのは1972（昭和47）年3月12日。県道新見勝山線が駅前を外れて新設されたため、駅は忘れ去られたかのように、開業当時の姿をとどめることになった。因美線美作滝尾駅と並ぶ、国鉄時代の風情香る木造駅舎である。外壁は下見板張り、待合室と改札口の内装と椅子は変更されているが、石を組んで造られたホームと木の扉、木の窓枠はそのまま。便所も便器が新しくされただけで、完成した頃の姿で残っている。紺の板に白のペンキで「便所」と書かれた看板も時間を逆戻りさせるようだ。

岩山駅を見れば、姫新線開通当時に建設された駅の構造がよくわかる。車寄せは駅本屋の右側にあり、駅長室を広くとった執務室が左側に配されている。改札口を出れば、すぐ右に木のベンチ。改札口の左には、向かいのプラットホームに渡るための階段が造られ、さらに左には、腕木式信号機を操作するテコ

ふるさとの駅、岩山。

が置かれていた。プラットホームは列車交換のできる相対式。現在、対向のホームは使用されておらず、レールも外されている。列車は少しカーブを切ってプラットホームに着き、再びカーブに従って出発していく。プラットホームは石組みで、かさ上げされた跡はない。昭和の頃にタイムスリップし、今にも蒸気機関車に牽かれた列車がやってくるような気がする。いつまでもこのまま残してほしいと願わずにはいられない駅である。

石が練り積みされたプラットホーム。

便所の姿も懐古を誘う。

懐かしい駅の風景がそのまま残っている。

column

万ノ乢トンネルと豊福泰造

　姫新線は姫路と新見を結ぶ鉄道。このうちの姫路—美作江見間は姫津東線として工事が行われた。『日本鉄道請負業史 大正・昭和（前期）篇』は、姫津東線第八工区・上月—美作土居間延長6730mを、藤原組が8万3000円で請け負ったこと、工事着手が1935（昭和10）年1月10日だったこと、播美鐵道が建設に着手しながら未完に終わったものの土木と建造物はほぼ完成していたことなどを記している。同工区にある代表的な土木建造物とは、兵庫県内の判官トンネル74・7mと、兵庫・岡山県境に横たわる万《まん》ノ《の》乢《たわ》トンネル610・7mである。

　万ノ乢トンネルが播美鐵道會社によって掘削されたことは広く知られているが、『日本鉄道請負業史 大正・昭和（前期）篇』の記述からすると、判官トンネルも播美鐵道の遺産である。播美鐵道會社の社長を務めたのは、勝田郡馬形の豊福泰造。馬形の土地は見渡す限り豊福家の所有だったといわれ、泰造は百万長者といわれた大地主の長男として、1869（明治2）年12月1日に生まれた。慶応義塾大学理財科を卒業後、

万ノ乢トンネルに向かう上月方の登り勾配。

父・俊雄と共に作州の産業開発に取り組んだ。また、勝英銀行の設立にも携わり、1912（明治45）年には県下最高位で衆議院議員に初当選している。播美鐵道は、作東鐵道に関わった父・俊雄の夢を追っての投資であったが、資金集めは難航。私財を投げ打って掘削したトンネルにレールを敷設することなく工事は中断された。

泰造は、播美鐵道の着工場所に万ノ乢を選んだのである。ところが、強固な岩盤が工事を阻んだ。岡山県の年間予算が200万円といわれた当時、泰造はトンネル工事に100万円の私財を投じたといわれている。豊福家が所蔵した美術品は1917（大正6）年6月に広島で競売にかけられているが、21（大正10）年12月19日に破産。泰造は大阪の豊中で43（昭和18）年8月23日に客死している。馬形の高台に広がる豊福家代々の墓所に泰造の墓はない。姫新線は、播美鐵道が残した判官トンネルと万ノ乢トンネルを活かして、36（昭和11）年4月8日に営業運転を開始した。泰造はどんな思いで姫新線開通の報を聞いたのであろう。家運を賭したトンネルを汽車で通ることがあっただろうか。

豊福家には3万円を投じて造園した香霞園があった。県下随一と賞された枯山水の名園では、1913（大正2）年に、名士1000余名を招待しての大園遊会が催されたという逸話もある。しかし、現在、屋敷跡には蔵一棟と香霞園の入口だった石造アーチが残

美作土居方の坑門は上月方とは趣が異なる。

万ノ乢トンネル上月方の坑門。

るのみである。ただ、母屋と門は奈義町に移設され、隋泉寺の庫裏と門として現在も威光を放っている。

泰造が私財を投げ打ってまでトンネルを掘った万ノ乢とは、一体どんな峠なのだろう。万ノ乢が作州と播磨とを結ぶ主要道路となるのは大化改新以後。出雲往来が開かれてからである。それまでの交易路は杉坂峠で、隠岐に流された後醍醐天皇も杉坂を越えて流刑についている。津山の小説家、棟田博の『美作の国吉井川』には、津山城跡で埋蔵金を発見した主人公の祖父が、徳川家に返納するため江戸に上る途中、万ノ乢で追っ手を殺める件が登場する。今では国道179号線が容易く越える峠だが、大正までの万ノ乢は大和文化と出雲文化を結ぶ唯一の交通路であり、大いなる難関だったのである。明治になり、人々の行き来は自由化された。播磨に出て京阪神に向かう作州の人々にとって、万ノ乢は悲願の鉄道ルートになっていったのであろう。泰造が万ノ乢に固執したのも、そんな作州人の思いの表れだったのではないだろうか。

播美鐵道が日本国有鉄道に買収された金額は42万円。この中には、鉄道敷設免許と万の乢トンネル、判官トンネルも含まれた。今でも、万ノ乢トンネルには修復の必要箇所がないといわれる。上月方の線路は、豊かな自然の中を徐々に勾配を登りながら坑門にたどり着く。トンネルまでの坂道区間を見ても、切り取り部分の多い難工事の連続だったことが想

「すい道西口踏切」近くのコンクリート塊。トンネルから掘り出される岩を運び出した滑車の基礎だった。

豊福泰造（安東正人氏・豊福要氏提供）。

像できる。花崗岩を積み上げた坑門は重厚そのもの。坑内の側壁にも花崗岩が布積みされ、アーチは長手積みの煉瓦。扁額はなく、一切の無駄を省いた凛とした気品を漂わせている。一方、美作土居方の坑門は、面壁部分は花崗岩だが、巻厚は煉瓦。兵庫県側に比べて優しい印象である。坑門のある山肌は大きくえぐられており、こちらも難工事だったことを窺わせる。坑門から100m程美作土居方にある「すい道西口踏切」の横には、トンネルから掘り出された岩を運んだ滑車の基礎が残されている。この二つのコンクリート構造物が、万ノ乢に命をかけた泰造の墓碑に見えるのは、筆者だけだろうか。

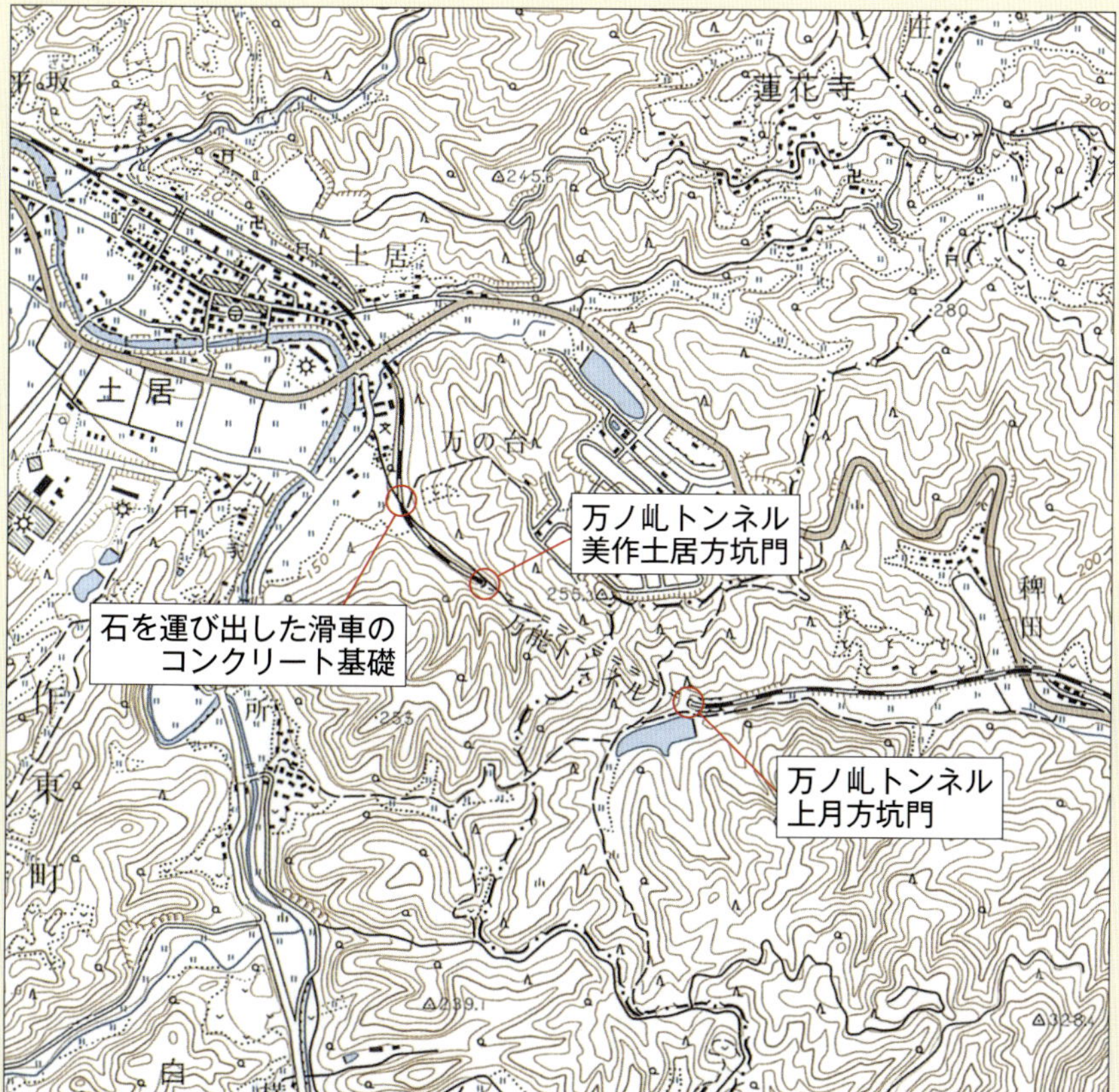

津山機関車庫

コンクリート造の扇形機関車庫 中央に転車台

中國鐵道津山線が開通したのは1898（明治31）年12月21日水曜日。中国地方で、山陽鐵道沿線以外に汽車が来たのは津山が最初だった。岡山県内で初めて蒸気機関車庫が建てられたのは山陽鐵道岡山駅。次いで、中國鐵道岡山市駅にも、山陽鐵道岡山駅と同じ煉瓦造矩形機関車庫が建設された。津山駅（現在の津山口駅）にも67坪の機関車庫が建設されたが詳細はわからない。

中國鐵道開通以後、津山に鉄道建設の槌音を響かせたのは鐵道省だった。鐵道省は1949（昭和24）年に日本国有鉄道となるが、津山圏域の鉄道体系を完成させたのは国鉄。官設鉄道津山口―津山―美作追分間の開業は23（大正12）年8月21日。この日、岡山機関車庫津山分庫が完成。24年に津山機関車庫に改組された矩形機関車の写真は、津山市の江見写真館のコレクションにある。この機関車庫は、鐵道省が岡山県内に建設したものでは、21（大正10）年の岡山機関車庫につぐふたつ目である。

津山市大谷には、コンクリート造の扇形機関車庫がある。津山を中心とした鉄道網が完成した1936（昭和11）年4月8日に竣工したもので、1921（大正10）年に新築された岡山機関車庫

機関車庫の天井。天井を支えるハンチと排煙窓跡。

線構造の機関車庫を俯瞰する。扇を広げたような形から扇形機関車庫と呼ばれる。

に匹敵する規模である。扇形機関車庫では扇形をした車庫の中央に転車台が置かれ、機関車の出入りは転車台を介して行われる。建築材料の主役がコンクリートになった明治後期から全国の主要駅などに建設された。鐵道省は、24（大正13）年頃から扇形機関車庫の規格化作業を開始。32（昭和7）年に「扇形機関車庫設計標準図」を完成させた。

１９５９（昭和34）年6月、国鉄は蒸気機関車の76（昭和51）年全廃を含む長期計画を発表。北海道に残った９６００形蒸気機関車が火を落とした76年3月。国鉄蒸気機関車現役の歴史に幕が下ろされた。蒸気機関車の廃止と共に、全国に建設された扇形機関車庫は次々と姿を消してゆき、現在残るものは、北海道の小樽手宮、京都府の梅小路、静岡県の天竜浜名湖鉄道天竜二俣、福島県の会津若松、鳥取県の米子、愛媛県の宇和島、大分県の豊後森と、津山の8カ所だけである。このうち、手宮と梅小路は重要文化財。天竜二俣は登録有形文化財である。

津山機関車庫は17線構造。現存する扇形機関車庫では、梅小路機関車庫につぐ規模で、「扇形機関車庫設計標準図」の「乙種」にあたる。機関車庫は3つのブロックに分けて建設されたと考えられ、３ブロックをつなぐ2箇所にエキスパンジョインが見られる。機関車の内部は、黒い蒸気機関車と機関車の吐き出す煙で暗くなる。そのため車庫の背面は、広いガラス窓で覆われた独特の姿をしている。天上の排煙装置は失われ、穴のあいたままの部分もある。第1線から3線には排水処理施設が設けられ、線路、灰坑、ドロップピットが撤去されている。第16線と17線には検修員詰所などがある。第6線と8線の灰坑横には作業用ピットが新設され、第8線の灰坑は転車台側に延長されている。それ以外は蒸気機関車時代の姿をとどめている。

　転車台は、１９３０（昭和5）年製の60ft下路プレートガーダー形式。扇形機関車庫が建設された36（昭和11）年以前から使用されていたことになる。津山にとって、１９３０

扇形機関車庫の背面。独特な風格がある。

機関車庫背面は窓面積が広く取られ、暗い室内に光を取り込む構造。

年とは一体どんな年だったのだろう。まず、作備線（現在の津山口―津山―新見間）が開通した年にあたる。因美線では、津山―美作加茂間がすでに開業し、１９３２（昭和７）年７月の全通は目前である。次に、31年を境に、津山機関車庫に配属された蒸気機関車に変化が現れる。30年以前は、２３０形や１０７０形などのタンク機関車が配置されていたが、31年になってテンダー機関車８６２０形５輌が配属される。つまり、60ft転車台が設置された１９３０年は、津山駅を中心とする鉄道体系が大きく充実する前夜にあたるのである。したがって、蒸気機関車の大型化に伴って転車台が設けられたものと考えられる。転車台には54（昭和29）年に福島製作所が製造した電動牽引機が取り付けられている。電動牽引機は47（昭和22）年頃から広まったが、54年以前は人力で回転させていたと思われる。

津山鉄道部は、２００７（平成18）年の「岡山デストネーションキャンペーン」から、扇形機関車の公開を始め、機関区構内に「懐かしの鉄道展示室」を開設した。津山機関車庫に保管されているのは、蒸気機関車ではなくディーゼル機関車。亜幹線用としてただ１輌が製造されたＤＥ50形、ディーゼル機関車としては最大生産量６４９輌

津山機関車庫に並ぶディーゼル機関車。

かつての機関区事務所を再利用して開館した「懐かしの鉄道展示室」。

を誇るＤＤ51形に加え、２００８（平成20）年からはＤＥ10形が新たに保存車輌に加わった。ＤＤ51形が製造されたのは１９６２（昭和37）年から78（昭和53）年。ＤＥ10形は66（昭和41）年から78年までに７０８輛が量産され、岡山県では、岡山機関区や水島臨海鉄道で現在も活躍中である。

津山町並保存研究会は、機関車庫の実測調査を行い、その内容を２００６年に発行した『ＪＲ津山機関車庫実測調査』に収録した。

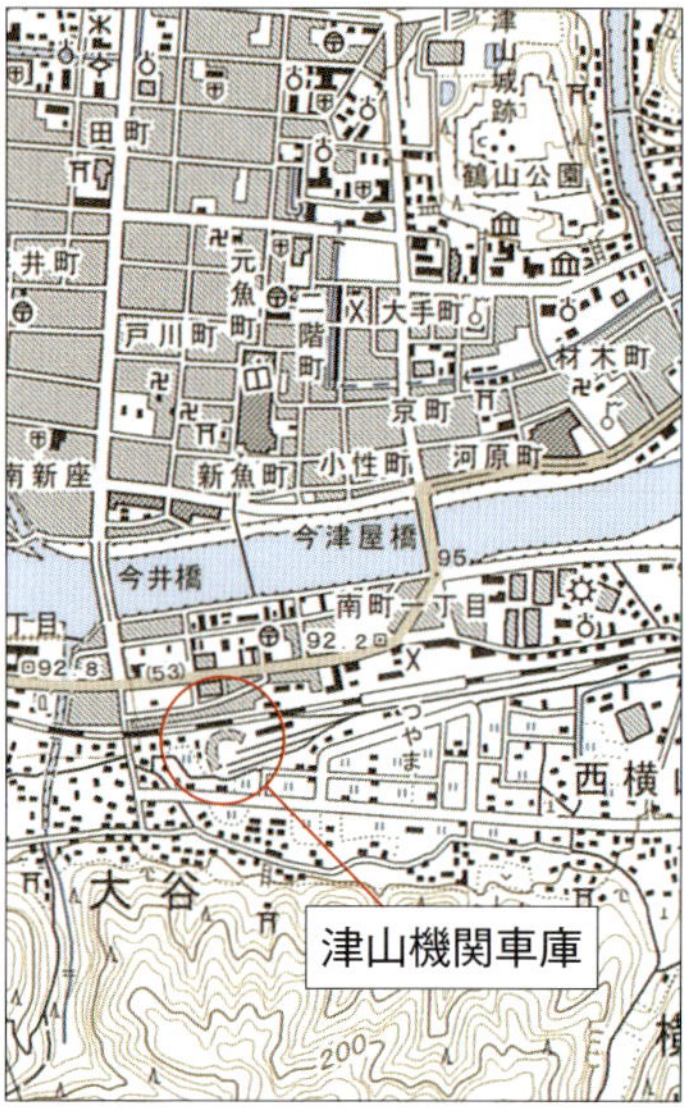

転車台上のDE10形。

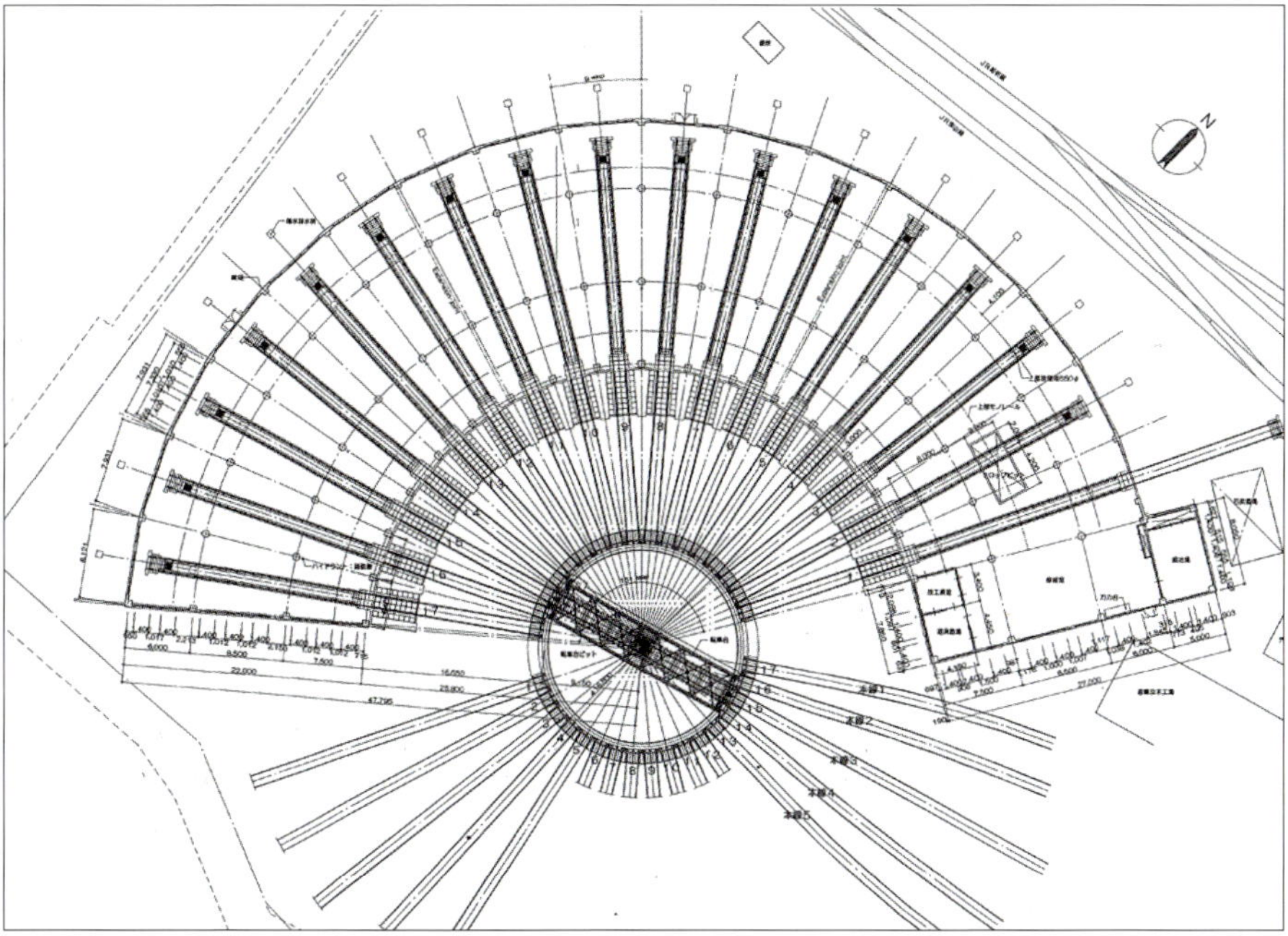

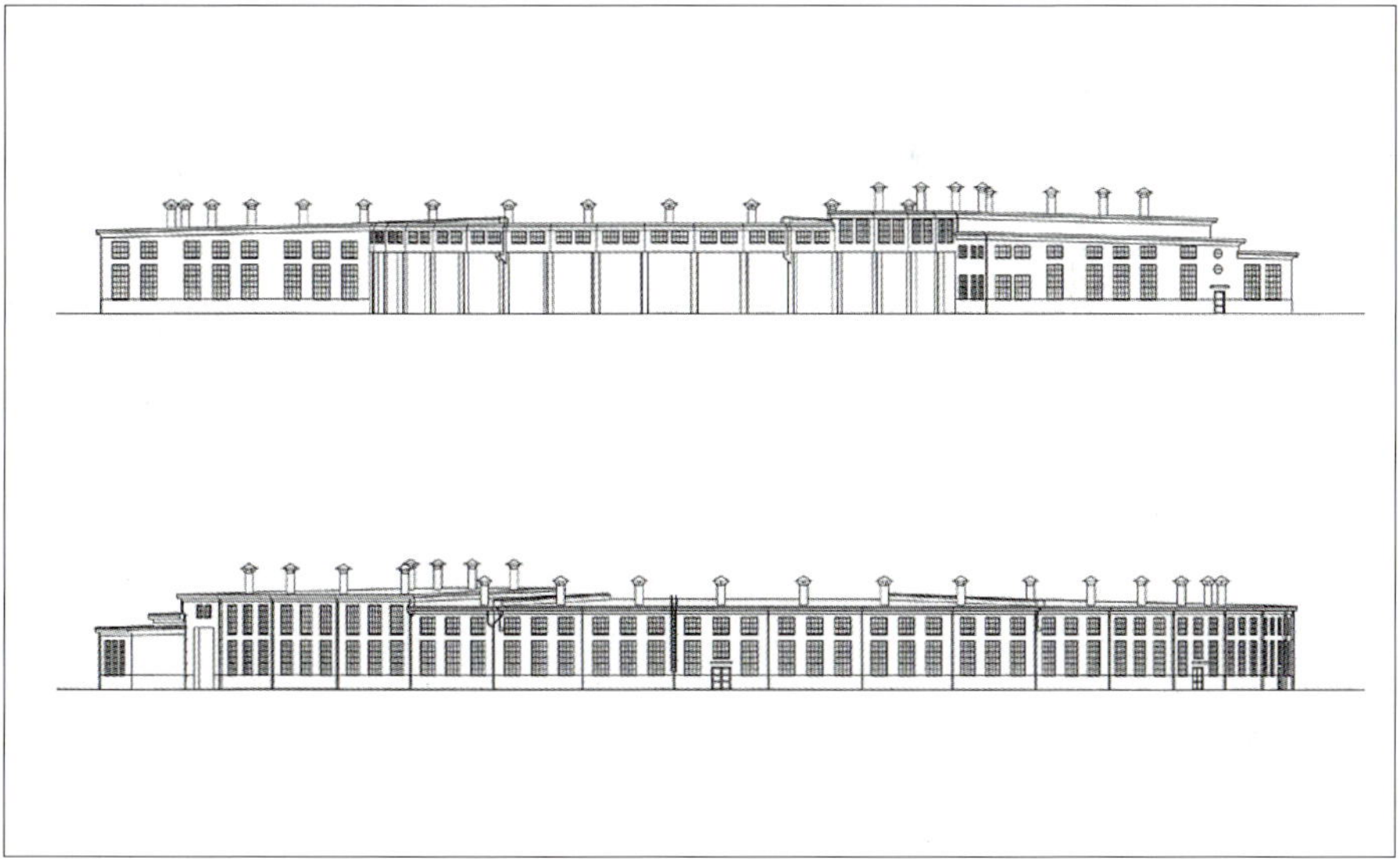

津山町並保存研究会による実測図　図上／平面図、図下／立面図

三大河川を渡る姫新線

ひとつの路線が3本の一級河川を越えてつながる

吉井川、旭川、高梁川は岡山県の三大河川。この一級河川を最初に渡ったのは、山陽鐵道吉井川橋梁であった。次いで、山陽鐵道が旭川、高梁川を渡り、中國鐵道津山線が旭川に架橋、伯備線が高梁川を越えた。津山線と伯備線は南北に走る路線だが、姫新線は山陽鐵道同様東西に線路を伸ばした。ひとつの路線が3本の一級河川を越えるのは山陽鐵道と姫新線だけである。

吉井川橋梁

東津山―津山間の吉井川に架かる。因美線敷設工事で完成したもので、因美南線津山―智頭間の第一工区、津山―高野間に位置する。工事請負人は林直太郎で、請負額12万4000円。延長7km744mの工事着手は1926(大正15)年2月6日。27(昭和2)年8月1日に竣工している。第一工区には吉井川の他7カ所で橋梁工事が行われたが、吉井川橋梁はこのうち最大の工事箇所であった。鈑桁径間12・2mを11連、15・2mを3連つないだ鉄道橋梁からの眺めは爽快。吉井川橋梁の橋台や橋脚は全てコンクリート造。10(明治43)年に開通した宇野線の橋梁は、橋台や橋脚が煉瓦と花崗岩によっ

緑豊かな吉井川橋梁を走る下り列車。

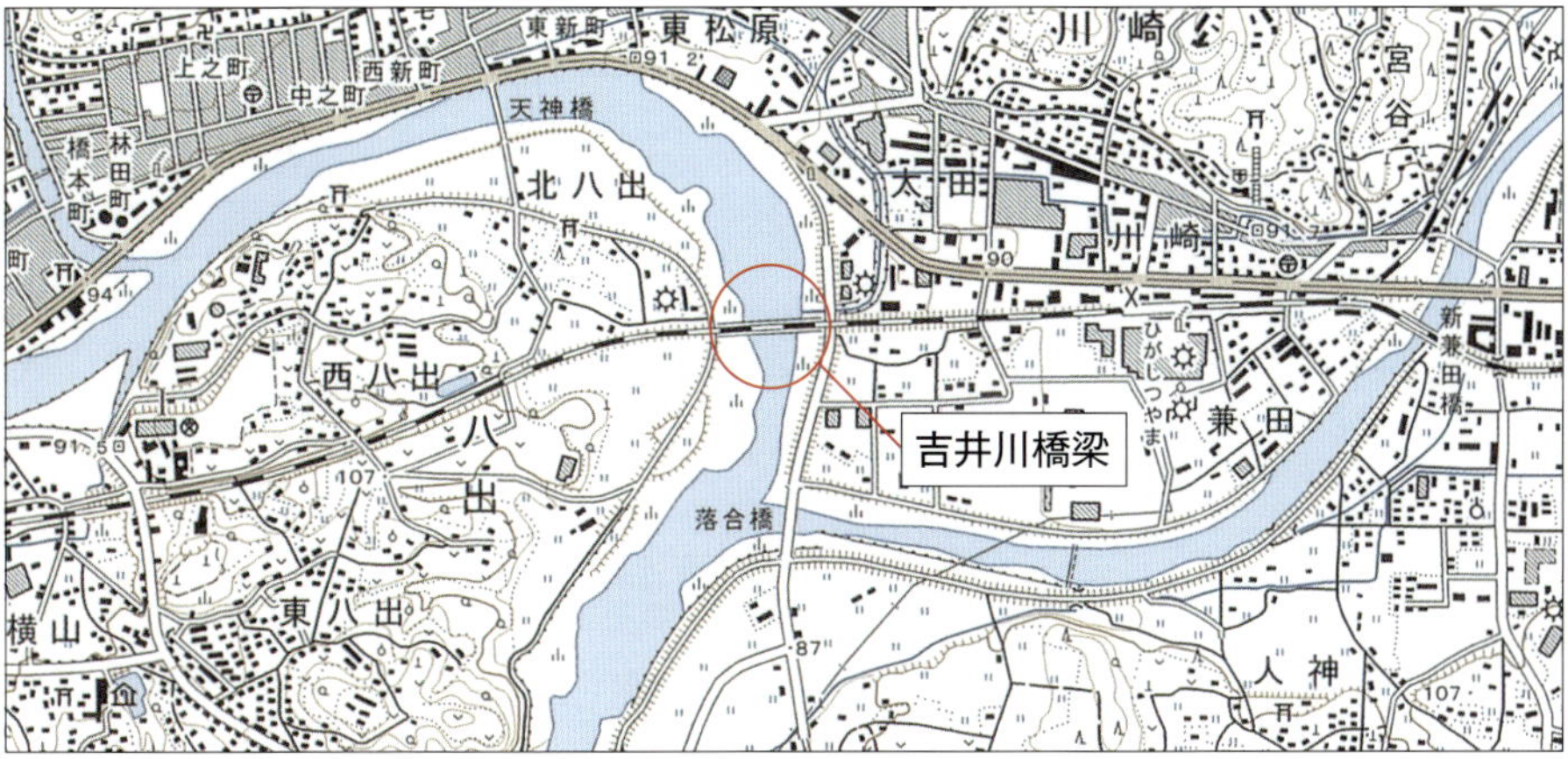

て築かれたが、宇野線から10年後の建設資材はコンクリートに代わっており、国鉄が一から工事を手がけた姫新線の構造物に煉瓦は見当たらない。

第一吉井川橋梁

津山―院庄間は、未成線となった西美鐵道の未竣工土木構造物を利用して工事が行われた。第一吉井川橋梁はその津山―院庄間に架かり、鈑桁径間21・3ｍのプレートガーダー桁を6連としたものである。橋梁部

長大な第一吉井川橋梁を行くキハ120形。

でカーブを描いているのが特徴。

第二吉井川橋梁

作備線第一工区、津山口—津山—美作追分間延長19㎞848mは、津山盆地の田園地帯を通過するために築堤工事が中心となった。築堤は第二吉井川橋梁にもつながった。第二吉井川橋梁は鈑桁径間18・2m4連のプレートガーダー形式。高梁川に沿って北上する伯備線は、高梁川を11、支流となる西川を23の橋梁で越えるが、岡山県を横断する姫新線は、県北で東西にうねる吉井川を3回渡る。

第二吉井川橋梁で姫新線は3回吉井川を越える。

旭川橋梁は、姫新線唯一のトラス橋。

旭川橋梁

中国勝山―月田間延長5㎞74mは作備線第四工区として、1928（昭和3）年2月15日着手、29年10月10日に竣工した。第四工区では、旭川橋梁を含む5橋梁と、姫新線最長775mの才沢トンネルなど4本のトンネルが建設された。旭川橋梁は鈑桁径間18・3mのプレートガーダー桁を7枚連続させた大規模なもので、美作土居―新見間唯一のトラス構造である。旭川からは、コンクリートの骨材と玉石が採取できたため、橋台、橋脚、トンネルの畳築はコンクリート造、石垣は玉石練積みとされた。橋梁中央部には風力計が置かれている。

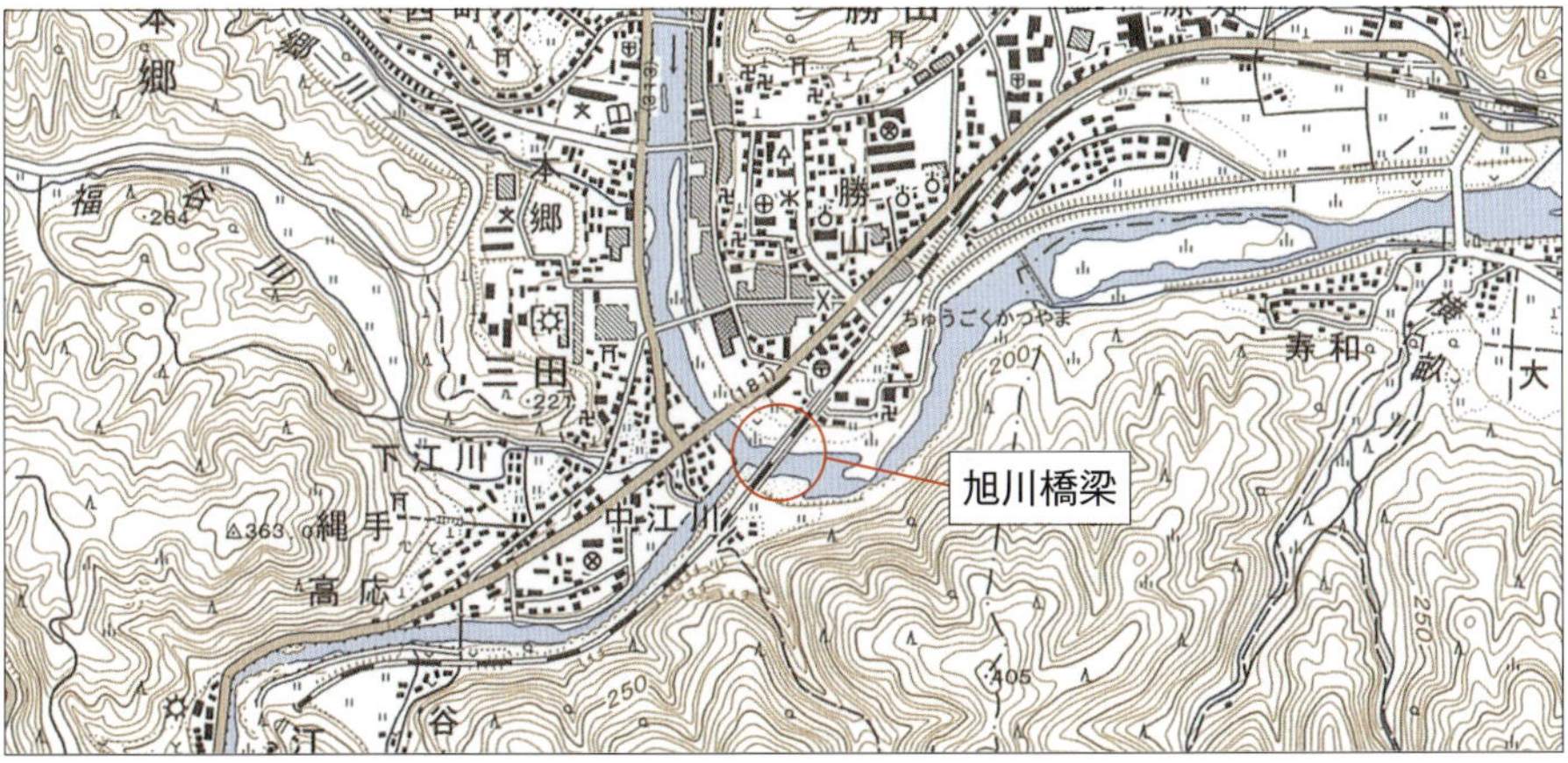

高梁川橋梁

作備線第七工区、岩山─新見間延長9km585mは1926（大正15）年5月1日に工事着手するも、竣工まで3年を要した。28（昭和3）年6月28日竣工。これは、新見から5km100m付近の予定線の地質が悪かったためで、ルート変更を余儀なくされた結果、工事が大幅に遅れたためである。さらに変更線の地質も悪く、数回の崩壊に見舞われるなど工事は難行した。

高梁川橋梁は鈑桁径間12・2mのプレートガーダー桁6連構造。河床に岩盤が露出していたために基礎工事は容易だったと記録されている。橋台と橋脚はコンクリート造。

作備線第七工区の工事が行われていた頃、伯備南線第八工区井倉─新見間と伯備北線第九工区の工事も並行して行われていた。伯備南線の第八工区は1926（大正15）年1月25日工事着手。28年3月23日竣工。新見駅を含む伯備北線第九区小南─太田間は26年1月11日着手。28年3月31日竣工。大正末期から昭和3年にかけて、新見では伯備南北線と作備線の敷設工事が並行して行われていたことになる。伯備南北線は28年10月25日に伯備線として営業を開始。作備線の岩山─新見間は29年4月14日開業している。

新見駅を出た姫新線の上り列車は、伯備線と併走した後、新見機関区の手前で大きく左カーブを切って高梁川橋梁にさしかかる。橋梁を渡る車窓からは城山公園が望め、桜の季節の風情は圧巻である。

津山線では、1898（明治31）年の開業にあわせて架設された橋梁が多数現役で活躍している。それらはポーナル型と呼ばれるわが国鉄道黎明期の貴重な橋梁群である。ところが、1928年に完成した姫新線高梁川橋梁も、なぜかポーナル型である。昭和になって明治中期の橋梁が架設されたのはなぜだろうか。

橋桁の銘板には厚くペンキが塗られている。何とか読み取れる内容は、「昭和三年　卯契橋807號　活荷

長旅を終える姫新線は、この景色を見ながら新見駅に滑り込む。

重Ｅ30　鐵道省」。１９２８（昭和３）年の製造。卯年に契約した橋梁。この場合の卯年とは１９２７年にあたる。８０７號は契約番号。活荷重Ｅ30は、プレートガーダーの設計荷重を表す値で、クーパー荷重と呼ばれる。施主が鐵道省。それ以外の判読は残念ながら困難である。

クーパー荷重の嚆矢は、１９０９（明治42）年６月17日付「達第５２２号」で提唱された「Ｅ33」。33は３万３０００ポンド、約15トンを表す。明治政府は、06（明治39）年３月31日に法律第17号「鉄道国有法」を公布した。そして翌07年にかけて、山陽鐵道會社や九州鐵道會社など17の私設鉄道、約４５００㎞を国有化した。さらに、蒸気機関車の大型化や連結車輌の長大化から、橋梁にかかる負荷が増大したために、設計荷重見直しの必要性に迫られた。そこで、ＡＲＥＡ（アメリカ鉄道技術協会）が用いていたクーパー荷重を採用。わが国の鉄道は、最初イギリスの技術で発展してきた。クーパー荷重の採用は、アメリカ技術導入の端緒となったのである。高梁川橋梁の活荷重Ｅ30は、09年に定規されたＥ33よりも軽規格だが、わが国鉄道の橋梁史を学ぶ上では、貴重な存在である。

夕日に映えるポーナル桁。

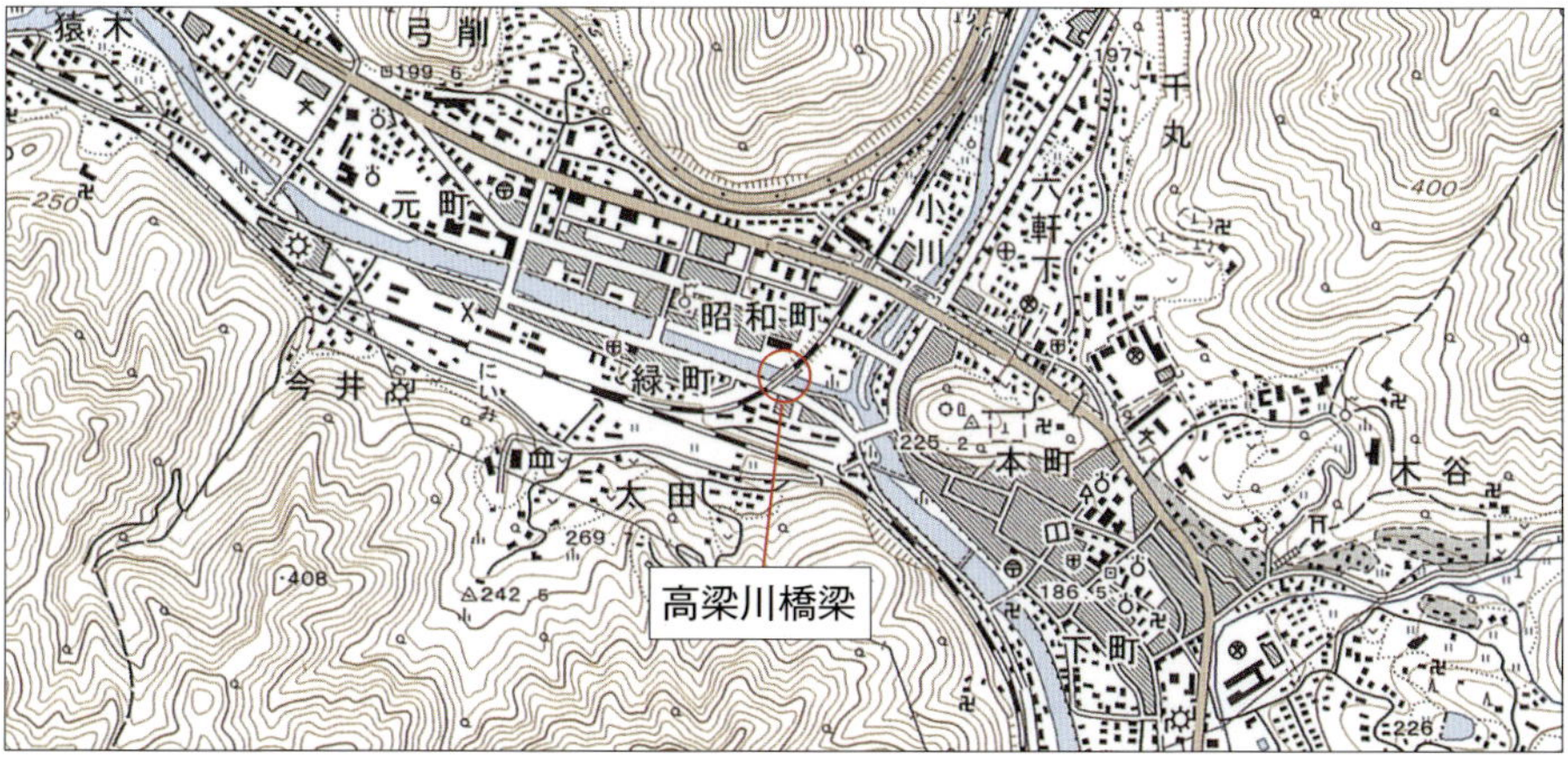

中国勝山駅

引込み線に連結されたレールは現役

1925（大正14）年3月15日に開業した中国勝山駅の鉄道遺産は、構内に敷設された状態で残る古レールである。特に、車庫に通じる引込み線に連結されたレールは現役使用されている稀な例である。レールのウェブ（腹部）は錆の浮いたものがほとんどだが、ブランディングの判読できる輸入レールがある。

60-AS.B.S.CO STEELTON
IIIIII1922.OH.-エ-CONSTECo-
MADE IN USA

かつてアメリカ第二の鉄鋼メーカーだったベスレヘムスチール社（製鉄会社）のスチールトン工場製。スチールトンはペンシルベニア州中部の町。神戸市在住の鉄道研究家・大島一朗氏によると、スチールトン工場の歴史は次の通りである。

1866（慶応2）年に、ペンシルベニア・スチール社がアメリカ初となる製鋼工場の建設を開始。68（明治元）年にレールの生産を始めた。その後1917（大正6）年にベスレヘムスチール社の傘下に。ベスレヘムスチール社は2001（平成13）年に倒産している。

ブランディングの内容を見ていくと、60—ASは60ℓbs／yd、ASCE規格の意味。つまりレールの重量が1ヤードあたり60ポンドであること、American Society of Civil Engineers（アメリカ土木学会）の規格に準じたことを示す。60ℓbs／ydは30kg／mに相当する。B.S.CO STEELTONはBethlehem Steel Corporation（ベスレヘムスチール社）のスチールトン工場製であること。IIIIII 1922は、1922（大正11）年6月の製造。OHはOpen Hearth（平炉）。エは鐵道省からの受注品であること。CONSTECOはベスレヘムスチール社の販売代理店と思われる。「鉄道省が海外に発注したレールの輸入量は1922年に最大に達している。このレールもその一連のものではないか。」大島氏はこう考察する。

R△ 60 LBS. A.S.C.E-I.J.G.R.
X.1923

フランスのプロビデンス社レオン工場製のレール。RはRehon。△の中には楕円が描かれているが、これはProvidence（プロビデンス社）のマー

日本鋼管が1981（昭和56）年に製造したレール（左）と接続されたベスレヘムスチール社製のレール。明らかに大きさが違うのがわかる。

ク。60 LBS. A.S.C.E.は1ヤードあたり60ポンドのレールで、アメリカ土木学会の規格に基づいたものであること。I.J.G.R.はImperial Japanese Government Railway（日本帝國鐵道）。1923は製造年を表す。

再び大島一朗氏の研究を引用すると、プロビデンス社は1832（天保3）年にピュイサン・ダジモンによりForges et Fonderies de la Providenceとして設立。レオン工場は64（元治元）年に操業開始。1966（昭和41）年のCockerill－Ougree－Providence（コッケリル・ウグレー・プロビデンス社）が設立され、81（昭和56）年にはCockerill－Sambre（コッケリル・サンブル社）となり、プロビデンスの名前は消滅。レオン工場は87（昭和62）年7月30日で操業を停止。99（平成11）年フランスのUsinor（ユジノール社）に吸収合併され、2002（平成14）年2月18日にはArcelor（アルセロール社）に、06（平成18）年にはArcelor Mittal（アルセロールミタル社）となっている。大島氏は、関東大震災復興支援の免税期間に大量に輸入されたレールのひとつだと考察する。

OH-TENNESSEE-6040-ASCE-8-1923 I

Open Hearth（平炉）、USスチール（製鉄会社）テネシー社のレール。

6040はUSスチール社での60ポンドレールであること、アメリカ土木学会規定にのっとった製造であることを表している。1923（大正12）年8月に鐵道省からの発注により製造されたもの。なお、レールのブランディング面と反対の面にはヒートナンバー（鋼塊記号）が刻印されている。このレールも製造年月から判断して、関東大震災後の復興支援で大量に輸入されたもののひとつであると考えられる。

Tennessee Coal, Iron and Railroad（テネシー社）は1881（明治14）年の設立。アメリカアラバマ州Enzley（エンズレー）に工場を設置した。テネシー社のルーツは、52（嘉永5）年に創業したスウェニー鉱山。1901（明治34）年11月にはアメリカでいち早く平炉鋼レールの大量生産に着手。しかし、恐慌による経営危機に瀕して07（明治40）年11月にUSスチール社に吸収合併された。エンズレー工場がレールの生産を停止したのは80（昭和55）年。

この他、中国勝山駅構内には、ベスレヘムスチール社の21（大正10）年製、アメリカ・カーネギー鉄鋼会社の07（明治40）年製などのレールも確認できるが、錆びついて判読できないものもある。また、下り線ホームの久世方はプラットホームの延長工事がなされ、延長部分にもレールが使用されているが、素性はわからない。

ベスレヘムスチール社製のレール。ウェブ（腹部）にブランディング（浮き彫りの表記）が見える。

中国勝山駅に残る工事車輌倉庫。倉庫の前を横切るレールが輸入品。

伯備線

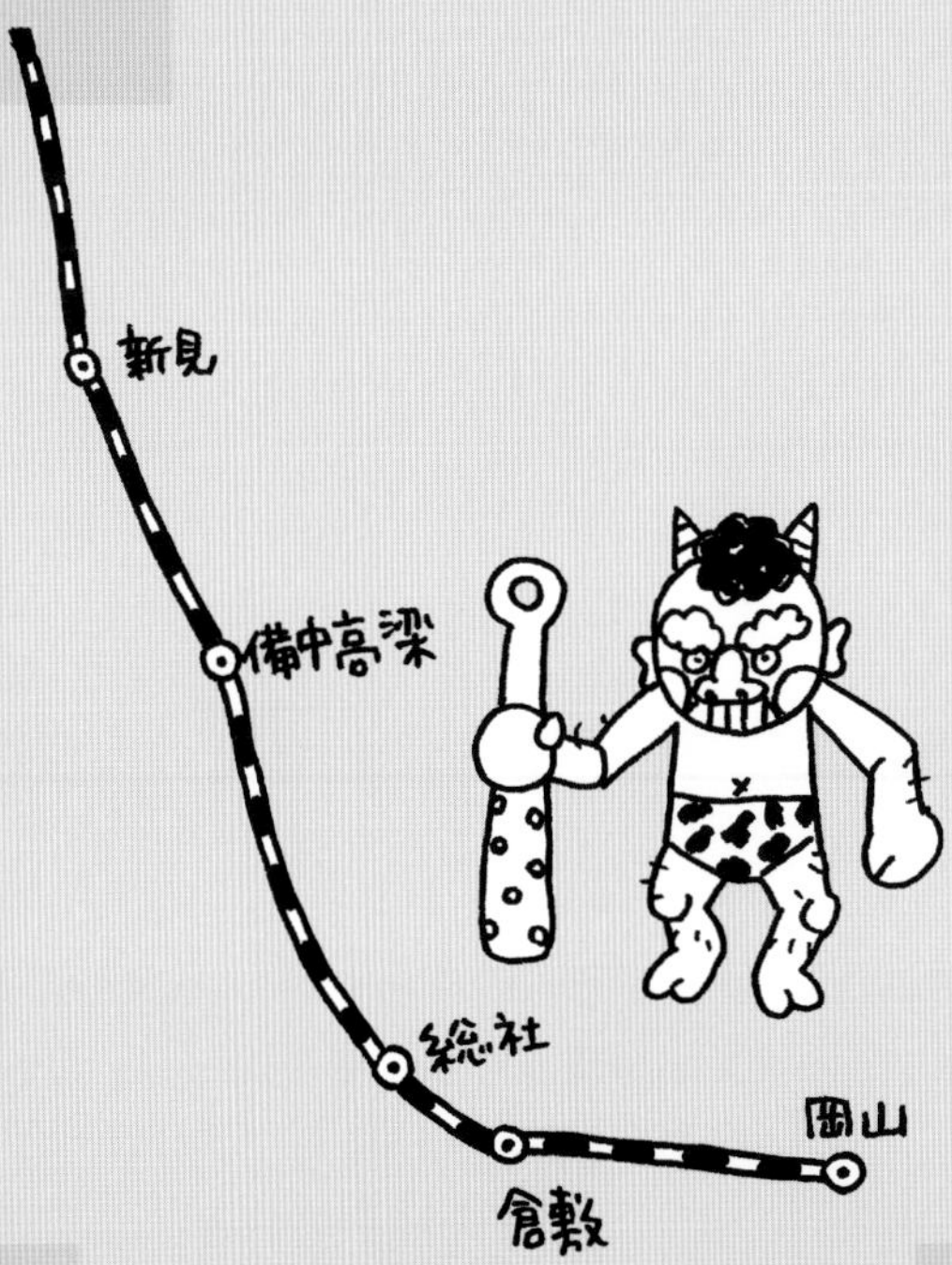

新見を中心とする鉄道網の整備

岡山県内で山陽鐵道敷設工事が完成した明治中期、山陰山陽連絡鉄道建設の機運が高まった。そもそもの陰陽連絡鉄道計画は、1887（明治20）年9月に、島根・鳥取両県会議員が岡山―境港間を敷設し、山陽鐵道と連絡させることを提唱したことに始まる。

1892（明治25）年6月21日、明治政府は、法律第4号として「鉄道敷設法」を公布。国が建設する鉄道路線を決定した。「鉄道敷設法」第二条の予定鉄道線路の内、「山陰及び山陽連絡線」には「兵庫県下姫路近傍ヨリ鳥取県下鳥取ヲ経テ境ニ至ル鉄道又ハ岡山県下岡山ヨリ津山ヲ経テ鳥取県下境ニ至ル鉄道若ハ岡山県下倉敷ヨリ鳥取県下境に至ル鉄道」の3ルートが盛り込まれた。このうち、倉敷または玉島より鳥取県境に至る鉄道が伯備線に相当する。

写真右／伯備線旧明見川橋梁の橋脚
写真左／伯備線第三高梁川橋梁を渡る特急やくも号

1915（大正4）年、鐵道院は、伯耆《ほうき》大山―根雨《ねう》間約27㎞に軽便鉄道根雨線を計画。16年12月に伯耆大山―伯耆溝口間の工事に着手。19（大正8）年8月に開通した。工事完成に先立つ18年3月には、「鉄道敷設法」の一部改正が行われ、軽便鉄道ルートは伯備線の建設予定線に含まれることとなった。伯備線は、同年4月1日から米子建設事務所の管轄となり、19年7月に伯耆溝口―江尾《えび》間の工事に着手。20年3月12日の「鐵道院告示第二十五號」によって、伯備北線伯耆溝口―新見間、伯備南線倉敷―新見に分けて工事が行われることとなった。伯備北線は9つの工区に、伯備南線は8つの工区に分けられ、総額1257万7000円で請負業者の手に委ねられた。

伯備南北線が接続し、伯備線が開通したのは1928（昭和3）年10月25日。南北線の接点となった新見には扇形機関車庫が建設された。新見を中心とする鉄道網が整備されたのは36（昭和11）年10月10日の三神線（現在の芸備線）全通の時である。南北を伯備線、東西を姫新線と芸備線で結ぶ交通の要衝としての役割を帯びたのである。

山陰山陽連絡鉄道・伯備線は、1982（昭和57）年7月1日に電化を完成させた。全線複線化には至っていないが、新幹線を岡山で乗り継ぐ形で、陰陽連絡の雄として君臨している。

伯備線の木造駅

特急が走っていなかった時代ののどかな駅風景がそこに

伯備線に木造の姿で残る駅は、美袋、方谷、新見である。また、清音、備中高梁と石蟹はモルタル塗装されているが躯体は木、建物自体は開業当時のものである。この内、美袋駅は登録有形文化財に指定されており、将来に渡って、国鉄時代の駅舎の姿を残していくことになっている。1928（昭和3）年10月25日に、鐵道省岡山建設事務所と鐵道省米子建設事務所が発行した『伯備線建設概要』の「停車場建物明細表」には、それぞれの駅の建坪や費額（竣工費）等が記されている。開業当時跨線橋の造られた駅は、山陰本線との連絡駅となった伯耆大山のみで、残りの駅は交換駅であっても乗客は線路を渡ってホーム移動をしていた。今ほど列車本数も多くなく、特急など走っていなかった当時ののどかな駅風景がそこには記録されている。また、78（昭和53）年3月に、日本鉄道建設業協会が発行した『日本鉄道請負業史 大正・昭和（前期）篇』には、伯備線敷設工事の模様が記されている。ここでは、これらの資料を片手に伯備線の駅舎を南から歩く。

清音駅

伯備南線の第一工区となった倉敷―西総社（現在の総社）間延長11km808mは、1922（大正11）年

大正15年11月と記された「建物資産票」は車寄せ内部の梁に貼り付けられている。

7月1日に工事着手。線路通過地の変更や崩壊危惧のあった法面の設計変更等で工期が遅れ、24（大正13）年6月30日に竣工した。清音駅は、倉敷—西総社駅間唯一の停車場として25年2月17日に開業したが、「建物資産票」が示す駅本屋のデータは26年11月。『伯備線建設概要』には竣工費約9178円と記録されている。99（平成11）年1月11日に第三セクター井原鉄道との合流駅となり、駅本屋の北側に伯備線専用の跨線橋が設けられるなど、駅構内が一部変更されたが基本的なレイアウトは変わっていない。従来から駅本屋の南にあった跨線橋は井原鉄道専用となり、駅本屋方の階段は駅前ロータリーからのアクセスとなった。したがって、清音駅には跨線橋がふたつ存在する。

躯体は木造だが、表面にはモルタルが塗布されている。1番線の柱や梁は木造。待合室は広く、切符売り場の対面には、かつて鉄道弘済会の売店があった。井原鉄道の開通前、矢掛行き国鉄バスが運行されていた頃、伯備線からの乗り換え客はこの待合室に溢れるようにバスを待っていた。がらんとした待合室を見るとその頃の景色が思い出される。

1番線は開業当時の姿。

美袋駅

２００８（平成20）年3月7日登録有形文化財の仲間入りをした木造駅。停車場全体の工費は約1万23

４１円だった。伯備南線の宍粟（現在の豪渓）―美袋間は第三工区にあたり、山路時也が請け負っている。美袋―備中広瀬間の第四工区と第八工区井倉―新見間、足立―舞尾原（備中神代駅の北方）の伯備北線第七工区も請け負った山路時也とは一体どんな人物だったのだろうか。山路は宮城県生まれ。東京の志岐組で働いた後、明治末期に東京北区で山路組を創立。各種工事を請け負ったが１９３５（昭和10）年に病没。山路組は廃業している。中国地方では作備線（現在の津山口―津山―新見）第五工区乙の富原―刑部間、因美北線第一工区の鳥取―国中間なども山路の仕事であった。

　美袋駅の開業は１９２５（大正14）年５月17日。この日から約１年後の26年６月19日まで、美袋駅は伯備南線の終着駅であった。高瀬舟は48（昭和23）年頃まで高梁川を往来したが、

写真左／大正14年に開業した美袋駅は、伯備線唯一の登録有形文化財。
写真右／美袋は「みなぎ」と読む。難読駅である。

高梁と県南を結んだプロペラ船の南の発着場も、伯備南線の北上に伴って、宍粟から美袋に移された。伯備南線の伸長は、河川交通から鉄道交通へと、時代を動かしていったのである。

自動改札装置が置かれるまで、美袋駅の改札口は石造だった。もっとも開業当初は木製だったと思われる。1番線の庇には、電化工事の時に切断された部分と、架線ポールが屋根を突き破っている部分がある。痛々しい光景だが、伯備線が複線化され、電化されていった歴史を語る部分である。豪渓―美袋間の複線工事完成は1970（昭和45）年9月7日。72（昭和47）年2月23日には美袋―備中広瀬間が複線化された。電化工事は、77（昭和52）年3月6日に起工、82（昭和57）年7月1日に電化開通となった。倉敷から伯耆大山を経て山陰本線知井宮までが電化区域となったのである。

現在の美袋駅は、美袋交通が業務の委託を受けているが、旧執務室には、国鉄時代の秤と金庫が保存されている。

備中高梁駅

備中松山城の城下町高梁は、高梁川と成羽川の高瀬舟の舟継所としても発展した。城下町に鉄道が来たのは1926（大正15）年6月20日。この日開通した伯備南線の区間は第四工区の美袋―備中広瀬間延長6㎞899mと第五工区の備中広瀬―木野山間延長9㎞455m。備中広瀬駅、木野山駅と共に開業した。

備中高梁駅は、清音駅同様、木造にモルタル塗装された白い駅で、木造跨線橋を持つ。跨線橋は後年かさ上げされ、2番線のコンクリート基礎部分に1964（昭和39）年3月のプレートがある。伯備線倉敷―伯耆

駅本屋は木造平屋建だが、天井の高い構造。

大山間の駅では、機関車庫の建てられた新見の次に費用のかけられた駅で、総工費は約2万1848円。転車台の設置された上石見駅の約1万6505円や、中國鐵道吉備線との接続駅となった西総社駅（現在の総社駅）の約1万3282円よりも高額だった。

正面入口は、向かって右に車寄せを持ち、車寄せ部分に1926（大正15）年8月の「建物資産票」がある。待合室に開業当時の面影はないが、高い天井と広い待合室が印象的。2007（平成19）年までは売店があったが、今はコンビニエンスストアが営業をしている。1番線の旅客上屋3号の資産票の日付は、駅本屋と同じ1926年8月。木造である。

側面木造の跨線橋の支柱には1938（昭和13）年に八幡製鐵所が製造したレールが使用されているが、ペンキが厚いために、ほとんどのレールの素性はわからない。2番・3番線の旅客上屋6号と7号の支柱には、中國鐵道がイギリスのボルコウ・ボーン社から輸入したレールが使われており、黒く塗装されている。また、引込み線跡には、オランダのプロビデンス社が25（大正14）年に製造したレールが敷かれた状態で残っている。この引込み線は、90（平成2）年に閉鎖された専売公社高梁製造工場との間にあったもので、8本のレールが残されている。このうちの6本がプロビデンス社のものである。駅本屋外側のコインロッカー横にも古レールを使った支柱が2本あり、24年に日本帝国鐵道が輸入したUS製鉄会社テネシーと、25年のプロビデンス社のブランディングが確認できる。岡山県内にある伯備線の駅で、古レールの使用が認められるのは、備中高梁、倉敷、新見だけである。3駅にしか使用例がないのは、無人化等で古い駅舎が解体されたためかもしれないが、物を大切にしてきたわれわれ先祖の仕事を見ることができる貴重な鉄道遺産を持つ駅である。

備中高梁駅１番線に到着した下り特急やくも号。

方谷駅

方谷駅は、わが国の鉄道史上初めて人名がつけられた駅。江戸時代にあって備中松山藩の近代化の礎をかため、藩の財政立て直しに大きな足跡を残した山田方谷に由来する。駅のすぐ脇には山田方谷の旧宅があった。

伯備南線第六工区木野山―方谷間延長9km12mの着工は1925(大正14)年11月1日。28(昭和3)年3月7日に工事完了。方谷駅は10月25日に営業を開始した。この10月25日は、井倉、石蟹、新見3駅の開業日であり、伯備南北線が連絡して伯備線が全通した日である。

昔からの駅名看板が懐かしい。

方谷駅は、高梁川東岸の高台にある。備中川面駅を出て、第一広瀬トンネルを抜けたあたりから線路は高梁川に沿った山肌を縫うように走る。この景色は、方谷駅から第五高梁川橋梁に至るまで続き、方谷駅の前後には開通時に築かれた擁壁がある。方谷駅のプラットホームは駅本屋よりも高い場所にあるため、プラットホームに行くには迂回せねばならないが、開業当時は駅本屋から階段で直結されていたようだ。

木造の本屋は窓枠がアルミサッシに、屋根がコ

昭和3年当時の姿を残す方谷駅。

ンクリート瓦や波板に変更され、待合室中央のベンチも新調されているが、その他は、国鉄時代の木製駅看板も残り、往時の雰囲気をよく伝えている。車寄せ部分の支柱は独特の意匠を見せ、扉は木製。個人的には、美袋駅についで文化財登録して守っていきたい駅のひとつである。竣工費は約1万6444円で、開業時の停車場本屋の建坪は35・6坪だった。

石蟹駅

伯備南線の第八工区は井倉―新見間。延長8㎞832m。石蟹駅は1928（昭和3）年10月25日に開業した。新見市正田では32（昭和7）年5月に、現在の太平洋セメントにあたる小野田セメント阿哲工場が操業を開始。石蟹は石灰の積み出し駅として賑わった。48（昭和23）年12月には、工場見学に立ち寄られた昭和天皇のお召し列車が入線。807（大同2）年創業説のある高梁市成羽町吹屋から坂本にかけての吉岡銅山の銅も、ここから積み出された。石蟹駅の広い敷地は石灰や銅を積み出した頃の名残で、小野田セメントが操業を終えた76（昭和51）年までは蒸気機関車やディーゼル機関車に牽かれた石灰列車が一日何本も出発していった。

石蟹駅のファサードは木造にモルタル塗りされたものだが、プラットホームに出れば、木で構成された開業当時の姿を見ることができる。石蟹駅を含む、伯備線に残る木造駅舎は切妻屋根で、プラットホーム側には雨避けの庇が伸びている。正面入口には車寄せがあり、駅名表示が掲げられているが、美袋駅のものを除いては後年新調されている。石蟹駅の竣工費は1万1172円。

広い駅構内に比べ、石蟹駅本屋はこぢんまりとしている。

新見駅

新見駅は伯備線と姫新線、芸備線の列車が発着する駅。開業は伯備線が全線開通した1928（昭和3）年10月25日。姫新線の前身となる作備線新見―岩山間は翌29年4月14日に運行を開始した。芸備線は三新線として敷設工事が行われ、備中神代―矢神間が開通した30（昭和5）年2月10日に列車の運行が始まっている。

伯備線の全通に伴って、新見駅にはコンクリート造扇形蒸気機関車庫が建設された。『伯備線建設概要』の巻頭には7線構造の機関車庫と60ft転車台の竣工写真が掲載されている。機関車庫は、その後の輸送力増強に伴って、1938（昭和13）年に14線構造に拡幅。66（昭和41）年には、蒸気機関車38両、職員約400人をかかえる全盛期を迎えた。しかし、蒸気機関車基地としての機能は72（昭和47）年3月末で終了。伯備線で最後まで走り続けたD51形とC58形蒸気機関車は転属と廃車の運命をたどり、扇形機関車庫も80（昭和55）年7月に解体された。われわれが伯備線の蒸気機関車を追っていた頃、一眼レフカメラ・キャノンFTbのテレビコマーシャルの舞台に新見機関区が選ばれた。一眼望遠レンズの付いた一眼レフカメラでD51を撮影する青年の姿は、今も脳裏に鮮明だ。

新見は、伯備線で唯一地下道を持つ駅である。駅本屋の建物資産票には、1928（昭和3）年10月の日付があり、開業当時の建物であることがわかる。蒸

切妻屋根が連続する新見駅舎。

気機関車時代は広い駅構内をＣ58が入れ替え作業をしていたが、その頃の建物や線路は撤去されている。１番・２番線は姫新線と芸備線が使用しているが、上屋を支えるのはカーネギー鉄鋼会社と、06（明治39）年と07年に八幡製鐵所が製造したレールである。伯備線が発着する３番・４番線の支柱と梁に使用されたレールは、13（大正２）年、15年の八幡製鐵所製、日本帝国鐵道がアメリカのベスレヘム製鉄会社スチールトンから購入した22（大正11）年と23年製レール、09（明治42）年にカーネギー鉄鋼会社が製造したレールなどである。１番・２番線の旅客上屋４号の建物資産票には28（昭和３）年10月。３番・４番線の旅客上屋９号には63（昭和38）年６月と記されている。

写真上／姫新線・芸備線ホームから見た駅本屋。
写真下／輸入レールも見られる伯備線ホームの支柱。

旧線跡を歩く

この複線化に大幅な路線変更

第二次世界大戦後の輸送需要拡大に対応するため、隘路《あいろ》区間の線路増設が行われた。中国地方では、山陰山陽連絡鉄道としての最重要線区・伯備線の線路増設が急がれた。その結果、延長約140kmの内、倉敷―備中高梁間約34km、井倉―石蟹間約4・5km、新見―布原信号所間約2kmの計約40・5kmが複線化された。この複線化に伴って、豪渓―美袋間と井倉―石蟹間は大幅な路線変更となった。

豪渓―美袋間

旧日羽駅の前後約2・1kmは急曲線と狭隘な地形が連続する区間だった。複線化のための用地拡幅を望むことが困難で、落石等が多発する災害多発地区でもあった。そこで、複線化に向けて、大幅に線路を移転し、日羽駅も約500m北東に移設することになった。現在の日羽駅は、第二柳谷トンネルと日羽トンネルとの間の大築堤の上にある。下り線のプラットホームからは旧駅側に火の見櫓を見下ろすほどの高さである。旧日羽駅は宍粟（現在の豪渓）―美袋間の開通から32年後の1956（昭和31）年5月15日に開業。そして、新日羽駅が開業したのが70（昭和45）年9月7日。旧日羽駅は、14年と4カ

旧明見川橋梁の橋脚跡。

月足らずという短命だった。

　豪渓駅を出た下り列車は、国道180号線、高梁川と併走。柳谷川橋梁を渡り第一柳谷トンネルに入るあたりで国道と分かれる。旧線はここからしばらくの間、国道180号線とほぼ同じルートを走っていた。国道の山手に残る落石防止の柵のあるあたりが線路跡。落石防止柵は古レールの再利用である。イギリスのバーロウ赤鉄鋼製鋼株式会社やチャーリリーズ・カムメル社、八幡製鐵所などのブランディングが確認できる。

国道180号線と併走する旧線跡の落石防止柵。

　旧線はさらに、方谷橋梁、明見トンネルを過ぎ、径間30mの明見陸橋で国道を跨ぎ、明見川橋梁を越え、築堤のゆるやかな勾配を下って旧日羽駅に入線していた。方谷橋梁、明見トンネル、明見陸橋は跡形もない。明見川橋梁の橋桁は撤去されているが、コンクリート造の橋台と2本の橋脚が現存する。明見川は、現在の日羽谷川である。明見川橋梁跡は国道180号線の日羽谷川橋梁付近から見ることができる。今はなき明見山トンネルは、1928（昭和3）年に発行された『伯備線建設概要』の巻頭写真の二番目に登場し、「伯備南線倉敷起點十一哩〇三鎖延長百三十五呎高梁川に沿ひ縣道と併進せるものにして附近の山態水容は雅客をして恍惚たらしむるものあり」と讃えている。

　旧日羽駅は、田んぼが広がり山々の緑が美しいのどかな場所にある。石で組まれた島式ホーム跡には駅名標識の金枠が錆付いた状態で立って

布積みされた花崗岩がプラットホームを築く旧日羽駅跡。

写真右／旧日羽駅跡。田んぼの中にプラットホーム跡がある。
写真左／旧日羽駅から線路は右カーブして勾配区間にさしかかった。

写真右／レールの外されたプレートガーダー橋も２カ所に残る。
写真左／坑門をコンクリートで塞がれた地蔵獄トンネル。

いる。約40年前の晩秋の黄昏、たくさんの薄の穂が揺れる築堤を、夕日を受けた客車が蒸気機関車に牽かれて出発してゆく。耳をつんざく汽笛は四囲の山々にこだまし、機関車のドラフトと客車の響きが聞こえなくなった頃、あたりに静寂が戻る。空には機関車の黒煙が静かに風に流されていく。きっとこんな情景が繰り返されていたのだと思う。

旧日羽駅を出た下り列車は、右カーブを描く築堤を上り、日羽陸橋、日羽谷橋梁、小倉谷橋梁、中ノ波止橋梁、上ノ波止橋梁を過ぎ、地蔵嶽トンネル、地蔵陸橋を渡り現在の線路と合した。この区間の遺構はほぼそのまま残っており、コンクリート造の橋台や橋脚、レールの外されたプレートガーダー橋、コンクリートで塞がれた地蔵嶽トンネルの坑門を確認することができる。

方谷―井倉

『日本鉄道請負業史　大正・昭和（前期）篇』によると、方谷―井倉間延長7㎞422mは伯備南線の第七工区にあたり、1925（大正14）年12月18日工事着手。28（昭和3）年2月29日竣工。トンネル4カ所と橋梁5カ所を擁する区間で、難工事続きだった。

　1934（昭和9）年9月に西日本に甚大な被害をもたらした室戸台風は、岡山県にも深刻な爪痕を残した。2日間の降水量は226㎜に達し、死者145人、負傷者348人を出し、家屋4560戸が全半壊。被害総額は1億6200万円にのぼった。鉄道も橋梁破壊や線路流出の大撃を受けたが、伯備線も例外ではなかった。美袋以北で、道床や築堤、橋梁が流失。山砂・切取土砂の崩潰などが起こった。35年10月5日に岡山県が発行した『昭和九年風水害誌』によると、罹災橋梁は第二、第五、第八、第十の4橋梁。第五高梁川橋梁の被害の様子は掲載写真から知ることができる。

　室戸台風は、伯備線に「動くトンネル」という土産も残していった。件《くだん》のトンネルは、壮の宮トンネル。『伯備線建設概要』には旧第五高梁川橋梁に直結した壮の宮トンネルの工事費が約12万6628円だったと記されている。『日本鉄道請負業史　大正・昭和（前期）篇』には、壮の宮トンネルの地質は石灰岩。トンネル周辺は、石英閃緑《せんりょく》班岩の角礫《れき》層で不良な地質であったため、工事の途中か

付け替えによって大きくカーブを描くようになった第五高梁川橋梁。

ら角礫層を避けるルートをさがす努力をしたこと。坑門付近は偏圧を受けることを想定してコンクリート補強工事を行ったことが記録されている。ところが、室戸台風通過後に井倉方坑門側の約70ｍが動き始めたのである。阿哲地域は石灰の産地。トンネル上部には石灰層が走り、その上には石英層も通っていた。室戸台風は、この地層の境目に地すべりをもたらせたのである。

壮の宮トンネルの改築工事は、1940（昭和15）年7月から2年がかりで行われた。工事区域は70㎜以上の食い違いが生じた69・2ｍ。トンネル内部を取り巻く覆工と呼ばれるコンクリートの外側を補強する大規模なものであった。『日本国有鉄道百年史　第11巻』には、改築工事の詳細が記録されているが、山腹から横坑を掘っての工事だったようである。ところが、2年越しの工事も根本的解決には至らず、壮の宮トンネルは、その後も動き続けた。トンネル改廃問題は10年に渡って紛糾し、48（昭和23）年には京都大学から研究家が招聘されボーリング調査が行われた。その結果、ついに国鉄は、壮の宮トンネルの廃止と新トンネル掘削という苦渋の決断を迫られた。同時に第五高梁川橋梁も付け替えられることになった。旧第五高梁川橋梁は2連の鈑桁径間9・1ｍと5連の18・2ｍからなるプレートガーダー橋。基礎部分にはコンクリート井筒と呼ばれる筒状のコンクリートが使用された。旧第五高梁川橋梁跡では、この井筒部分を見ることができる。

新第五高梁川橋梁の総工費1億円の工事は51（昭和26）年10月25日に起工。51年度は新第五高梁川橋梁建設に3800万円が投じられ、52年度には新トンネルとなる法曽トンネルの工事が始まったのである。

写真右／壮の宮トンネルの井倉方坑門。
写真左／第五高梁川橋梁の横には、旧橋梁の基礎部分が残る。

法曽トンネルの延長は429m。廃止された227mの壮の宮トンネルの南西に掘削された。そのため、新しい第五高梁川橋梁は大きなカーブを描くことになった。

壮の宮トンネル時代、現在の国道180号線にあたる道路は、トンネル前の踏み切りを渡っていた。ところが現在は、法曽トンネルを見下ろす場所を走っている。その法面がコンクリートで塗り固められているために、壮の宮トンネルの方谷方坑門は塞がれてしまった。旧第五高梁川橋梁の橋脚の並びから、坑門のあった場所を想像するしかない。一方、トンネルの患部側となった井倉方坑門は、その姿を山陰に残している。坑門には土砂が積まれているが、木々に覆われたコンクリートブロックの巻圧の中に、不気味に口を開けている。

井倉―石蟹間

伯備南線第八工区井倉―新見間の延長8㎞832mは1926（大正15）年1月25日に工事着手。28（昭和3）年3月23日に竣工した。第八工区は高梁川に沿った区間で、4回高梁川を渡り、その他の橋梁も5カ所に設置された。建設費は52万円、1mあたりの工費は約59円だった。井倉―石蟹間は、半径300mの曲線がS字型に連続して山裾を縫って続く急勾配区間だった。72（昭和47）年までは、山々の深い緑と高梁川の清流を縫うように走る蒸気機関車の勇姿を見ることのできる風光明媚な区間だった。『伯備線建設概要』の巻頭部分には、倉敷駅起点35マイル48

チェーン（約57㎞293ｍ）に架かる旧足見《たるみ》橋梁の写真が掲載されている。高梁川に沿って大きく弧を描く線路の中ほどに15の橋脚を持つ足見橋梁が水面に姿を投じ、その手前を帆走する高瀬舟がやはり流れに映えている。「高梁川左岸に沿ひ三十呎鋼鈑桁十七連を架す此の邊亦山態水容眞に賞すべきものあり」と称せられた風景は旧線となった今も変わらず雅客をして黙らせる魅力に富んでいる。井倉駅から新見方面に約500ｍ。サイクリングロードとなった旧線を歩く。そのまま残された擁壁や信号機を見ながら、緑のトンネルをくぐるように道を行けば、高瀬舟とともに撮影された光景が目に飛び込んでくる。17連の旧足見橋梁だ。その後、第一・第二・第三向見橋梁を過ぎ、サイクリングロードはしばらく山の中を走る。落石防止の柵には古レールが使われている。次に視野に入るのは高梁川を渡る赤い矢茂の吊り橋。その横を複線化された新線が幸田トンネルと向尻トンネルとをつなぐ向尻橋梁を横切る。幸田トンネル、向尻橋梁、向尻トンネルは線路増設第三・第四工区にあたり、旧線が大きくS字を描いていた線路を1㎞120ｍ短縮した区間である。風光明媚だった井倉―石蟹間はまるで新幹線の車窓のようにトンネルと閃光のような風景を交互に感じながら一気に駆け抜ける区間になってしまったのである。旧線はさらに高梁川を左に見ながらカーブを切りながら旧第九高梁川橋梁を渡る。径間数9のプレートガーダー橋では、毎春、地元の人々が鯉のぼりを飾って男の子の節句を祝う。晴れた日の鯉のぼりは、童謡に謡われたとおり、気持ちよさそうに風の中を泳いでいる。その風を尻目に、特急やくも号が、軽快な走行音を響かせて通り過ぎていく。旧第九高梁川橋梁を渡りきると、信号機や勾配標を見つつ、旧線区間は終わる。『伯備線建設概要』に記録された橋梁建設費は、旧足見橋梁が4万1076円。旧第九高梁川橋梁は7万8737円であった。

旧足見橋梁。『伯備線建設概要』では左に高瀬舟が写っている。

写真左／旧第九高梁川橋梁に飾られた鯉のぼり。写真右／信号機がかつて線路だったことを教える。

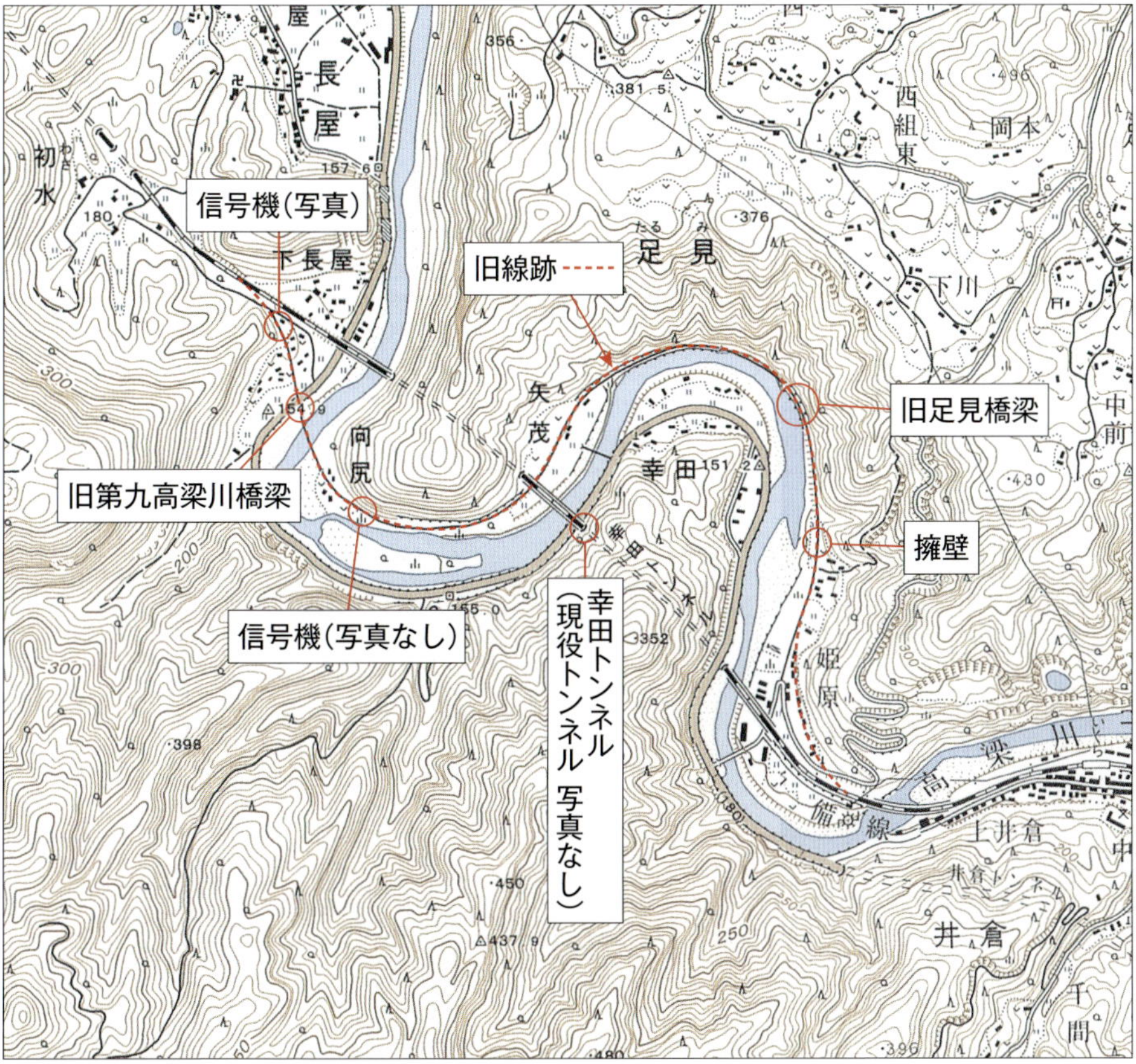

布原駅

鉄道マニアを誘った SL撮影のメッカ

布原信号所を午前9時12分に出発する上り2492列車はデゴイチの三重連が牽引することで一躍有名になった。日本全国から蒸気機関車が消えてゆき、東北本線奥中山や奥羽本線陣場の三重連なきあと、布原はSL撮影のメッカになったのである。布原信号所を出た上り列車は、いきなり1000分の25の勾配を上り、第二十三西川橋梁を渡り苦坂トンネルに突入する。その間わずか数十秒のドラマ。石灰列車を牽いた3輌のD51形蒸気機関車の力闘は、数多くの鉄道マニアを静かな谷合の村に誘った。

布原に信号所ができたのは1936（昭和11）年10月10日。客扱いは53（昭和28）年から開始された。72（昭和47）年2月23日の伯備線全線自動信号化完成まで、布原信号所ではタブレットの受け渡しを見ることができた。三重連が全国的に知られていた頃、三重連の番組や映像が配信され、走行音を録音したレコードも多数発売された。その中には、足立《あしだち》駅から新見駅までの添乗ドキュメントもあり、タブレットの確認から受け渡しを録音したも

信号所時代の信号機の台座が田んぼの中に残る。

第二十三西川橋梁を渡る2492列車を牽くデゴイチ三重連（児玉泰行氏撮影・提供）。

のもあった。自動信号化で信号所は無人化され、建物は壊され、腕木式信号機も姿を消した。布原が信号所から駅に格上げされたのは87（昭和62）年4月1日。国鉄民営化の時である。ところが、列車一輌分のプラットホームのある布原で客扱いする列車は芸備線の気動車に限られ、伯備線の電車が停車してもドアは開かない。

伯備線は電化路線だが単線区間が残る。備中高梁―井倉間、新見―伯耆大山間は単線区間である。布原駅も単線区間にあるため、芸備線の気動車の他、伯備線の列車も交換停車する。高梁川の支流となる西川が山間の静けさを引き立て、蛇行する線路を行きかう列車の響きが静寂を破る。橋梁を通過する音は山々に響き、西川の騒ぎに呼応するようだ。そんな静かな布原を静かに眺め続けている鉄道遺産がある。布原駅からわずかに離れた田んぼの中に建つコンクリートの塊である。このコンクリートの塊こそ、布原信号所時代に、行きかう列車に通過を許してきた腕木式信号機の基礎である。

ＳＬブームの１９７０年代。第二十三西川橋梁横の斜面にはＳＬファンの三脚が林立。山は地肌を見せ荒れ果てていた。１９７１（昭和46）年３月で伯備線の蒸気機関車の歴史に幕が下ろされてから、自然はその姿をすっかり取り戻し、布原は今、元の静寂の中にある。

現在の布原駅。

芸備線

新見―備中神代間には伯備線と芸備線の列車が

芸備線は国鉄三神線備中神代―備後十日市（現在の三次）間と、芸備鉄道備後十日市―広島間の接続によって、1936（昭和11）年10月10日に全通した159・1㎞の鉄道である。東の拠点は備中神代だが、列車は新見から運行されているため、新見―備中神代間には伯備線と芸備線の列車が走っている。36年10月10日は、岡山県の国鉄在来線図が完成した日でもある。

三神線の歴史は、1920（大正9）年の「第四十三臨時議会」で、備中神代―備後十日市（現在の三次）間に軽便鉄道の敷設予算が認められたことに始まる。同線は、23（大正12）年4月の「鐵道省告示第六十一號」で米子鉄道管理局に編入され、三神線と命名された。

芸備鉄道株式会社は、1915（大正4）年4月28日に志和地―東広島間を開業。20（大正9）年7月15

写真右／芸備線矢神駅
写真左／芸備線備中神代駅

日に山陽線広島駅に乗り入れ、23（大正12）年12月8日には備後庄原─広島間を営業路線としていた。このうち、備後庄原─備後十日市間は33年（昭和8年）6月1日に国有化されて庄原線とされた。したがって、三神線備中神代─備後十日市間の敷設工事は、備中神代─備後庄原が新線工事、備後庄原─備後十日市は芸備鉄道の一部改築工事だったのである。

新線工事の備中神代側は、1922（大正11）年5月に測量開始。28（昭和3）年3月工事着手。備後庄原からは24（大正13）年5月測量開始。32（昭和7）年3月工事に着手した。全線を8工区に分け、総工費は284万8000円。36（昭和11）年10月に竣工した。一方、備後庄原─備後十日市間の建設費は、芸備鉄道株式会社の買収費196万9000円を含み856万1000円であった。

矢神駅と野馳駅

山間部を走る広島県側
岡山県側はおだやかな沿線風景

芸備線備中神代―八神間は、第一工区として１９２８（昭和３）年３月に工事着手。29年４月８日に竣工した。工事を請け負ったのは鉄道工業で、総工費46万８０００円。山間部を走る広島県側と異なり、岡山県側は丘陵地帯である。岡山県内の駅は、備中神代、坂根、市岡、矢神、野馳の５駅。備中神代駅は伯備線が全通した28（昭和３）年10月25日に開業した。市岡は53（昭和28）年10月１日の開業だが、それ以外の３駅は三神線の開通にあわせて順次営業を開始した。

待合室部分だけが残された矢神駅。

矢神駅

矢神駅は、三神線備中神代―矢神間が開通した１９３０（昭和５）年２月10日に開業した。72（昭和47）年に無人化され、駅本屋の執務室部分がなくなり待合室部分のみが残っている。プラットホームの配置は独特で、下り線は駅本屋に接しているが上り線は下り線よりも西よりに置かれている。現在の交換駅として機能している矢神駅では上り・下り線ホームとも現役である。

野馳駅

１９３０（昭和５）年11月25日の三神線矢神―東城間の開通に伴って開業した駅。矢神―東城間は第二工区として、総工費41万２０００円で第一工区と同じ鉄道工業が請け負い、29年３月に工事着手し、30年９月に竣工している。

上り線ホームが下り線ホームの西側に伸びるのが矢神駅の特徴。

駅本屋の外壁は下見板張り。正面は、下見板の上を縦方向に角材が渡された押縁下見《おしぶちしたみ》。車寄せ部分の屋根は大きくとられており、矢神駅との共通性が高い。現在、地元タクシー会社の事務所としても使われている駅本屋は、小荷物窓口が撤去され、執務室が新建材に変更されるなど、手を加えられた部分も多い。しかし、開業当時の姿をとどめる駅としては、姫新線岩山駅共共、新見市内に残る貴重な鉄道遺産である。

写真右／野馳駅のたたずまいに魅了されてここを訪れる人が多い。
写真左／野馳駅は、日本人の心に生きつづける駅なのかもしれない。

column

静態保存の蒸気機関車たち

津山市立南小学校のC1180

　岡山県内に保存されている国鉄蒸気機関車は5輌。C11形1輌とD51形4輌である。津山市昭和町の津山市立南小学校にはC1180が保存されている。津山機関区に11輌のC11が配備されたのは1948（昭和23）年。津山線、吉備線の主力機関車となった。津山線の無煙化は71（昭和46）年3月25日。姫新線、芸備線、津山線、吉備線から蒸気機関車が全廃され、津山機関区はSL基地としての役目を終えた。当日運転された津山線の蒸気機関車さよなら列車の牽引機を務めたのがC1180である。津山機関区のC11は4輌が他の機関区に転出、6輌は廃車・解体の運命をたどった。C1180はC11315と共に会津若松機関区に転出。会津の空の下を走り続けた。その後、津山機関区に里帰りし、76（昭和51）年9月10日に津山市立南小学校に展示されたのである。

　C11形蒸気機関車は、32年（昭和7年）から47年（昭和22年）の16年間に381輌が製造された。製造工場は、汽車製造会社、川崎車輌、日立製作所、日本車輌製造で、C1180は日立製作所笠戸工場で35（昭和10）年3月30日に産声をあげた。同年4月19日に松山機関区、44（昭和19）年4月3日に三次機関区に配属された後、48（昭和23）年7月8日、津山機関区にやってきた。62（昭和37）年10月の岡山国体ではお召し列車を牽引。75（昭和50）年1月24日の廃車までに175万キロを走破した。

写真右／津山市立南小学校に静態保存されているC1180。写真左／吉備線の上り列車を牽いて総社駅を発車するC1180。1971（昭和46）年1月撮影。

C11は炭水車を持たないタンク機関車。支線用機関車として開発され、後ろ向きでの運転ができるよう、運転席からの後部視野が確保できる設計がなされている。吉備線の上り列車は後ろ向き運転であった。

岡山市下石井公園のD51917

岡山市幸町の、下石井公園にはD51917が保存されている。1972（昭和47）年9月5日火曜日付の『朝日新聞』には「デゴイチお目見え」と題した記事が掲載された。記事は、「岡山市幸町の下石井公園に十三日、SLファンの人気者のデゴイチがお目見えする。岡山市からの希望で国鉄が無償で貸出すことになった。」から始まり、化粧直しに約350万円がかけられ、炭水車を含め長さ19・5m、重さ86・7tの巨体が、交通量の少ない夜間をねらって暁の大輸送作戦によって運ばれることを告げている。岡山鉄道管理局の発表によると、大輸送作戦は9月12日午後11時50分に開始。岡山駅構内で機関車と炭水車を切り離して2台の大型トレーラーに搭載。13日午前4時、カバヤ食品（現在の林原）の南側から市道南方中山道線へ出て、市役所の方に向かい、幸町と柳町の間の市道を通って下石井公園までの約1㎞を2時間がかりで運ぶというものだった。

D51917は、第二次世界大戦中の1943（昭和18）年12月20日、日本車輌製造名古屋工場で製造された。鉄材の不足から、踏み台や手摺などは木で造られた。戦時中の鉄道車輌に木が使われる例は多く、デフレクター（除煙板）が木で造られた蒸気機関車の写真などが残されている。43年12月21日の函館機関区配属を皮切りに、45年5月28日五稜郭機関区、同年9月22日盛岡機関区、68（昭和43）年9月浜田機関区。71（昭和46）年12月4日に新見機関区の配属となったが、伯備線無煙化によって72（昭和47）年3月27日廃車。新見機関区配属期間はわずかだった。生涯走り続けた距離は184万キロ。地球46周に相当する。

下石井公園のD51917。赤いナンバープレートが特徴。

倉敷市水島中央公園のD51842

D51形蒸気機関車のDとは、動輪が4対あることを示す。したがって、C11には3対の動輪がある。わが国の蒸気機関車の動輪数は、B、C、D、Eと増えていき、蒸気機関車全盛時代の旅客用機関車はC形、貨物用機関車はD形が主力であった。D51の主軸配置は「1D1」の前輪1、動輪4、後輪1。この配置は「ミカド」とよばれるわが国で開発されたスライダークランク機構の配置である。D51は、国鉄技師長として東海道新幹線建設に大きな功績を残した島秀雄を中心に1936（昭和11）年設計完了。国内の大型機関車メーカーと主要国鉄工場の大半が製造に参加。36年から45（昭和20）年までの10年間に1115輌が製造された。1115という数字は、蒸気、ディーゼル、電気を含む、わが国で製造された機関車の中では最多となる。D51の配置された機関区は全国に及び、主要幹線、亜幹線の貨物輸送の旗手として、蒸気機関車終焉期までその姿を見ることができた。いかに高性能を誇ったかがわかる。岡山県では岡山機関区と新見機関区に配属され、山陽線と伯備線で活躍した。

D51841は、1943（昭和18）年7月30日に国鉄鷹取工場で製造。8月に岡山機関区に配属された。その後、55（昭和30）年10月の富山機関区、64（昭和39）年10月の熊本機関区を経て、65（昭和40）年10月に追分機関区に転出。耐寒装備を身に付けて、75（昭和50）年12月3日に廃車になるまで北海道の大地を走りつづけた。水島中央公園には、76（昭和51）年11月13日深夜から14日早朝にかけて移送され、水島臨海鉄道水島駅からトレーラーに積み替えて運ばれた。11月17日水曜日付の『朝日新聞』に、917移送についての写真付き記事がある。

D51917の周囲はフェンスで覆われている。広い屋根で守られているために保存状態は良好。

総社市石原公園のD51889

D51889は、1944（昭和19）年4月12日、日立製作所笠戸工場で製造され、5月30日に門司機関区に配属された。70（昭和45）年10月30日に新見機関区に来るまで、51（昭和26）年熊本機関区、65（昭和40）年10月2日人吉機関区、66年吉松機関区と九州で活躍。日本鉄道三大風景のひとつ、大畑の大ループ線で有名な

写真右／新見機関区時代のD51889。1971（昭和46）年撮影。
写真左／石原公園のD51889。

肥薩線で25‰の勾配にかかんに立ち向かった。72（昭和47）年7月4日に廃車となり、同年11月26日の早朝、大型トレーラーで総社市の石原公園に輸送された。

伯備線を走るD51には、後藤式集煙装置が装備された。後藤とは米子市にあった国鉄の工場で、現在の後藤総合車両所。新見機関区の蒸気機関車の定期検査や修繕は後藤工場が担当した。D51889の運転席横にも白いペンキで「昭和43 4～5 後藤工」と記してあった。

新見市井倉洞駐車場のD51838

1971（昭和46）年4月、島根県三瓶山で開かれた植樹祭に参加された昭和天皇を乗せたお召し列車が伯備線を南下した。その晴れ舞台を演じたのがD51838だった。お召し列車には、万が一に備え予備機が準備されるが、予備機となったのは同じ新見機関区のD51758だった。ところが758の出番はなく、838は華やかに伯備路を駆け抜けた。

1972（昭和47）年4月1日。再び838はピカピカに磨き上げられ、新見—岡山間の特別列車を牽引した。伯備線の完全無煙化は前日の3月31日。伯備線で最後となった蒸気列車牽引が、838の最後の役目でもあったのである。

D51838は1943（昭和18）年4月10日に国鉄鷹取工場で生まれた。45（昭和20）年6月29日に岡山機関区に配属となったが、その前歴は不明。岡山機関区が戦災にあい、履歴簿が消失したためである。46年2月14日に糸崎機関区に転じたが、54（昭和29）年10月20日に再び岡山機関区に復帰。55年7月14日新見機関区配属。60（昭和35）年2月13日に集煙装置を装備した。伯備線無煙化に伴って73（昭和48）年6月2日浜田機関区に転出。新見機関区のD51は浜田、益田機関区に移籍したカマが多かった。同年12月15日には新見機関区に戻り、74年2月19日に火を落とした。走行距離は地球50周分の199万キロ。月と地球を2往復した計算になる。

写真上／井倉洞の駐車場に置かれたD51838。
写真下／総社駅を出発するD51838が牽引する伯備線下り貨物列車。1972（昭和47）年撮影。

あとがき

平成2年、文化庁は都道府県別の近代化遺産総合調査を開始した。平成8年には文化財保護法が改正され、登録文化財制度が導入された。全国規模の調査で価値の認められた近代の遺産が、文化財の仲間入りをすることになったのである。近代化とは、わが国が産業革命を受け入れ、農業国から工業国、経済立国へと成長していく過程を示す言葉である。通常「近代」とは明治から第二次世界大戦終結までを示すが、もっとも若い「近代化遺産」は、建造後50年がその認定目安とされるようになった。わたしも齢50を迎えた。遺産とは呼べないが、近代化遺産と同じ範疇の年齢になったことになる。

「産業考古学」を学び始めたのは、豊橋市の石田正治氏との出会いがきっかけで、鉄道遺産についてご指南をくださったのは新潟市の今井寛氏であった。因美線美作河井駅転車台発掘・保存の端緒は今井氏からのアドバイスであった。建築の知識を持ち合わせていないわたしに、親切丁寧にご教育くださったのは津山町並保存研究会の井上博允氏と松岡久夫氏であった。おふたりには津山機関車庫の調査を通じて知己を得、美作河井駅転車台の実測調査もご担当いただいた。そして現在もご指導をいただいている。学会では、全くの新参者に玉川寛治氏、斉藤和美氏、堤一郎氏、八木司郎氏、大島一朗氏、市原猛志氏がご教授をくださった。

美作は岡山県内屈指の鉄道遺産の宝庫である。近代化のまま時計が止まったから遺産を温存できたとも思えるが、宝の山には違いない。そこでは、播美鐵道に命をかけた豊福泰造の曾孫にあたる豊福要氏との出会いがあった。また、津山鉄道部の方々や、美作河井駅にお勤めになられた尾原輝雄氏や能勢瑞穂氏とも知り合うことができた。津山線の1000分の25勾配を登った蒸気機関車のように、ゆっくりゆっくりと鉄道を歩くと、遺産たちが次々と現れ、遺産をとりまく人々も歩く力を授けてくださった。古いものが壊され、どんどん新しいものに変わっていく中、普段われわれが恩恵を受けている鉄道を支えているのが明治生まれの橋梁であったりトンネルであったりする。山陽線を疾走する電車の足元に明治の煉瓦を見たときは素直に感動した。山陽線や津山線、宇野線の明治・大正のトンネルの威容には圧倒された。美しいと思った。そう、鉄道遺産は美しい。絵画や音楽、自然の美とは異なるかもしれないが、紛れもない「美」がそこに棲んでいる。その「美」は、近代の産業遺産に共通する「美」である。人間がこだわってつくりあげた「美」である。版画家の宇樹夢舟氏は「名画には謎がある。その謎が解かれるまでその絵は名画として生きつづける」とおっしゃった。近代化遺産や鉄道遺産に魅せられる人口が増えてきた。先達の追い求めた夢とロマンが創造した「美」がそうさせるのかもしれない。

平成20年、因美線美作滝尾駅が登録有形文化財に仲間入りした。反面、吉備線備前一宮駅が取り壊された。明治37年に誕生した貴重な「中國鐵道」の駅で、屋根瓦には「中」の印が刻まれていた。鉄道の美がまたひとつ失われたことは断腸の思いだ。『津山線・吉備線百年史』の著者・久保豪氏は備前一宮駅の保存を訴えたが、その熱い願いは届かなかった。もし拙書の完成がもう少し早かったら、備前一宮駅の再認識が図れただろうか。拙書が、鉄道遺産たちの将来を明るいものにできるのであれば実にうれしい。

拙書は赤穂線を紹介していない。開業から50年を経ていないという単純な理由である。赤穂線を載せるかどうか最後まで悩んだが、このたびは割愛させていただいた。また、紙面の関係で掲載を見送った遺産もある。もちろん、発見できていない遺産もあると思う。未掲載の鉄道遺産をご存知のかたは、ぜひともご一報をいただきたい。掲載写真と現状とが異なる遺産もある。庭瀬駅1番線には柵が設けられ、津山線の橋桁や津山機関車庫転車台の塗装が新しくなった。他にもこのような例があるかもしれないが、その点はご了承願いたい。

拙書を通じて、筆者と貴殿を引き合わせてくださったのは吉備人出版の山川隆之氏、金澤健吾氏、そしてスタッフの方々である。心からお礼を述べたい。第二稿をご校閲くださった三宅由里子氏、デザインをご担当くださった稲岡健吾氏、貴重な写真をご提供くださった江見正暢氏と児玉泰行氏に深くお礼申しあげたい。そして、拙書をお手にとってくださった貴殿に心から感謝の気持ちをお伝えしたい。

２００８年 12月

参考文献

浅井 建爾『鉄道の歴史がわかる事典』日本実業出版社、２００４年
稲葉権兵衛・大津　寛『業務研究資料』鐵道大臣官房研究所、１９３５年
在間 宣久〝中国鉄道の設立とその資本・営業の展開過〟『岡山県地方史研究』創刊号、１９７１年
石井 幸孝『ＤＤ51物語』、ＪＴＢ、２００４年
内田 録雄『径間百呎鋼鉄製鋸歯状橋桁外百二十四圖』共益商会、１８９７−１８９８年
内田 録雄『鐵道工事設計参考圖面　停車場之部』共益商社書店、１８９８年発行、１９０３年再刷
今井　寛〝蒸気機関車の活躍を支えた転車台−新潟県内の転車台について−〟『日本の産業遺産Ⅱ産業考古学研究』玉川大学出版部、２０００年
浅野 昭彦『鉄道考古学を歩く』ＪＴＢ、１９９８年
大島 一朗『谷汲線 その歴史とレール ローカル線からかいま見る激動の日本と世界』岐阜新聞社、２００５年
岡田 信次『鉄道工学講座 分冊8 鉄道停車場』鉄道工学舎、１９３２年
岡田　睦『鉄道レールの系譜』東京産業考古学会、２００８年
小野田 滋『わが国における鉄道用煉瓦構造物の技術的研究』研友社、１９９１年
小野田 滋『鉄道と煉瓦』鹿島出版会、２００４年
小野田 滋『鉄道構造物探見』ＪＴＢ、２００３年
長船 友則『山陽鉄道物語』ＪＴＢ、２００８年
川上 幸義『新日本鉄道史 上』鉄道図書刊行会、１９６７年
久保　豪『津山線・吉備線百年史』２００４年
小山 健三『作州から見た明治百年 上』津山朝日新聞、１９７０年
小山 健三『作州から見た明治百年 下』津山朝日新聞、１９７１年
杉崎 行添『駅舎再発見』ＪＴＢ、２０００年
高橋 秀吉『姫路の交通五十年』高橋文庫、１９６３年
高橋 秀吉『大正の姫路（喜寿記念出版）』１９７４年
田中 久文『姫路鉄道百題』１９７２年
堤　一郎〝首都圏に残る鋳鉄製跨線橋支柱の現状〟『日本の産業遺産Ⅱ産業考古学研究』玉川大学出版部、２０００年
堤　一郎『日本の鉄道に残る鋳鉄製跨線橋支柱とその産業技術史的意義』職業能力開発総合大学紀要第36号Ｂ（別刷）、２００７年
中井　博、北田 俊行『新編橋梁工学』共立出版、２００３年
奈良 一郎〝転車台１２０年の記録（上）〟『技術報41』東京鐵骨橋梁、１９９６年
奈良 一郎〝転車台１２０年の記録（下）〟『技術報42』東京鐵骨橋梁、１９９７年
西野 保行・小西 純一・渕上 龍雄〝日本における鉄道用レールの変遷−残存する現物の確認による追跡−〟『第２回日本土木史研究発表会論文集』土木学会日本土木史研究委員会、１９８２年
藤沢　晋『岡山の交通』日本文教出版、１９８２年
中部産業遺産研究会・転車台調査グループ〝大井川鐵道千頭駅のイギリス製転車台に関する調査報告〟『産業考古学研究 第10号』中部産業考古学会、２００３年
『転車台状態調査』工作局機械課、１９５５年
『明治期私鉄営業報告書集成（４）山陽鉄道会社 第1巻』日本経済評論社、２００５年
『明治期私鉄営業報告書集成（４）山陽鉄道会社 第2巻』日本経済評論社、２００５年
『昭和期鉄道史資料第28巻 鉄道統計資料（昭和11年）第２・３編』日本経済評論社、１９９１年
『昭和期鉄道史資料第34巻 鉄道統計（昭和14年）第２・３編』日本経済評論社、１９９２年
『昭和期鉄道史資料第36巻 鉄道統計（昭和15年）第２・３編』日本経済評論社、１９９２年
『鉄道技術発達史 第2篇（施設）Ⅰ』日本国有鉄道、１９５９年
『鉄道技術発達史 第2篇（施設）Ⅱ』日本国有鉄道、１９５９年
『日本国有鉄道百年史年表』日本国有鉄道、１９７２年
『日本国有鉄道百年史 第2巻』日本国有鉄道、１９７０年
『日本国有鉄道百年史 第3巻』日本国有鉄道、１９７１年
『日本国有鉄道百年史 第4巻』日本国有鉄道、１９７２年
『日本国有鉄道百年史 第6巻』日本国有鉄道、１９７２年
『日本国有鉄道百年史 第9巻』日本国有鉄道、１９７２年
『日本国有鉄道百年史 第11巻』日本国有鉄道、１９７３年
『日本鉄道請負業史 明治篇』鉄道建設業協会、１９６７年
『日本鉄道請負業史 大正・昭和（前期）篇』鉄道建設業協会、１９７８年

『日本鉄道請負業史 昭和（後期）篇』 鉄道建設業協会、1990年
『宇野線建設概要』 鐵道院岡山建設事務所、1910年
『因美線鳥取智頭間鐵道建設概要』 鐵道省米子建設事務所、1923年
『因美線建設概要』 鐵道省岡山建設事務所、1932年
『伯備線建設概要』 鐵道省岡山建設事務所・鐵道省米子建設事務所、1928年
『作備線建設概要』 鐵道省岡山建設事務所、1930年
『若櫻線建設概要』 鐵道省米子建設事務所、1930年
『鳥取機関区80年写真史』 国鉄鳥取機関区、1987年
『米子鉄道管理局史』 米子鉄道管理局、1963年
『日本鐵道史』 鐵道省、1921年
『第19回 中國鐵道營業報告書 明治三十八年上半期』 中國鐵道株式會社、1905年
『第44回 中國鐵道營業報告書 大正六年後半期』 中國鐵道株式會社、1917年
『中鐵九十年の歩み』 中鐵バス、1991年
『梅小路90年史』 西日本旅客鉄道、ネコ・パブリッシング、2004年
『鉄道辞典 上巻』 交通協力会、1958年
『鉄道辞典 下巻』 交通協力会、1958年
『鐵道用語辭典』 大阪鐵道局、（復刻：成山堂書店）、2004年
『復刻版鉄道時報第1巻〜6巻』 八朔社、1997年
『復刻版鉄道時報第7巻〜9巻』 八朔社、1998年
『停車場一覧』 日本国有鉄道、1966年
『国鉄全駅ルーツ大辞典』 竹書房、1978年
『停車場変遷大辞典 国鉄・JR編Ⅰ・Ⅱ』 JTB、1998年
『明石市資料（明治後期篇）第八集（上）』 明石市教育委員会、1990年
『岡山県史 第10巻 近代Ⅰ』 岡山県史編纂委員会、1982年
『岡山県史 第29巻 産業経済』 岡山県史編纂委員会、1984年
『三石町史』 三石町、1959年
『吉永町史 通史編Ⅲ』 吉永町、1996年
『和気郡史 通史編下巻Ⅱ』 和気郡史刊行会、2002年
『柵原町史』 柵原町、1987年
『熊山町史 通史編 下巻』 熊山町、1994年
『瀬戸町誌』 瀬戸町、1985年
『西大寺市史』 岡山市、1980年
『岡山市史 産業経済編』 岡山市役所、1966年
『岡山市百年史 上巻』 岡山市、1989年
『新修倉敷市史 第六巻 近代（下）』 倉敷市、2004年
『西阿知町史』 西阿知町史編纂委員会、1954年
『金光町史 本編』 金光町、2003年
『鴨方町史』 鴨方町、1990年
『建部町史 通史編』 建部町、1995年
『津山市史 第6巻 現代Ⅰ 明治時代』 津山市役所、1980年
『津山市史 第7巻 現代Ⅱ 大正・昭和時代』 津山市役所、1985年
『総社市史 通史編』 総社市、1998年
『総社市史 近代現在資料編』 総社市、1994年
『作東の歴史』 作東町、1967年
『新編作東町の歴史』 作東町の歴史事務局、1979年
『勝田町史』 勝田町教育委員会、1979年
『合併記念 勝田郡史』 勝田郡誌刊行会、1958年
『鳥取県史 近代 第五巻』 鳥取県、1967年
『姫路市史 第五巻 本編近現代1』 姫路市、2000年
『上郡町史 第一巻 本文編』 上郡町、2008年
『上郡町史 第三巻 資料編』 上郡町、1999年
『上郡町史 第四巻 資料編Ⅱ』 上郡町、2001年
『上月町史』 上月町、1988年
『郷土研究第11号』 陸別町郷土研究会、2003年
『岡山県歴史人物事典』 山陽新聞社、1994年
『岡山県人物月旦』 岡山新聞社、1918年
『岡山人名事典』 日本文教出版、1978年
『津山の歴史と文化財』 津山市教育委員会、1987年
『目で見る井笠・笠岡の100年』 郷土出版社、2000年
『目で見る美作の100年』 郷土出版社、2000年
『新聞記事と写真で見る世相おかやま 昭和戦前・明治・大正編』 山陽新聞出版局、1990年
『岡山県の近代化遺産 ―岡山県近代化遺産総合調査報告書―』 岡山県文化財保護協会、2005年
『交通博物館所蔵 明治の機関車コレクション』 機芸出版社、1968年
『写真集岡山の鉄道』 山陽新聞社、1987年
『国鉄時代13』 ネコ・パブリッシング、2008年
『鉄道ピクトリアル329』 鉄道図書刊行会、1977年
『鉄道ピクトリアル330』 鉄道図書刊行会、1977年
『鉄道ピクトリアル331』 鉄道図書刊行会、1977年
『TRAIN No.341』 プレス・アイゼンバーン、2003年
『TRAIN No.342』 プレス・アイゼンバーン、2003年
『山陽新報』

■著者紹介

小西伸彦（こにし・のぶひこ）
吉備国際大学准教授。1958（昭和33）年総社市生まれ。香川大学経済学部卒業。子どもの頃からの鉄道好き。2005（平成17）年から産業考古学に取り組み、現在、産業考古学会評議員。鉄道史学会、九州産業考古学会、日本民俗学会、日本の石橋を守る会、赤煉瓦ネットワーク、全国近代化遺産活用連絡協議会会員。津山機関車庫、美作河井駅転車台、山陽鉄道姫路駅転車台、姫新線万ノ乢トンネルなどを調査。総社市門田在住。

本書で使用している地図は、国土地理院発行の２万５千分の１の地形図をもとに加筆・調整したものです。

鉄道遺産を歩く
岡山の国有鉄道

二〇〇八年十二月二十四日　初版発行

著　者　小西伸彦
発行人　山川隆之
発行所　吉備人出版
〒七〇〇－〇八二三　岡山市丸の内二丁目十一－二十二
電　話　〇八六－二三五－三四五六
ファクス　〇八六－二三四－三二一〇
http://www.kibito.co.jp
E-mail／books@kibito.co.jp

印　刷　広和印刷株式会社
製　本　明昭製本

乱丁本、落丁本はお取り替えいたします。
ご面倒ですが小社までご返送ください。
定価はカバーに表示しています。

ISBN978-4-86069-213-1 C0065

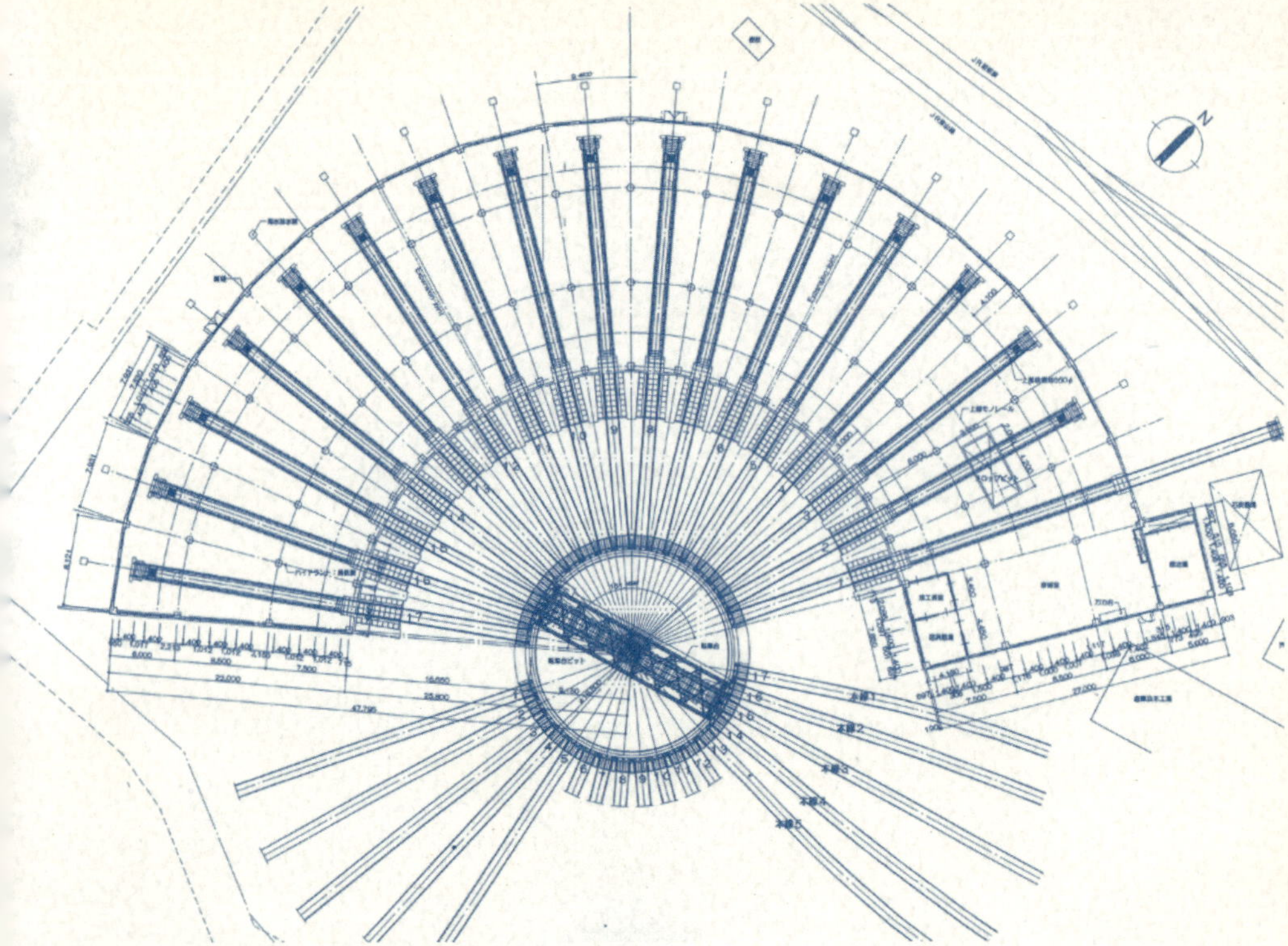

津山機関車庫平面図（津山町並保存研究会提供）

津山機関車庫立面図（津山町並保存研究会提供）